财经管理专业"十三五"规划教材

管理学基础

主　编　孔月红　刘长利　胡丽娟
副主编　饶　静　郭荣军　郑明才
主　审　宋铁团

吉林大学出版社

图书在版编目（CIP）数据

　　管理学基础/孔月红，刘长利，胡丽娟　主编. -- 长春：吉林大学出版社，2017.6
　　ISBN 978-7-5692-0100-0

　　Ⅰ①… Ⅱ.①孔… ②刘… ③胡… Ⅲ.①管理学 Ⅳ.①C93

中国版本图书馆 CIP 数据核字（2017）第 156056 号

书　　名	管理学基础 GUANLIXUE JISHU
作　　者	孔月红　刘长利　胡丽娟　主编
策划编辑	黄国彬　章银武
责任编辑	张宏亮
责任校对	刘　莉
装帧设计	赵俊红
出版发行	吉林大学出版社
社　　址	长春市朝阳区明德路 501 号
邮政编码	130021
发行电话	0431-89580028/29/21
网　　址	http://www.jlup.com.cn
电子邮箱	jlup@mail.jlu.edu.cn
印　　刷	廊坊市广阳区九洲印刷厂
开　　本	787×1092　1/16
印　　张	15
字　　数	320 千字
版　　次	2017 年 6 月　第 1 版
印　　次	2023 年 8 月　第 2 次印刷
书　　号	ISBN 978-7-5692-0100-0
定　　价	38.00 元

版权所有　翻印必究
印　　数　3000

前　言

在现代社会中，不管人们从事何种职业，事实上人人都在参与管理，管理国家、管理政府、管理某种组织、管理某个部门、管理某项业务、管理企业、管理家庭，可以说管理无时不在、无处不在。随着经济的迅猛发展，各类经济组织形式不断涌现，组织面临的环境越来越复杂。管理这一稀缺生产要素对组织的生存和发展的作用日益凸显，管理已成为一种重要的生产力。因而，学习和掌握一些管理学的基本原理和方法，对于当代大学生，特别是经济管理类专业的大学生非常必要。

本书编写的动因就是结合作者多年从事管理学教学和研究的基础上，从浩如瀚海的古今中外的管理实践和思想宝库中吸取营养，结合当前教育教学改革，为当代大学生提供一本研究管理学的实用参考书。

本书结合高校的教育实际情况，以理论必须，以培养应用型技能人才为目标，以培养学生基本管理能力为定位进行编写。非常适合作为高职院校物物流管理、电子商务、运输管理、经营管理、企业管理等专业作为管理学课程的教材使用，也可作为相关行业的科研、教学和管理人员作为参考书使用。本书共分为七章：第一章讲述管理和管理者，第二章讲述管理思想的演变，第三章至第六章以管理过程为框架，按照计划、组织、领导和控制四种基本管理职能，对管理的各个方面做了详尽的阐述，第七章介绍了企业管理的基本原理。

全书内容简明、行文流畅、案例与时俱进、故事有趣且富含管理哲理、项目实训充满趣味性与挑战性，力求体现"教、学、做、评合一"和"以学生为主题，以教师为引导"的高职高专教育改革新思路。本书在每章内容里穿插案例分析、拓展阅读等内容，以方便学生对所学内容清晰理解与灵活应用。另外，每章配备导入案例、拓展阅读、章末小结及知识考察等环节。知识考查内容丰富，为学生课上课下全面掌握本章节的重要知识点提供便利条件。

本书由辽宁省交通高等专科学校的孔月红、刘长利和江西工业贸易职业技术学院的胡丽娟担任主编，由重庆青年职业技术学院的饶静、河南检察职业学院的郭荣军和江西先锋软件职业技术学院的郑明才担任副主编，由北京京城地铁有限公司的宋铁团担任主审，由孔月红进行全书的统稿。本书的相关资料和售后服务可通过扫描本书封底微信二维码或登录 www.bjzzzwh.com 获得。

本书既可以作为应用型本科院校、职业院校的教材，也适用于各类企事业单位管理人员的培训，以及作为企业领导和管理人员的参考资料和自学读本。

本书在编写过程中，难免有疏漏和不当之处，敬请各位专家及读者不吝赐教。

编　者

目 录

第一章 管理与管理者 ... 1
【知识目标】 ... 1
【能力目标】 ... 1
【案例导读】LX 公司的总经理聘用 ... 1
第一节 管理的基本知识 ... 2
　一、管理的含义 ... 2
　二、管理的二重性 ... 4
　三、管理的基本职能 ... 4
第二节 管理者的基本知识 ... 6
　一、管理者的分类 ... 6
　二、管理者的角色 ... 7
　三、管理者的技能 ... 10
第三节 管理学研究内容与方法 ... 11
　一、管理学的特点 ... 12
　二、管理学的研究内容 ... 14
　三、管理学的研究方法 ... 14
【实训】情感病毒 ... 16
本章小结 ... 16
本章习题 ... 17

第二章 管理思想 ... 19
【知识目标】 ... 19
【能力目标】 ... 19
【案例导读】周武王和比尔·盖茨 ... 19
第一节 古典管理理论 ... 21
　一、科学管理理论 ... 21
　二、一般管理理论 ... 25
　三、人际关系学说 ... 27
第二节 现代管理理论 ... 31
　一、管理科学理论 ... 31

-I-

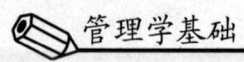

二、社会系统理论 32
三、决策理论 32
四、行为科学理论 33
五、经验主义学派 33
六、系统管理理论 34
七、社会技术理论 34
八、权变管理理论 34
九、群体行为理论 35
十、管理过程理论 35
【实训】发挥想象 38
本章小结 39
本章练习 40

第三章　计划 41

【知识目标】 41
【能力目标】 41
【案例导读】如何认识计划？ 42
第一节　计划职能基本知识 42
一、计划的内容 42
二、计划的特征 43
三、计划的作用 45
四、计划的表现形式 46
五、计划的分类 48
第二节　计划的制定 49
一、制定计划的过程 49
二、制定计划的方法 53
三、计划制订的基本原理 56
第三节　目标管理 58
一、目标管理的步骤 58
二、目标管理的实施原则 60
三、目标管理的特点 61
四、目标管理的优劣分析 62
第四节　决策 64
一、决策的内涵 64
二、决策的分类 65

三、影响决策的因素 66
　　四、决策的过程 67
　　五、决策的方法 68
【实训】雷区取水 76
本章小结 77
本章练习 78

第四章　组织 80

　【知识目标】 80
　【能力目标】 81
　【案例导读】凯迪公司的困境 81
　第一节　组织职能基本知识 81
　　一、组织含义包含的四层意思 82
　　二、组织的分类 82
　　三、组织的功能 83
　　四、组织的管理层次 84
　第二节　组织结构 85
　　一、直线制结构 86
　　二、职能制结构 86
　　三、直线职能制结构 87
　　四、事业部制结构 88
　　五、矩阵制结构 89
　　六、网络制结构 92
　　七、区域型组织结构 93
　　八、学习型组织 94
　第三节　组织设计 98
　　一、组织设计的原则 98
　　二、影响组织设计的因素 100
　　三、组织设计的基本步骤 102
　第四节　组织文化建设 107
　　一、组织文化的内容 107
　　二、组织文化的特征 108
　　三、组织文化的结构 109
　　四、组织文化的功能 109
　　五、组织文化建设的原则 111

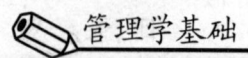

六、组织文化建设的步骤 112
第五节　组织变革 112
　　一、组织变革的内容 112
　　二、组织变革的动因 113
　　三、组织变革的过程 114
　　四、组织变革的程序 115
【实训】衔纸杯传水 116
本章小结 117
本章练习 118

第五章　领导 120

【知识目标】 120
【能力目标】 121
【案例导读】走马上任后的工作 121
第一节　领导职能基本知识 122
　　一、领导的内涵 122
　　二、领导的作用 122
　　三、领导者的素质 125
　　四、领导的权力 127
第二节　领导理论 128
　　一、领导特质理论 129
　　二、领导行为理论 131
　　三、领导权变理论 134
第三节　沟通 139
　　一、沟通的要素 140
　　二、沟通的作用 141
　　三、沟通的过程 141
　　四、沟通过程中的障碍 142
　　五、沟通的分类 144
　　六、有效沟通的技巧 147
　　七、有效沟通的原则 148
第四节　激励 151
　　一、激励的基本内容 151
　　二、激励的过程 151
　　三、激励的作用 152

四、激励的原则 153

　　五、激励的方式 154

　　六、人性假设 155

　　七、激励理论 157

【实训】授权的艺术 162

本章小结 163

本章习题 164

第六章　控制 166

【学习目标】 166

【能力目标】 166

【案例导读】 166

第一节　控制职能基本知识 167

　　一、控制的概念 167

　　二、控制的前提条件与目的 168

　　三、有效控制的原则 170

　　四、控制职能与其他职能的关系 173

第二节　控制的基本程序及类型 174

　　一、控制的基本程序 174

　　二、控制的类型 178

第三节　控制的方法 183

　　一、预算控制 183

　　二、非预算控制 185

【实训】四人双脚挺立 189

本章小结 190

本章习题 191

第七章　企业管理 193

【学习目标】 193

【能力目标】 194

【案例导读】——凭一道菜纵横全国，这家餐厅做了啥？ 194

第一节　企业基本知识 195

　　一、企业的特征 195

　　二、企业的类别 197

　　三、企业制度 198

-V-

　　　　四、现代企业制度 199
　第二节　企业经营环境分析 202
　　　　一、企业外部环境分析 202
　　　　二、企业内部环境分析 205
　第三节　企业战略管理 206
　　　　一、战略管理的任务 207
　　　　二、战略管理的原则 207
　　　　三、企业战略管理的过程 207
　　　　四、战略管理的方法 211
　第四节　企业人力资源管理 214
　　　　一、人力资源管理的特点 215
　　　　二、人力资源管理的过程 216
　第五节　企业财务管理 219
　　　　一、企业财务管理的主要内容 220
　　　　二、企业财务管理的职能 220
　第六节　企业创新机制管理 222
　　　　一、创新活动过程 222
　　　　二、经营管理创新 223
　　　　三、信息化应用创新 224
　　　　四、合作模式创新 225
　【实训】情感病毒 226
　本章小结 227
　本章练习 228

参考文献 **230**

第一章　管理与管理者

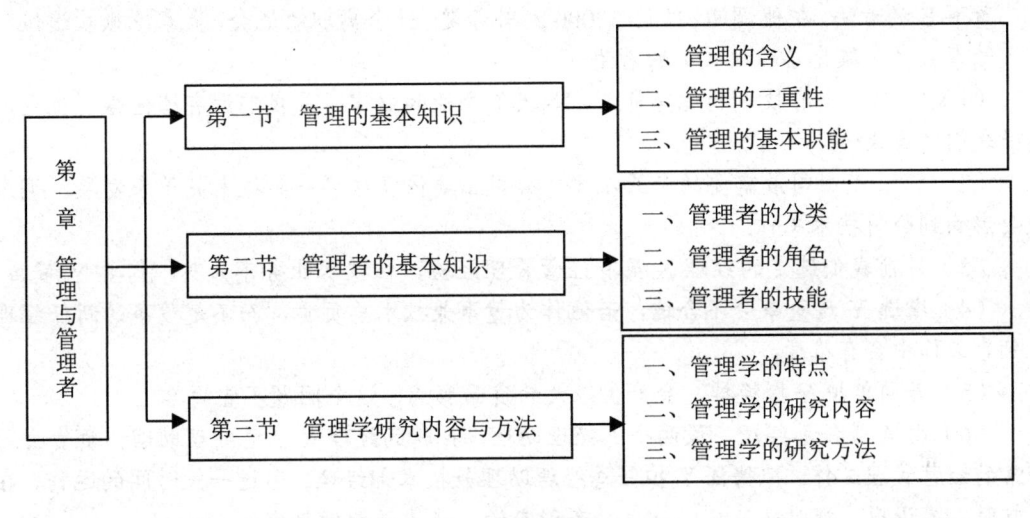

```
                    ┌─────────────────────┐     ┌──────────────────────┐
                    │ 第一节  管理的基本知识 │────▶│ 一、管理的含义        │
                    │                     │     │ 二、管理的二重性      │
                    │                     │     │ 三、管理的基本职能    │
                    └─────────────────────┘     └──────────────────────┘
┌──────┐            ┌─────────────────────┐     ┌──────────────────────┐
│第一章 │            │ 第二节  管理者的基本知识│────▶│ 一、管理者的分类      │
│管理与 │───────────▶│                     │     │ 二、管理者的角色      │
│管理者 │            │                     │     │ 三、管理者的技能      │
└──────┘            └─────────────────────┘     └──────────────────────┘
                    ┌─────────────────────┐     ┌──────────────────────┐
                    │第三节 管理学研究内容与方法│──▶│ 一、管理学的特点      │
                    │                     │     │ 二、管理学的研究内容  │
                    │                     │     │ 三、管理学的研究方法  │
                    └─────────────────────┘     └──────────────────────┘
```

本章结构图

【知识目标】

- ➢ 了解管理及管理者的含义；
- ➢ 理解管理的性质、管理的职能；
- ➢ 了解管理者的角色；掌握管理者的分类、管理者的素质。

【能力目标】

- ➢ 能解释管理的科学性和艺术性；
- ➢ 能说明不同层次的管理者应具备的技能；
- ➢ 能应用管理职能和管理者理论分析评价管理者工作成效。

【案例导读】LX 公司的总经理聘用

　　LX 公司是一家计算机科技应用企业。公司创办之初，董事会破格从某地产公司电脑服务部聘任优秀员工 Y 为公司总经理。理由是：Y 在电脑应用及智能化工程实施方面的技术水平较高，属内行。Y 上任四个月，工作积极、勤奋，带领员工刻苦钻研技术业务。但他不熟悉经营和管理，公司经营停滞不前。董事会决定撤掉 Y，而聘用懂得经营和管理业务的 X，但如果处理方法不当就会挫伤 Y，并产生多方面的负面影响。在如何平衡这方面的问题时，董事们提出了各自的想法。

董事B的看法：让他做分管技术的副经理，享受经理待遇。

董事C的看法：我们需要的是懂管理，能带领员工扩大经营规模，创造效益的经理，既然他不行，那就撤职让他专干技术，那不就行了吗。现在的企业对人的管理不必太顾虑，该咋办就咋办。

董事D的看法：把他增选进董事会，然后兼任公司技术负责人。

董事E的看法：把他调回，给他30000元苦劳奖，开个离职欢送会，大家吃顿欢送饭。

董事长A（领导层的权威）的看法：

（1）Y为一个有技术的优秀员工，是我们企业的财富，是我们没有给他摆好位置，这是我们的失误；

（2）Y正是公司最需要的专业人才，公司正要依靠这样一些技术尖子来发展，调走他会影响到公司技术工作；

（3）目前我们选定的经理X虽有经营管理经验，但技术业务不太熟，需要Y帮助。

（4）增选Y进董事会不合适，若他作为董事兼技术总负责，而不是董事的新任经理在领导工作中会有难度；

（5）若简单把Y撤换掉，会产生很大的负面影响，这个问题不宜简单化；

（6）由A兼任总经理，设两个总经理助理。拟聘的经理X任总经理助理，负责公司日常的经营管理工作；拟聘任Y担任总经理助理兼技术部经理。通过一段时间的运作，在适宜时，A退出，那时就又可以建立一套稳定的、能力强的领导班子。

A的意见获得通过，并立即进行实施。公司的经营状况有了起色，Y依然积极勤奋。一年后，A退位，X任总经理，Y任副总经理分管技术，公司运转良好。

问题

（1）在任命之初，为什么董事会没有考虑到Y仅仅只是一个技术型人才？

（2）你认为对Y的任用主要应该注意哪些关键环节？

（3）通过此案例，你能否体会到管理者在经营活动中如何把握科学性和艺术性的平衡问题？

第一节　管理的基本知识

一、管理的含义

管理活动自古即有，但什么是"管理"，从不同的角度出发，可以有不同的理解。从字面上看，管理有"管辖""处理""管人""理事"等意，即对一定范围的人员及事务进行安排和处理。但是这种字面的解释是没有严格地表达出管理本身所具有的完整含义的。能够全面概括"管理"这个概念的内涵和外延的定义是：管理是指在特定环境下，通过计划、组织、领导和控制等职能，协调以人为中心的组织资源，以有效实现组织目标的活动或过程。上述管理的概念中包含5个方面的含义：

（1）管理工作是在特定的环境下进行的，有效的管理必须审时度势、因势利导、灵活应变。

（2）管理的基本职能是计划、组织、领导和控制。

（3）管理的本质是协调。

（4）管理的对象和内容是组织资源，包括人、财、物、信息、技术、时间、组织信誉和社会关系等。管理工作的有效性体现在对这些资源的合理、高效利用。

（5）管理的目的是有效实现组织目标。

【知识链接】

管理的各种定义

关于管理的定义，仁者见仁，智者见智。以下是几种有代表性的观点：

1. 美国著名管理学家哈罗德·孔茨（Harold Koontz）认为，"管理就是设计和保持一种环境，使人在群体里高效率地完成既定目标"。

2. 法国著名管理学家亨利·法约尔（Henry Fayol）认为，"管理就是计划、组织、指挥、协调和控制"。

3. 美国管理学家、决策学派的代表人物、诺贝尔经济学奖得主赫伯特·西蒙（H. Simon）认为，"管理就是决策"。

4. 美国管理学者斯蒂芬·罗宾斯（S. P. Robbins）认为，"管理是指同别人一起，或通过别人使活动完成得更有效的过程"。

5. 美国著名管理学家、哈佛大学管理学教授彼得·德鲁克（P. F. Drucker）认为，"管理是一种以绩效责任为基础的专业职能"。

6. 我国管理学者周三多等认为，"管理是社会组织中，为了实现预期的目的，以人为中心进行的协调活动"。

7. 我国学者杨文士、张雁认为，"管理是一定组织中的管理者，通过实施计划、组织、人员配备、指导与领导、控制等职能来协调他人的活动，使别人通过自己一起实现既定目标的活动过程"。

8. 我国学者芮明杰认为，"管理是对组织的资源进行有效整合以达成组织既定目标与责任的动态创造性活动。计划、组织、指挥、协调和控制等行为活动是有效整合资源所必需的活动，故而它们可以归入管理的范畴之内，但它们又仅仅是帮助有效整合资源的部分手段或方式，因而它们本身并不等于管理，管理的核心在于对现实资源的有效整合"。

【课堂讨论】缺口

一位著名企业家在做报告。当听众咨询他最成功的做法时，他拿起粉笔在黑板上画了一个圈，只是并没有画圆满，留下一个缺口。他反问道："这是什么？""零""圈""未完成的事业""成功"，台下的听众七嘴八舌地答道。他对这些回答未置可否："其实，这只是一个未画完整的句号。你们问我为什么会取得辉煌的业绩，道理很简单：我不会把事情做得很圆满，就像画个句号，一定要留个缺口，让我的下属去填满它。"

启示：事必躬亲，是对员工智慧的扼杀，往往事与愿违。长此以往，员工容易形成惰性，责任心大大降低，把责任全推给管理者。情况严重者，会导致员工产生腻烦心理，即便工作出现错误也不情愿向管理者提出。何况人无完人，个人的智慧毕竟是有限而且片面的。为员工画好蓝图，给员工留下空间，发挥他们的智慧，他们会画得更好。多让员工参与公司的决策事务，是对他们的肯定，也是满足员工自我价值实现的精神需要。赋予员工更多的责任和权利，他们会取得让你意想不到的成绩。

二、管理的二重性

管理具有二重性，这是由生产过程本身的二重性所决定的。生产过程是由生产力和生产关系组成的统一体，这一性质决定着管理也具有组织生产力与协调生产关系两重功能，从而使管理具有自然属性和社会属性。

（一）自然属性

管理的自然属性是指由共同劳动的社会化性质决定的、与生产力相联系的、不以人的意志为转移，也不因社会制度的不同而改变的一种客观存在的性质，即在任何时代、任何国家、任何组织中都存在管理活动、管理思想、管理制度和管理方法。

（二）社会属性

管理的社会属性是由共同劳动所采取的社会结合方式的性质决定的，是与生产关系直接相联系。管理的社会属性实际上体现的是"为谁管理"的问题，因此，管理必然是维护生产关系的。

【课堂讨论】一面镜子解决电梯拥挤问题

有一家公司新搬入一幢摩天大楼，不久就遇到了一个难题。由于当初楼内安装电梯过少，员工上下班时经常要等很长时间，为此怨声不断。公司老总于是把各部门负责人召集到一起，请大家出谋划策解决电梯不足的问题。经过一番讨论，大家提出了4种解决方案：

第一种：提高电梯上下速度，或者在上下班高峰时段，让电梯只在人多的楼层停。
第二种：各部门上下班时间错开，减少电梯同时使用的几率。
第三种：在所有的电梯门口装上镜子。
第四种：装一部新电梯。
如果是你，会想到哪种方案？

经过慎重考虑，该公司选择了第三种方案。该方案付诸实施后，员工乘电梯上上下下，再也没了抱怨声。

为什么会这样呢？这是因为"等着乘电梯的人一看到镜子，免不了开始端详自己的镜中形象，或者偷偷打量别人的打扮，烦人的等待时间就在镜前顾盼之间悄悄过去了。该公司的难题固然是由电梯不足引起，但也与员工缺乏耐心不无关系。"

三、管理的基本职能

管理职能是指管理者实施管理的功能或程序，即管理者在实施管理活动中所体现出来的具体作用及实施程序或过程。管理实践证明，计划、组织、领导与控制是一切管理活动最基本的职能。

（一）计划

计划是管理的首要职能，管理活动从计划工作开始。计划职能的主要任务是在收集大量资料的基础上，对组织未来环境的发展趋势作出预测，并根据预测的结果和组织拥有的可支配资源建立组织目标，然后制定出各种实施目标的方案、措施和具体步骤，为组织目标的实现作出完整的谋划。

（二）组织

计划的实施需要其他成员的合作，组织工作正是从人类对合作的需要中产生的。组织职能有两层含义：一是进行组织结构的设计、构建和调整，如成立某些机构或对现有机构进行调整和重塑等；二是企业为实现计划目标所进行的必要的组织过程，如进行人员、资金、技术、物资等的调配，并组织实施等。

（三）领导

领导职能贯穿于整个管理过程中，是集中体现管理者素质和管理能力的核心环节。为了使领导工作卓有成效，管理者必须了解个人和组织行为的动态特征，激励员工并进行有效的沟通。

（四）控制

控制职能是管理过程的监视器和调节器，其作用是检查组织活动是否按照既定的计划、标准和方法进行，及时发现偏差、分析原因并进行纠正，以确保组织目标的顺利实现。控制职能与计划职能有着十分密切的联系，计划是控制的标准和前提，控制的目的是为了计划的顺利实现。

管理是一个各项职能活动周而复始的循环过程。没有计划便无法控制，没有控制也就无法积累制定计划的经验。企业往往在进行控制工作的同时，又需要编制新的计划或对原有计划进行修改。同时，没有组织架构，便无法实施领导，而在实施领导的过程中，又可能反过来对组织进行调整。就总体而言，管理工作一般都是从计划开始，经过组织、领导，到控制结束，如图 1-1 所示。

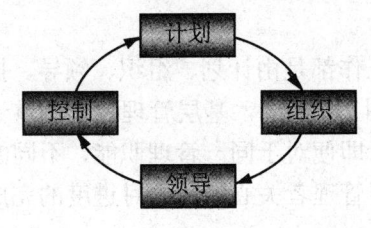

图 1-1　管理过程循环图

第二节 管理者的基本知识

管理的主体即管理者，组织中的管理工作是由管理者承担的，而作业工作是由操作者承担的，因此管理者与操作者是组织中分属两个不同团体的两类人。所谓管理者是指在组织中从事管理活动的人员，即在组织中担负计划、组织、领导和控制等工作，以期实现组织目标的人员。现代观点认为，管理者的首要标志是对组织目标负有责任，只要共同承担职能责任，对组织的成果有贡献，他就是管理者。此外，管理者除了指挥别人完成工作以外，其自身也可能承担某项具体的工作。

一、管理者的分类

管理者的分类一般可按两个标准域分类。

（一）按管理者的层次分类

按照管理者在组织中所处的层次可以把他们分为三类：高层管理者、中层管理者、基层管理者。

1. 基层管理者

基层管理者处于一线作业人员之上，主要职责是直接指挥和监督现场作业人员，保证完成上级下达的各项计划和指令，他们主要关心的是具体任务的完成。如公司门店店长、学校教研室主任等。

2. 中层管理者

中层管理者承上启下，主要职责是正确领会高层的指示精神，创造性地结合本部门的工作实际，有效指挥各基层管理者开展工作，注重的是日常管理事务。如公司区域经理、职能部门处长、项目经理等。

3. 高层管理者

高层管理者对组织负全责，主要侧重于沟通组织与外部的联系和决定组织的大政方针，注重良好环境的创造和重大决策的正确性。如董事长、总经理、副总经理、总裁、首席执行官等。

不同层次的管理者，其工作都是由计划、组织、领导、控制组成的，所不同的是，他们分别有各自的侧重点，如图 1-2 所示，基层管理者更侧重于领导工作，而高层领导者花在计划和组织上的时间较多。即便对于同一管理职能，不同的管理者所做的工作也不尽相同。比如对于计划工作，基层管理者关心的是本月进度的完成，而高层管理者侧重的是长远的战略制定。

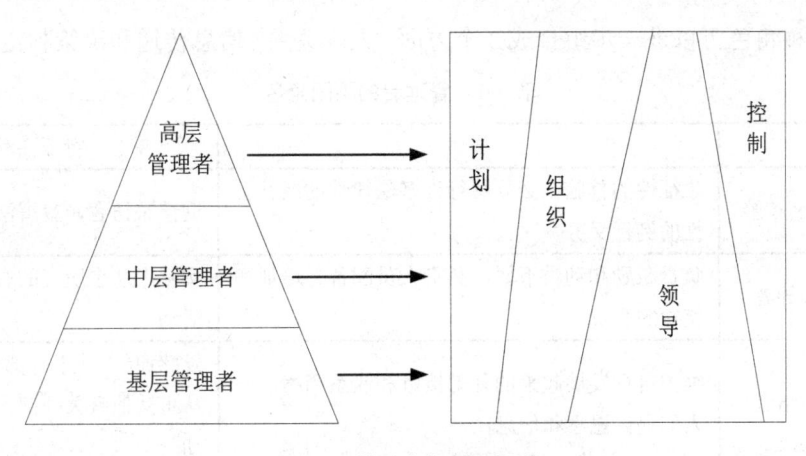

图 1-2 管理者与管理职能

（二）按管理者的领域分类

管理人员的领域分类主要是按其所从事管理工作的领域宽窄及专业性质不同，一般可划分为两类，一类是综合管理人员，一类是专业管理人员。

1．综合管理人员

综合管理人员指负责管理整个组织或组织中某个事业部全部活动的管理者。除了高层管理者中的主要领导人外，中层管理者甚至基层管理者中的直线主管一般都是综合管理者；综合管理者由于工作范围较宽，因此一般要求其要全面熟悉业务，有较强的整体意识，善于听取各方面意见，有较强的综合协调能力。

2．专业管理人员

专业管理人员一般是仅仅负责管理组织中某一类活动或职能的管理者。根据这些管理者所管理的专业领域性质的不同，可以具体划分为：生产管理者、营销管理者、财务管理者、人力资源管理者、其他专业管理者（如研究开发管理者、公共关系或客户关系管理者、行政管理者等）。

此外，也有学者按管理者所承担的职责和任务对管理者进行划分，如决策指挥者、职能管理者、决策参谋人员等，这种分类法也有其合理性。

二、管理者的角色

管理者角色学派是 20 世纪 70 年代在西方出现的一个管理学派，它是以对管理者所担任的角色分析为中心来考察管理者的职务和工作的。明茨伯格认为，对于管理者而言，从管理者的角色出发，才能够找出管理学的基本原理并将其应用于管理者的具体实践中去。明茨伯格在《管理工作的本质》中这样解释说："角色这一概念是行为科学从舞台术语中借用过来的。角色就是属于一定职责或者地位的一套有条理的行为。"根据他自己和别人的研究成果，得出结论说，管理者们并没有按照人们通常认为的那样按照职能来工作，而是进行别的很多的工作。明茨伯格将管理者们的工作分为 10 种角色。这 10 种角色分为 3 类，即人际关系方面的角色、信息传递方面的角色和决策方面的角色。

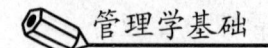

这 10 种角色可以进一步组合成 3 个方面：人际关系、信息传递和决策制定（表 1-1）。

表 1-1　管理者的不同角色

角色		描述	特征活动
人际关系方面	挂名首脑	象征性的首脑，必须履行许多法律性的或社会性的例行义务	迎接来访者，签署法律文件
	领导者	负责激励和动员下属，负责人员配备、培训和交往的职责	实际上从事所有的有下级参与的活动
	联络者	维护自行发展起来的外部接触和联系网络，向人们提供恩惠和信息	发感谢信，从事外部委员会工作，从事其他有关外部人员参加的活动
信息传递方面	监听者	寻求和获取各种特定的信息（其中许多是即时的），以便透彻地了解组织与环境；作为组织内部和外部信息的神经中枢	阅读期刊和报告，保持与人接触
	传播者	将从外部人员和下级那里获得的信息传递给组织内其他成员——有些是关于事实的信息，有些是解释和综合组织中有影响的人物的各种价值观点	举行信息交流会，用打电话方式传达信息
	发言人	向外界发布有关组织的计划、政策、行动、结果等信息；作为组织所在的产业方面的专家	举行董事会议，向媒体发布信息
决策制定方面	企业家	寻求组织和环境中的机会，制定"改进方案"以发起变革，监督某些方案的策划	制定决策，检查会议决议执行情况，开发新项目
	混乱驾驭者	当组织面临重大的、意外的动乱时，负责采取补救行动	制定战略，检查陷入混乱和危机时期
	资源分配者	负责分配组织的各种资源——事实上是批准所有重要的组织决策	计划、询问、授权，从事涉及预算的各种活动和安排下级的工作
	谈判者	在主要的谈判中作为组织的代表	参与工会进行合同谈判

（一）人际关系方面的角色

首先，人际关系角色指所有的管理者都要履行礼仪性和象征性的义务。例如大学里学院的院长给毕业生颁发毕业文凭，工厂领班带领检查团参观工厂，他们都是在扮演挂名首脑的角色。其次，所有的管理者都具有领导者的角色，这个角色包括培训、启用、奖励和惩罚雇员。第三，人际关系方面的角色是联络员，通过这一角色，一方面可以获得各方对组织有用的信息，另一方向又可以发展组织的关系资源。

管理者在人际关系方面所扮演的 3 种角色在实践中有时并不是分离的，通常是合为一体的,有时是在同时扮演多种角色。例如,当管理者代表组织出席其他组织安排的会议时,他既是组织的挂名首脑,同时又是组织的联络员,担负为自己组织开发关系资源的重任。

(二)信息传递方面的角色

信息传递角色指所有的管理者,在某种程度上,都从外部的组织或机构接收和收集信息,并向组织内部和外部发送信息。信息传递方面的角色有3种:监听者、传播者和发言人。组织中最为典型的信息接收方式,是管理者通过阅读期刊和报告,或与外界的某些个人或组织保持私人的或业务的关系来获得所需的信息,这时,管理者就充当监听者的角色。作为传播者,管理者还要向组织的其他成员和部门传递组织的信息,以及个人收集、加工的信息,以提高管理的效率和效果。当管理者向董事会、职工代表大会以及向组织外部的各类评估机构、监督机构和媒体发布有关组织的计划、政策、行动和结果等信息时,他就是组织的发言人。

(三)决策制定方面的角色

决策制定方面的角色有4种:一为企业家,负责寻找组织的发展机会,制定战略、战术和作业管理的决策,发起和监督那些将改进组织绩效的新项目;二为混乱驾驭者,即采取纠正行动来应付那些未预料到的问题;三为资源分配者,负责对组织内部资源进行合理、有效的配置;四为谈判者,是一种为了组织的利益与其他组织议价和商定成交条件的角色。

一般来说,不论是何种类型的组织,也不论处于组织的哪个管理层次上,管理者都扮演着相似的角色。但是,管理角色的侧重点是随所处管理层次的不同以及组织规模的不同而变化的。

【课堂讨论】如何做好管理者的角色

H公司王总,工龄有三十多年,在行业内也算是前辈,工作态度非常严谨仔细。对公司组织的培训工作非常重视,从培训课程内容设置、培训讲师选聘、培训酒店场地签订到培训证书印制、培训现场条幅悬挂、培训期间餐饮订单等等,事无巨细,从头抓到尾,尽管有专门的培训部。并且经常亲自蹲点于培训教室现场,中间还不时打断讲师指正讲授内容;由于公司人员排队签字,不时召唤秘书奔走往返来培训现场办理公文处理文件。

一次,王总突然指示培训部下周举办经销商销售顾问培训班和市场经理培训班,完全脱离培训工作实施规划。培训部不得不马上开始确定培训讲师、拟制培训日程表、商谈培训教室、拟订培训通知等等事项。由于某种原因,报到实际人数没有达到理想状态,王总在培训报到现场,果断指示将两个班合并为一个班举办,以节省开销。尽管前期已经安排妥当,培训讲师林教授也强调培训对象不同,培训内容侧重点不一样,最关键报到时间也不同。王总置之不理。结果经销商参训学员得知突然变更,怨声载道,全部怪罪培训部。王总竟然也在众人面前大声斥责培训部负责人,为什么培训工作做得一塌糊涂,然后命令公司其他所有部门负责人全部到场蹲点,这下更热闹了,培训工作不光王总亲自指导,各部门负责人也不时指东道西,甚至连总经理秘书也插手指挥。可想而知,一个简单的培训活动终于搞得乱七八糟。培训结束第二天,培训部负责人打了辞职报告。

问题

1. 根据管理者角色的知识王总的管理有何问题？
2. 管理者的角色有哪些？

三、管理者的技能

在管理学中，罗伯特·卡茨（Robert Katz）认为，任何管理者都需具备三种基本技能：技术技能、人际技能和概念技能。

技术技能是指管理者在本专业领域中，需熟悉业务和专业技术，虽然管理者未必是技术专家，但他必须具备足够的业务和专业技术，能够带领组织完成任务。比如一个物流公司总经理需要对道路运输、国际贸易、库存仓储等业务有一定的了解和掌握。

人际技能是管理者需具备处理各种人际关系的能力。管理者需要组织、调动各种资源，协调上下级、各利益团体的关系，发动、激励员工完成组织任务。

概念技能指对复杂事物的洞察、分析、判断和概括的能力。管理者应当能够做到在天空中俯瞰整个组织，能看到组织内部的相互作用，也能看到组织内部和外部的相互作用。一般来说，越高层的管理者对于概念技能的要求越高。

需要指出的是，管理者的技能是管理者行之有效地开展管理工作的基础。通常来说，作为一名管理人员上述三种技能都应具备，但是根据工作和角色分工，二类管理人员在技能要求上还是略有区别的，那些处于较低层次的管理人员，主要需要的是技术技能和人际技能；处于中间层次的管理人中，几乎同等地需要技术技能、人际技能和概念技能；处于最高层次的管理人员，则尤其需要具备概念技能。

【课堂讨论】升任公司总裁后的思考

郭宁最近被所在的生产机电产品的公司聘为总裁。在准备接任这职位的前一天晚上，他浮想联翩，回忆起他在该公司工作20多年的情况。

他在大学时学的是工业管理，大学毕业后就到该公司工作，最初担任液压装配单位的助理监督。他当时感到真不知道如何工作，因为他对液压装配所知甚少，在管理工作上也没有实际经验，他感到几乎每天都手忙脚乱。可是他非常认真好学，一方面仔细参阅该单位所订的工作手册，努力学习有关的技术知识；另一方面监督长也对他主动指点，使他渐渐摆脱了困境，胜任了工作。经过半年多时间的努力，他已有能力独担液压装配的监督长工作。可是，当时公司没有提升他为监督长，而是直接提升他为装配部经理，负责包括液压装配在内的四个装配单位的领导工作。

在他当助理监督时，他主要关心的是每日的作业管理，技术性很强。而当他担任装配部经理时，他发现自己不能只关心当天的装配工作状况。他还得做出此后数周乃至数月的规划，还要完成许多报告和参加许多会议，他没有多少时间去从事他过去喜欢的技术工作。当上装配部经理不久，他就发现原有的装配工作手册已基本过时，因为公司已安装了许多新的设备，引入了一些新的技术。这令他花了整整一年时间去修订工作手册，使之切合实际。在修订手册过程中，他发现要让装配工作与整个公司的生产作业协调起来是需要有很多讲究的。他还主动到几个工厂去访问，学到了许多新的工作方法，他也把这些吸收到修订的工作手册中去。由于该公司的生产工艺频繁发生变化，工作手册也不得不经常修订，郭宁对此都完成得很出色。他工作了几年后，不但自己学会了这些工作，而且还学会如何把这些工作交给助手去做，教他们如何做好，这样，他可以腾出更多时间用于规划工作和帮助他的下属工作得更好，可以花更多的时间去参加会议、批阅报告和完成自己向上级的工作汇报。

在他担任装配部经理6年之后，正好该公司负责规划工作的副总裁辞职应聘于其他公司，郭宁便主动申请担任这一职务。在同另外5名竞争者较量之后，郭宁被正式提升为规划工作副总裁。他自信拥有担任此新职位的能力，但由于此高级职务工作的复杂性，仍使他在刚接任时碰到了不少麻烦。例如，他感到很难预测1年之后的产品需求情况。可是一个新工厂的开工，乃至一个新产品的投入生产，一般都需要在数年前做出准备。而且，在新的岗位上他还要不断处理市场营销、财务、人事、生产等部门之间的协调，这些他过去都不熟悉。他在新岗位上越来越感到：越是职位上升，越难于仅仅按标准的工作程序去进行工作。但是，他还是渐渐适应了，做出了成绩，以后又被提升为负责生产工作的副总裁，而这一职位通常是由该公司资历最深、辈分最高的副总裁担任的。到了现在，郭宁又被提升为总裁。他知道，一个人当上公司最高主管职务之时，他应该自信自己有处理可能出现的任何情况的才能，但他也明白自己尚未达到这样的水平。因此，他不禁想到自己明天就要上任了，今后数月的情况会是怎么样?他不免为此而担忧!

问题

（1）郭宁担任助理监督、装配部经理、规划工作副总裁和总裁这四个职务，其管理职责各有何不同？能概括其变化的趋势吗？请结合基层、中层、高层管理者的职能进行分析。

（2）你认为郭宁要成功地胜任公司总裁的工作，哪些管理技能是最重要的?你觉得他具有这些技能吗？试加以分析。

（3）如果你是郭宁，你认为当上公司总裁后自己应该补上哪些欠缺才能使公司取得更好的绩效？

第三节　管理学研究内容与方法

管理学，是指人类长期从事管理实践活动的科学总结，是以企业组织为重点，研究管理活动过程及其基本规律和一般方法的科学，它是一门系统地研究管理过程的普通规律、基本原理和一般方法的科学。管理学来源于人类社会的管理实践活动。把管理作为一门科学来研究始于19世纪末20世纪初。管理学作为一门学科的基本思想和体系，最初是由法国管理学家亨利·法约尔首先提出来的。他认为需要一种反映政治、宗教、慈善机构、军火及其各种企业、事业单位等各种组织管理共性的一般管理论。为此他写了《工业管理与一般管理》一书，为管理学的研究和发展做了巨大贡献。以后的管理学者都依据他著作中的思想进一步进行研究和发展。

近几十年来，随着社会的不断进步和管理活动的日益丰富，管理越来越受到重视。这就为全面、系统地研究管理活动过程中的客观规律和一般方法提供了必要的条件和基础，从而使管理学的研究不断得到充实和发展。

一、管理学的特点

管理学作为一门不精确的、尚处于发展中的科学，具有以下特点：

（一）管理学是一门软科学

软科学的"软"字，是借用电子计算机的"软件"的名称而来的。软科学是综合运用现代自然科学、社会科学、哲学的理论和方法，去解决由于现代科学、技术和生产发展而带来的各种复杂的社会现象和问题，研究经济、科学、技术、管理、教育等社会环节之间内在联系及其发展规律，从而为它们的发展提供最优的方案、决策。软科学有以下特点：它是研究生产力诸多要素的科学、它重点研究各个系统、层次的战略性问题；软科学的研究要发挥高度的智能并采取系统的方法；软科学的成功是"软性"的，即方案、决策、规划、策略、方针、政策、方法，等等。管理学均具有这些特征，它是软科学的一个分支。

在生活中，戏剧导演、乐队指挥和公司经理都是研究软科学的。他们不具体扮演戏剧、电影中的角色，也不能逐一地研究企业或科研中的具体有形的课题（如生产工艺等），而是把研究的对象——戏剧、电影、公司等等——作为一个整体来探索其固有的规律，并对其进行组织、计划、协调、监督等项工作，目的是提高"整体"的效率和功能，他们从事的就是软科学工作。

（二）管理学是一门边缘科学或称交叉科学

所谓边缘科学，是指在那些学科领域之间的交叉点、面上产生的新学科。管理学是20世纪发展起来的新兴学科，它的内容涉及到政治经济学、生产力经济学、技术科学、数学、社会心理学、伦理学、电子计算机等多种学科的技术，管理学是这些学科交叉渗透的结果。例如，经营决策就涉及社会学、心理学、经济学、数学、法学等多种学科；企业的技术开发、生产过程组织、产品质量管理等都涉及到许多专门的技术学科。

管理学是涉及到多学科、多领域的边缘学科。作为一名管理者，必须对经济学、社会学、心理学等众多的学科有基本的了解，进而在面对实际问题时可以广博地结合运用。由于管理学涉及众多学科的知识，使得一个人的精力和智慧确实难以驾驭如此复杂的交叉领域，因此人们在管理实践中成立了管理智囊团或思想库，注重组织成员的在职培训以便吸收新的知识，有的组织还十分重视借用"外脑"，请外部的管理专家或管理咨询公司给自身的管理做诊断，提建议。

（三）管理学是一门应用科学

应用科学的特点是研究如何将基础理论和科学技术成就转化为社会生产力，转化为社会的有效财富。管理学是一门应用科学，它的任务是合理地、有效地组织和利用人力、物力、财力、时间、信息等资源，运用管理方法和管理技术来管理这个转化过程，并在过程中起主导作用。

管理学的应用性质不仅是管理原则、方法和技术的应用，更重要的是管理思想和管理艺术的应用。只有把管理的一般原则同管理对象的具体实际联系起来，运用思想和艺术的力量，才能真正地发挥管理的应用学科作用。

【知识链接】

现代管理学的特点

1、强调系统化，要整体考虑。组织是个系统，是一个更大系统的子系统，要从整体角度来认识问题，防止片面性。单一看问题会使决策变异。如财务要求报销都要有发票和签字，而销售有时无法提供发票或无法满足签字要求，这里就需要平衡，考虑双方的利益。

2、重视人的因素，也就是多考虑社会性。要研究和探索人的需要，在一定的条件下尽量去满足人们的需要，以保证组织中全体成员齐心协力的为组织自觉地作贡献。重视人的因素才能充分调动积极性，有时绩效考核并不能考核出经理人的努力程度。如禽流感时的肯德基店长。

3、重视非正式组织的作用。在不违背组织原则的前提下，发挥非正式组织的积极作用，有利于实现组织目标。曾经福特生产线上有一小组，组装特别快，但他们一般作两个小时就会休息一个小时，因为不能太多超过其他小组的工作量。如果你能一个小时完成10个，别人只有8个，那你只能完成8个，不然会被敌视。非正式组织对产量的影响达到20%以上。

4、广泛应用先进的管理方法和理论。各级主管一定要利用现代化的科学技术方法，促进管理水平的提高。现在的很多企业高管，会流利的外语、有清晰的思路、睿智灵敏同时善于学习，有先进的东西马上引入，但因为先进的管理方法和理论，所以经常无法良好运行。

5、加强信息工作，设 CIO。主管人员要利用现代技术，建立管理信息系统，有效、及时、准确的传递和使用信息，促进管理现代化。建网站可以宣传自己，建立内部管理平台可以提高公司凝聚力、降低营运成本。

6、把效率和效果结合起来分析。用别人钱做别人的事是只讲效果不讲效率，用自己的钱做自己的事是既讲效果又讲效率，用自己的钱做别人的事情是既不讲效果也不讲效率。

7、重视理论联系实际。把新技术新思想有选择地运用到管理实践过程中，如质量管理、目标管理、价值分析、项目管理的新成果运用到实际中来，并在此基础上不断发展，形成新的方法、理论。

8、强调预见能力。大部分日本跨国公司会激化 100 年的远景，跨国公司平均寿命 55 年，大型国有企业寿命为 10 年，一般民营企业的寿命为 2.8 年，公司活 4 年古来稀。

9、强调不断创新。要在保持惯性的前提下进行创新，要先讲持续然后创新。最怕的是换个领导班子就换个管理思路方法，这样只会把企业搞死。

二、管理学的研究内容

管理学主要研究管理工作的客观规律性，即如何根据客观规律的要求来建立一定的理论、原则、组织形式、方法和制度，指导管理的实践，实现管理的预期目标。具体来说，管理学的研究内容主要涉及以下几个方面。

（一）基础部分

基础部分主要从一般意义上对管理学进行总体描述，为管理学的学习与研究构建总纲和基础，其内容包括管理的概念、性质、职能，管理者的角色与技能，管理学的特点等。

（二）原理部分

原理部分主要从管理规律的角度阐明管理应遵循的各项原理与原则，研究反映管理活动本质内容的基本管理理论，并分析由这些理论派生出来的各项管理原则的内涵、要求等内容。

（三）职能部分

职能部分主要从管理过程的角度分析"管理是什么"的问题，奠定管理学学习与研究的世界观或认识论，并具体分析每一职能的内涵、功能、过程及要求。

（四）方式部分

方式部分主要从方法论的视角揭示各种管理方式的适应性问题，探讨管理者应如何根据管理环境、组织性质等变量的综合分析，选择科学有效的管理方式。

三、管理学的研究方法

管理学的研究方法是由管理学的特点决定的，这些特点是从不同侧面反映出来的，从而也形成了各种不同的研究方法。管理学的研究方法主要有历史研究法、案例分析法、比较研究法和归纳演绎法4种。

（一）历史研究法

历史研究法是指运用有关管理理论与实践的历史文献，全面考察管理的历史演变、重要的管理思想和流派、重要的管理案例等，从中找出规律性的东西，寻求对现在仍有重要意义的管理原则、方式和方法。

（二）案例分析法

案例分析法是指在学习与研究管理学的过程中，通过对典型案例的分析讨论，总结出管理的经验、方法和原则。

（三）比较研究法

比较研究法是指把不同或类似的事物加以比较和对照，从而确定它们之间的相同点和差异点的一种研究方法。

（四）归纳演绎法

归纳和演绎是两种不同的推理和认识事物的科学方法。归纳法是指由个别到一般、由事实到概括的推理方法；演绎法是指由一般到个别、由一般原理到个别结论的推理方法。实际研究中，人们通常将归纳法与演绎法结合起来运用，即为归纳演绎法。

【课堂讨论】玛丽·凯·阿什：公正待人，论功行赏

玛丽·凯·阿什是美国的一个大器晚成的女企业家。她重视妥善地管理人才，她认为，人才是一个企业中最宝贵的财产，企业管理的关键是人才管理。

她要求作为一名经理应尽量公正待人，论功行赏，有时，一名经理必须采取解雇人员的行动时，首先必须表现出极大的克制和同情，同时也还有一个采取正确的方式方法问题。玛丽·凯·阿什在阐述她的做法时说：

"我每次遇到员工不称职时，采取一种十分不同的做法。我的第一个行动，是同这个员工商量和她采取哪些具体办法可改进工作。我提出建议并规定一个合情合理的期限，这样，她也许会马上获得成功。不过，如果这种努力仍不能奏效，那我必须考虑采取对员工和公司可能都是最好的办法。我常常发现，一个员工不能胜任工作时，最不好受的是这个员工本人。"

"例如：要是我部下的一个负责公共关系的员工在大庭广众之下不敢发表讲话，也就是说，要是此人身上缺乏号召其他人所必须具有的那种能力，我就会用你们愿意别人怎样对待你们，你们也应该那样去对待别人这条金科玉律来解决这个问题。我会问一问自己，假如我是这个员工，我会怎样想？

"于是，我会对她说：'简，我们在一起工作了二年，每当我看见你在大庭广众之下讲话，我就知道你浑身不自然。我看到，你在这种场合如同活受罪一样。我衷心希望这不是真的。不过，简，我认为让你干这种工作确实不太合适。我们喜欢你，希望你能成功'。请问，你想不想试试别的工作？如果在我们公司内实在为她找不到一个合适的工作，我们就积极帮助她在能够使其才能得到发挥的其他公司找到一个合适的工作。我不会像扔废报纸那样抛弃一名员工。"

有些经理肯定不同意我的这种见解，他们认为，一旦你解雇某人，某人就必须'收拾东西滚蛋'。但是，每遇到这种不常见的事，我宁愿失之于'宽厚待人'，不愿失之于过分强调公司需要的是中坚分子。"

问题

（1）"无论是'收拾东西滚蛋'还是'宽厚待人'，但结局都是一样，作为管理者的玛丽·凯·阿什只不过是使用'软巴掌'打人而已！"你认为这种观点有无道理？

（2）碰到不能胜任公司任何一种工作的一个员工，那么你怎么办？

【实训】情感病毒

时间：20 分钟

人数：不限

游戏方法：

1．游戏开始前，所有人围成一圈，并且闭上眼睛，主持人在由学员组成的圈外走几圈，然后拍一下某个学员的后背，确定"情绪源"，注意尽量不要让第三者知道这个"情绪源"是谁。

2．由学员们睁开眼睛，散开，并告诉他们现在是一个鸡尾酒会，他们可以在屋里任意交谈，和尽可能多的人交流。

3．"情绪源"的任务就是通过眨眼睛的动作将不安的情绪传递给屋内的其他三个人，而任何一个获得眨眼睛信息的人都要将自己当作已经受到不安情绪感染的人，一旦被感染，他的任务就是向另外三个人眨眼睛，将不安的情绪再次传染给他们。

4．5 分钟以后，让学员们都坐下来，让"情绪源"站起来，接着是那三个被他传染的，再然后是被那三个人传染的。直到所有被传染的人都站了起来，你会惊奇于情绪传染的可怕性。

5．告诉学员们，你已经找到了治理不安情绪传染的有效措施，那就是制造"快乐源"，即用真挚柔和的微笑来冲淡大家因为不安而带来的阴影。

6．让大家重新坐下围成一圈，并闭上眼睛，告诉大家你会从他们当中选择一个同学作为"快乐源"，并通过微笑将快乐传递给大家，任何一个得到微笑的人也要将微笑传递给其他三个人。

7．在学员的身后转圈，假装指定了"快乐源"，实际上你没有指任何人的后背，然后让他们松开眼睛，并声称游戏开始。

8．自由活动 3 分钟，3 分钟以后，让他们重新坐下来，并让收到快乐讯息的同学举起手来，然后让大家指出他们认为的"快乐源"，你会发现大家的手指会指向很多不同的人。

9．微笑地告诉大家实际上根本就没有指定的"快乐源"，是他们的快乐感染了他们自己。

本章小结

本章主要介绍了管理、管理者和管理学的基础知识。

1. 管理

管理是指在特定环境下，通过计划、组织、领导和控制等职能，协调以人为中心的组织资源，以有效实现组织目标的活动或过程。管理具有二重性，即自然属性和社会属性。

管理职能是指管理者实施管理的功能或程序，即管理者在实施管理活动中所体现出来的具体作用及实施程序或过程。管理实践证明，计划、组织、领导与控制是一切管理活动最基本的职能。

2．管理者

管理者是指在组织中从事管理活动的人员，即在组织中担负计划、组织、领导和控制等工作，以期实现组织目标的人员。

按照管理者在组织中所处的层次划分，管理者可分为高层管理者、中层管理者和基层管理者。按管理者的领域分类，一般可划分为两类，一类是综合管理人员，一类是专业管理人员。

3．管理学

管理学是一门从管理实践中形成和发展起来的，系统地研究管理活动及其基本规律和一般方法的学科。管理学具有以下特点：① 管理学是一门综合性的学科；② 管理学是一门具有艺术性的学科；③ 管理学是一门不精确的学科；④ 管理学是一门应用性的学科。

本章习题

一、名词解释

管理　　管理者　　技术技能　　人际技能　　概念技能

二、单项选择

1．管理的核心是（　　）。
A．决策　　B．处理好人际关系　　C．组织　　D．控制

2．管理人员与一般工作人员的根本区别在于（　　）。
A．需要与他人配合完成组织目标　　B．需要从事具体的文件签发审阅工作
C．需要对自己的工作成果负责　　D．需要协调他人的努力以实现组织目标

3．王江以前只有宾馆管理而无航运业管理经验，但被聘为某航空公司总裁后，短短三年，就使这家亏损企业成为高盈利企业。下述四种说法哪一条有明显错误（　　）。
A．最高管理者不需要多少专业知识，只要善于学习，勤于思考就够了
B．成功的管理经验具有一定的普遍性，所以可以成功移植
C．成功管理的关键是人，只要搞好人的管理，就可以取得成功
D．这仅仅是一种巧合，只是说明王江有特别强的环境适应能力

4．管理活动既具有科学性又具有艺术性。随着时间推移，管理研究的不断深化，管理理论的不断繁荣，以及环境变化速度的日趋加快，管理活动最有可能发生以下哪种变化？
（　　）
A．随着科学性的不断增强，其艺术性将呈下降趋势
B．其科学性和艺术性都将不断增强
C．随着艺术性的不断增强，其科学性将呈下降趋势

D. 科学性不断增强，而其艺术性绝不会降低

5. 从发生的时间顺序看，下列四种管理职能的排列方式，哪一种更符合逻辑（   ）。

A. 计划，控制，组织，领导　　　　B. 计划，领导，组织，控制

C. 计划，组织，控制，领导　　　　D. 计划，组织，领导，控制

6. 美国管理大师彼得·德鲁克说过：如果你理解管理理论，但不具备管理技术和管理工具的运用能力，你还不是一个有效管理者；反过来，如果你具备管理技巧的能力，而不掌握管理理论，那么充其量你只是一个技术员。这句话说明（   ）。

A. 有效管理者应该既掌握管理理论，又具备管理技巧与管理工具的运用能力

B. 是否掌握管理理论对管理者工作的有效性无足轻重

C. 如果理解管理理论，就能成为一名有效的管理者

D. 有效的管理者应该注重管理技术与工具的运用能力，而不必注意管理理论

7. 管理的自然属性与（   ）相联系

A. 生产关系　　　　B. 社会制度　　　　C. 生产力　　　　D. 指挥职能

三、简答题

1. 什么是管理？管理的基本职能有哪些？
2. 如何理解高层、中层、基层管理者的角色？
3. 管理学微观维度的管理方法有哪些？
4. 请以社团管理为例来说明管理者角色。

第二章　管理思想

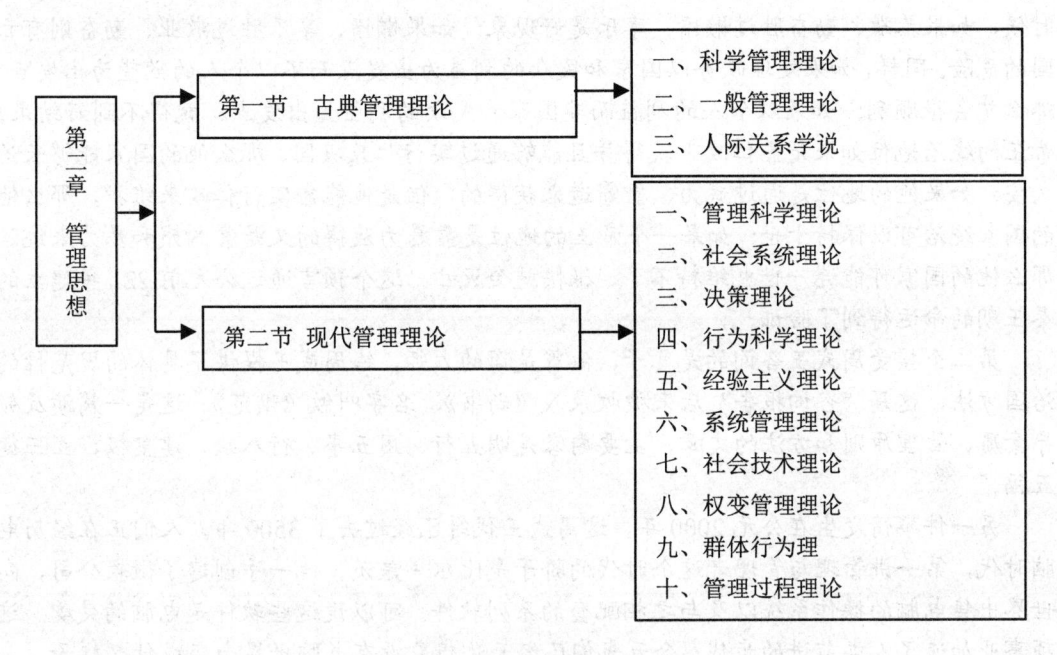

```
                    ┌─────────────────────┐    ┌──────────────────┐
                    │ 第一节  古典管理理论 │───→│ 一、科学管理理论 │
                    │                     │    │ 二、一般管理理论 │
┌──────────┐        └─────────────────────┘    │ 三、人际关系学说 │
│ 第二章   │───┐                                └──────────────────┘
│ 管理思想 │   │                                ┌──────────────────┐
└──────────┘   │                                │ 一、管理科学理论 │
               │                                │ 二、社会系统理论 │
               │                                │ 三、决策理论     │
               │    ┌─────────────────────┐    │ 四、行为科学理论 │
               └───→│ 第二节  现代管理理论 │───→│ 五、经验主义理论 │
                    └─────────────────────┘    │ 六、系统管理理论 │
                                                │ 七、社会技术理论 │
                                                │ 八、权变管理理论 │
                                                │ 九、群体行为理   │
                                                │ 十、管理过程理论 │
                                                └──────────────────┘
```

本章结构图

【知识目标】

- ➢ 了解管理理论发展过程及每个时期的主要理论和代表人物；
- ➢ 理解泰勒、法约尔和梅奥的管理理论；
- ➢ 基本了解多样化的现代管理理论及管理理论发展新趋势。

【能力目标】

- ➢ 能应用泰勒的科学管理理论分析实际问题；
- ➢ 能应用法约尔的一般管理理论分析实际问题；
- ➢ 能结合实际条件，应用梅奥的人际关系学说分析实际问题。

【案例导读】周武王和比尔·盖茨

公元前1046年1月，周武王姬发带领周与各诸侯联军向朝歌进军，与商纣王的军队在牧野交战，一举推翻了无道的纣王统治，建立了周王朝。

在获得天下的领导权以后，周武王向被尊为师尚父的姜子牙询问"藏之也简，行之也博"(《纲鉴易知录·周纪》)(这八个字可以说是最早的对于管理理论的评价标准)的治国之道。姜子牙这位有着传奇色彩的历史人物向周武王讲授了这样的治国之道:"敬胜怠则吉,怠胜敬则灭,义胜欲则从,欲胜义则凶""以仁得之,以仁守之,其量百世;以不仁得之,以仁守之,其量十世;以不仁得之,以不仁守之,必极其世。"(《纲鉴易知录·周纪》\宋·范祖禹《帝学·周武王》)什么意思呢?也就是说,作为管理者在处理国家事务的时候,如果恭敬、勤奋胜过懒惰、享乐是好现象;如果懒惰、享乐胜过敬业、勤奋则有亡国的危险。同样,如果处理政务以国家和民众的利益为出发点而不以个人的欲望为出发点,那么就会很顺利;如果以个人的利益而非国家和民众的利益为出发点,就得不到好结果。帝王的统治地位如果是靠仁政来获得并且能够通过实行仁政巩固,那么他的国家能够长治久安;如果他的地位是通过武力、靠霸道来获得的,但是他能靠实行仁政来维护,那么他的国家统治可以保持十世;如果一个帝王的地位是靠暴力获得的又是靠凶残和暴力来统治,那么他的国家可能连一世也维持不了,很快就会灭亡。这个预言通过公元前221年建立的秦王朝的命运得到了验证。

第二个接受周武王咨询的是箕子,他曾是商的太师,给周武王提供了具体的规范性的治国方法,这篇"咨询报告"后来被收录入《尚书》,名字叫做《洪范》。这是一篇涉及领导素质、管理原则和方法的文章,主要内容是明五行、用五事、行八政、建皇极、立三德五福。

另一件事情发生在公元2000年,这离武王伐纣已经过去了3500年。人们正在经历电脑时代,第一讲管理与管理者这个时代的骄子是比尔·盖茨。他一手创建了微软公司,向世界出售电脑的操作系统以及与之相配套的系列软件。可以说这些软件是电脑的灵魂。这项事业加速了人类前进的步伐。今天我们已经无法想象没有电脑世界会变成什么样子——科学家无法研究,超市无法营业,电话无法接通,甚至连我们自己写的文章也无法打印出来。把微软公司称为"微软帝国"毫不夸张。它正以对大家都有意义的方式完成着某种统治,并且自身的组织也朝着巨型的规模发展。如何管理好这个庞大的公司?即使是超高智商的比尔·盖茨也深知其难度。于是他请来了鲍尔默,一位擅长管理但不懂电脑软件的人。盖茨请鲍尔默并不像周武王请来姜子牙和箕子那样是为了做咨询,他请鲍尔默来担任公司总裁。鲍尔默成为世界上最有价值的雇员,据估计身价达到了120亿美元。

面对艰巨的管理工作,周武王和比尔·盖茨都表现出了令人钦佩的自知与谦逊,但两个人选择的道路有所不同,前者是找咨询,后者干脆是找代理。但他们的共同之处是充分认识到管理的艰巨性和复杂性,依靠有这方面专长的专家来进行管理工作。从"洪范"的时代到"微软"的时代,3500多年过去了,但我们可以看到人类对管理的探索和追求从未改变。

问题

(1)在这条探索的道路上,人类到底取得了什么样的收获?又将如何前进呢?
(2)管理理论是怎样产生和发展的呢?

第一节　古典管理理论

古典管理理论形成于 19 世纪末 20 世纪初，该阶段的管理理论侧重于从管理职能、组织方式等方面研究企业的效率问题。古典管理理论主要包括科学管理理论、一般管理理论和行政组织理论等。

一、科学管理理论

弗雷德里克·温斯洛·泰罗是美国古典管理学家，科学管理的创始人，被管理界誉为科学管理之父。在米德维尔工厂，他从一名学徒工开始，先后被提拔为车间管理员、技师、小组长、工长、设计室主任和总工程师。在这家工厂的经历使他了解工人们普遍怠工的原因，他感到缺乏有效的管理手段是提高生产率的严重障碍。为此，泰罗开始探索科学的管理方法和理论。

弗雷德里克·温斯洛·泰罗

泰罗在他的主要著作《科学管理原理》中阐述了科学管理理论，使人们认识到了管理是一门建立在明确的法规、条文和原则之上的科学。泰罗的科学管理主要有两大贡献：一是管理要走向科学；二是劳资双方的精神革命。

（一）科学管理理论的主要观点

科学管理理论的核心是提高劳动生产率，其主要观点如下。

1. 制定工作定额

泰罗认为，要制定出有科学依据的"合理的日工作量"，就必须进行工时和动作研究。具体方法是选择合适且技术熟练的工人，把他们的每一项动作、每一道工序所使用的时间记录下来，加上必要的休息时间和其他延误时间，就得出完成该项工作所需要的总时间。

然后据此制定出一个工人"合理的日工作量",这就是工作定额原理。

2. 挑选"第一流的工人"

泰罗认为,"第一流的工人"是指那些自己愿意努力工作,而工作对其又合适的工人。管理者的责任在于为雇员找到最合适的工作,并按照生产需要对工人进行选择、分工和培训,使其成为"第一流的工人"。

3. 实施标准化管理

泰罗的标准化原理是指使工人掌握标准化的操作方法,使用标准化的工具、机器和材料,并使作业环境标准化。为此,泰罗亲自做了大量实验,如在米德维尔钢铁厂进行的金属切削实验,以及在贝瑟利恩钢铁公司进行的搬运生铁实验和铁铲实验。

4. 实行差别化的计件工资制度

为了最大限度地刺激工人的劳动积极性,泰罗提出了计件工资制度,这一制度包含以下3个方面的内容:① 通过工时研究和分析,制定出一个有科学依据的定额或标准;② 实行差别计件工资制来鼓励工人完成或超额完成工作定额,并使计件工资率随完成定额的程度而浮动;③ 工资支付的对象是工人而不是职位,即根据工人的实际工作表现而不是根据工作类别来支付工资。

5. 劳资双方进行"精神革命"

泰罗认为,劳资双方要想从生产中获得各自的收益,就必须进行一场"精神革命",变互相指责、怀疑、对抗为互相信任和合作,为共同提高劳动生产率而努力。

6. 实行"职能工长制"

泰罗主张实行"职能管理",即将管理工作加以细分,使所有的管理者只承担一种管理职能。他设计出8个职能工长代替原来的1个工长,其中4个在计划部门,4个在车间,每个职能工长负责某一个方面的工作。工长在其职能范围内,可以直接向工人发出指令。

7. 将计划职能与执行职能分开

泰罗主张把计划职能和执行职能分开,成立专门的管理部门负责调研、计划、培训,以及发出指示和命令;所有工人和部分工长只承担执行职能,即按照管理部门制定的操作方法和指示,使用规定的标准工具,从事实际的操作。

8. 实行例外原则

泰罗认为,规模较大的企业管理必须应用例外原则,即企业高层管理者把例行的一般日常事务授权给下级管理者去处理,自己只保留对例外事项的决定权和监督权。

(二)科学管理理论对管理实践的启示

泰罗的科学管理理论是管理理论发展史上的一个里程碑,它是使管理成为科学的一次质的飞跃。作为一个较为完整的管理理论体系,泰罗的科学管理理论对管理实践主要有以下4个方面的启示:

（1）管理活动不是一门不可传授的艺术，而是一种可以传授的知识和科学；管理活动不是单纯依靠经验进行的，而是要遵循一定的科学规律，按照一定的科学方法进行。

（2）企业开展管理活动的目标是追求效率的提高，因此，企业内部需要广泛地进行分工与合作。

（3）企业应加强制度建设，制定专业的管理职能和组织体系。

（4）通过对工人的培训可以达到提高生产效率的目的。

（三）科学管理的基本原则

泰罗认为科学管理的根本目的是谋求最高劳动生产率，最高的工作效率是雇主和雇员达到共同富裕的基础，要达到最高的工作效率的重要手段是用科学化的、标准化的管理方法代替经验管理。具体来讲，包括以下四条基本原则：

第一，对工人操作的每个动作进行科学研究，用以替代老的单凭经验的办法。

第二，科学地挑选工人，并进行培训和教育，使之成长；而在过去，则是由工人任意挑选自己的工作，并根据各自的可能进行自我培训。

第三，与工人的亲密协作，以保证一切工作都按已发展起来的科学原则去办。

第四，资方和工人们之间在工作和职责上几乎是均分的，资方把自己比工人更胜任那部分工作承揽下来；而在过去，几乎所有的工作和大部分的职责都推到了工人们的身上。

【知识链接】

泰勒进行的科学管理实验

1. 搬运铁块的实验

1898年，弗雷德里克·温斯洛·泰勒从伯利恒钢铁厂开始他的实验。这个工厂的原材料是由一组计日工搬运的，工人每天挣1.15美元，这在当时是标准工资，每天搬运的铁块重量有12~13吨，对工人的奖励和惩罚的方法就是找工人谈话或者开除，有时也可以选拔一些较好的工人到车间里做等级工，并且可得到略高的工资。后来泰勒观察研究了75名工人，从中挑出了4个，又对这4个人进行了研究，调查了他们的背景、习惯和抱负，最后挑了一个叫施密特的人，这个人非常爱财并且很小气。泰勒要求这个人按照新的要求工作，每天给他3.85美元的报酬。通过仔细地研究，使其转换各种工作因素，来观察其对生产效率的影响，例如，有时工人弯腰搬运，有时又直腰搬运；后来他又观察了工人行走的速度、持握的位置和其他的变量。通过长时间的观察试验，并把劳动时间和休息时间很好地搭配起来，工人每天的工作量可以提高到47吨，同时并不会感到太疲劳。他也采用了计件工资制，工人每天搬运量达到47吨后，工资也升到3.85美元。这样施密特开始工作后，第一天很早就搬完了47.5吨，拿到了3.85美元的工资。于是其他工人也渐渐按照这种方法来搬运了，劳动生产率提高了很多。

泰勒把这项试验的成功归结为四个核心点：

（1）精心挑选工人。让工人了解到这样做的好处，让他们接受新方法。

（2）对他们进行训练和帮助，使他们获得足够的技能。

（3）按科学的方法工作会节省体力。
　　（4）泰勒相信，即使是搬运铁块这样的工作也是一门科学，可以用科学的方法来管理。
　2. 铁砂和煤炭的挖掘实验
　　早先铲掘工人是自备铲子到料厂去干活的，用铲子去铲铁砂，每铲的重量太大容易疲劳；而用同一个铲子去铲煤则每铲的重量又不足。泰罗研究发现，当一个工人在操作中的平均负荷量大致是每铲 21 磅时，他就能干出最大的工作量。因此他在进行实验时就不让工人自己带铲子，而是准备了 8~10 把不同的铲子，每种铲子只适合于铲特定的物料，这不仅是为了使工人能平均铲掘达到 21 磅，也是为了使这些铁铲能适应若干的条件。为此他建立了一间大型工具房，里面存放着精心设计的各种工具。同时他还设计了两张有标号的纸卡，一张说明工人在工具房所领的工具和该在什么地方干活，另一张说明一天工作的情况，也就是一份工人干活的说明书，上面还记载着前一天的收入。在工人们取得白色纸卡的时候，工人就会明白一切正常，而当取得黄色纸卡的时候就意味着要加油干了，否则的话就要调离工作。泰罗这项实验主要是要表明"每一项简单的动作都隐含一种科学的成分"。通过这个实验，他提出了新的管理思想：1）将实验的手段引入到经营管理领域；2）计划和执行相分离；3）标准化管理概念的形成；4）挖掘人和物的资源潜力，人尽其才，物尽其用是提高效率的最好办法。
　3. 金属切削试验
　　从 1881 年在米德韦尔公司，为了解决工人的怠工问题，泰勒进行了金属切削试验。他自己具备一些金属切削的作业知识，于是他对车床的效率问题进行了研究，开始了预期 6 个月的试验。在用车床、钻床、刨床等工作时，要决定用什么样的刀具、多大的速度等来获得最佳的加工效率。这项试验非常复杂和困难，原来预定为 6 个月实际却用了 26 个月！耗费了 80 多万吨钢材，总共耗费约 15 万美元。最后在巴斯和怀特等十几名专家的帮助下，取得了重大的进展。这项试验还获得了一个重要的副产品——发明了高速钢并取得了专利。
　　这 3 个试验为他的科学管理思想奠定了坚实的基础，使管理成了一门真正的科学，这对以后管理学理论的成熟和发展起到了非常大的推动作用。

【课堂讨论】UPS 的科学管理

　　联合邮包服务公司（UPS）雇用了 15 万名员工，平均每天将 900 万个包裹发送到美国各地和世界 180 多个国家和地区。他们的宗旨是：在邮运业中办理最快捷的运送。UPS 的管理者系统地培训他们的员工，使他们以尽可能高的效率从事工作。
　　让我们看一下他们的工作情况。UPS 的工业工程师们对每一位司机的行驶路线进行了时间研究，对每种送货、取货和暂停活动设立了工作标准。这些工程师记录了红灯、通行、按门铃、穿过院子、上楼梯、中间休息喝咖啡的时间，甚至上厕所的时间，将这些数据输入计算机中，从而给出每一位司机每天工作中的详细时间标准。
　　为了完成每天取送 130 件包裹的目标，司机们必须严格遵守工程师们设定的程序。当他们接近发送站时，他们松开安全带，按喇叭、关发动机、拉起紧急制动，把变速器推倒一档上,为送货完毕后的启动离开做好准备,这一系列动作极为严格。

然后司机从驾驶室出溜到地面上,右臂夹着文件夹,左手拿着包裹,右手拿着车钥匙。他们看一眼包裹上的地址,把它记在脑子里,然后以每秒钟3英尺的速度快步走到顾客的门前,先敲一下门以免浪费时间找门铃。送货完毕,他们在回到卡车上的路途中完成登录工作。

UPS是世界上效率最高的公司之一。联邦捷运公司每人每天取运80件包裹,而UPS公司却是130件。高的效率为UPS公司带来了丰厚的利润。

问题

（1）你如何认识UPS公司的工作程序？
（2）科学管理距今已百余年,你认为在今天的企业中仍然有效吗？
（3）UPS公司这种刻板的工作时间表为什么能带来效率呢？

二、一般管理理论

亨利·法约尔（Henri Fayol，1841—1925），法国人,早期就参与企业的管理工作,并长期担任企业高级领导职务。

亨利·法约尔

（一）一般管理理论的主要观点

法约尔的一般管理理论归纳了企业经营的六大基本活动、管理的五大基本职能和一般管理的14条原则。

1．企业经营的六大基本活动

法约尔的一般管理理论是西方古典管理思想的重要代表,通过对企业全部活动的分析,法约尔将管理活动从经营职能中提炼处理,成为经营的6项职能,即企业的全部活动可以分为6种,不论企业大还是小、复杂还是简单,这6种活动总是存在的。

（1）技术活动——指生产方面的系列活动，如生产、制造、加工等。

（2）商业活动——指流通方面的系列活动，如购买、销售、交换等。

（3）财务活动——指资金的筹集、运用和控制等。

（4）安全活动——指维护设备和保护职工的安全等。

（5）会计活动——指清理财产、计算成本、编制资产负债表、统计各种经营数据等方面的活动。

（6）管理活动——指计划、组织、指挥、协调和控制等方面的活动。

2. 管理的 14 条原则

为了使管理者能很好地履行各种管理职能，法约尔提出了管理的 14 项一般原则。

（1）劳动分工原则。法约尔认为，劳动分工属于自然规律。劳动分工不只适用于技术工作，而且也适用于管理工作，所以应该通过分工来提高管理工作的效率。但是，法约尔又认为："劳动分工有一定的限度，经验与尺度感告诉我们不应超越这些限度。"

（2）权力与责任原则。法约尔认为，要贯彻权力与责任相符的原则，就应该制定有效的奖惩制度，即"应该鼓励有益的行动而制止与其相反的行动"。

（3）纪律原则。法约尔认为，纪律是一个企业兴旺发达的关键，没有纪律，任何一个企业都不可能兴旺繁荣。

（4）统一指挥原则。统一指挥是一个重要的管理原则，按照这个原则的要求，一个下级人员只能接受一个上级的命令。如果两个领导人同时对同一个人或同一件事行使他们的权力，就会出现混乱。在任何情况下，都不会有适应双重指挥的社会组织。

（5）统一领导原则。统一领导原则是指对于组织内部目标相同的活动，只能有一个领导、一个计划。它与统一指挥原则不同，统一领导原则讲的是组织机构设置的问题，即在设置组织机构的时候，一个下级不能有两个直接上级。而统一指挥原则讲的是组织机构设置以后运转的问题，即当组织机构建立起来以后，在运转的过程中，一个下级不能同时接受两个上级的指令。

（6）个人利益服从整体利益的原则。即个人和小集体的利益不能超越组织的利益，当二者不一致时，管理者必须想办法使二者相统一。

（7）人员报酬公平原则。人员报酬公平原则是指工人的报酬与支付方式要公平，给雇员和雇主以最大的满足。

（8）集中原则。集中原则主要是指组织权力的集中与分散问题。法约尔认为，集中或分散问题只是一个简单的尺度问题，问题在于找到适合于该企业的尺度。

（9）等级链原则。等级链是指从最上级到最下级各层权力连成的等级结构，它是一条权力线，用以贯彻执行统一的命令和保证信息传递的秩序。

（10）秩序原则。秩序原则是指组织中的每个成员都应该有相应的岗位，做到"人皆有位，人称其职"。

（11）公平原则。主管人员对其下属仁慈、公平，就可能使下属对上级热心和忠诚。

（12）人员稳定原则。如果人员不断变动，工作将得不到良好的效果。

（13）首创精神。首创精神是提高组织内部各级人员工作热情的主要源泉。

（14）团结精神。团结精神是指必须注意保持和维护组织中团结、协作、融洽的关系，特别是人与人之间的相互关系。

（二）一般管理理论的五大基本职能

法约尔将管理活动与其他 5 种活动分开讨论，强调管理的重要性。具体而言，管理有以下 5 种基本职能。

（1）计划。法约尔认为，计划就是探索未来、制定行动方案。任何任务的完成都依赖于计划，管理活动的主要表现和明显标志也是计划。

（2）组织。法约尔认为，组织是对企业计划执行的分工。组织一个企业就是建立企业的物质和社会的双重结构，为企业提供所有必要的原料、设备、资本、人员。在配备了必要的物质资源以后，人员或社会组织就应该能够完成其 6 项基本活动。

（3）指挥。法约尔认为，指挥就是使组织人员发挥作用，是一种以指挥人员对管理原则的了解为基础的艺术。法约尔要求指挥人员透彻了解自己的下属，知道如何去指挥别人。

（4）协调。法约尔认为，协调就是结合、统一、调和所有的活动和力量，使企业的一切工作配合得当，以便于企业经营的顺利进行。协调的另一方面是使职能机构和物资设备机构之间保持一定的比例，这是组织高效、保质、保量完成任务的保证。

（5）控制。法约尔认为，控制就是运用各种手段使一切活动都按已制定的计划和命令进行。控制可以指出工作中的缺点和错误，以便纠正并避免重犯。

（三）一般管理理论对管理实践的启示

法约尔的一般管理理论对管理实践的启示主要体现在以下 3 个方面：

（1）管理理论可以指导实践。

（2）管理者必须善于预见未来，制定长期的管理计划。许多企业缺乏战略管理的思维，没有制定长期规划，结果丧失了长远发展的后劲。

（3）管理能力可以通过教育来获得，这是企业得以良性发展的重要基准。现在，越来越多的企业重视员工培训，正是他们主动提升管理能力的结果。

法约尔的一般管理理论是西方古典管理思想的重要代表，后来成为管理过程学派的理论基础（该学派将法约尔尊奉为开山祖师），也是以后各种管理理论和管理实践的重要依据，对管理理论的发展和企业管理的历程均有着深刻的影响。一般管理思想的系统性和理论性强，对管理五大职能的分析为管理科学提供了一套科学的理论构架，来源于长期实践经验的管理原则给实际管理人员巨大的帮助，其中某些原则甚至以"公理"的形式为人们接受和使用。因此，继泰勒的科学管理之后，一般管理也被誉为管理史上的第二座丰碑。

法约尔的贡献在于，对组织管理进行了系统地、独创的研究，特别是关于管理组织和管理过程的职能划分理论，对后来的管理理论研究具有深远影响，此外，他还是一位概括和阐述一般管理理论的先驱者，是伟大的管理教育家。后人称他为"管理过程理论之父"。

三、人际关系学说

人际关系学说的代表人物是乔治·埃尔顿·梅奥（George Elton .Mayo，1880—1949）。梅奥曾参加 1927 年至 1932 年在芝加哥西方电气公司霍桑工厂进行的试验工作，即引起管理学界重视的"霍桑试验"。

乔治·埃尔顿·梅奥

1924年开始,美国西方电气公司在芝加哥附近的霍桑工厂进行了一系列试验。最初的目的是根据科学管理原理,探讨工作环境对劳动生产率的影响。后来梅奥参加该项试验,使得研究成果大幅度反转,创造了管理学上的人际关系学说。

(一)霍桑实验的五个阶段

1. 照明实验

时间:从1924年11月至1927年4月。

当时关于生产效率的理论占统治地位的是劳动医学的观点,认为影响工人生产效率的是疲劳和单调感等,于是当时的实验假设便是"提高照明度有助于减少疲劳,使生产效率提高"。可是经过两年多实验发现,照明度的改变对生产效率并无影响。具体结果是:当实验组照明度增大时,实验组和控制组都增产;当实验组照明度减弱时,两组依然都增产,甚至实验组的照明度减至0.06烛光时,其产量亦无明显下降;直至照明减至如月光一般、实在看不清时,产量才急剧降下来。研究人员面对此结果感到茫然,失去了信心。从1927年起,以梅奥教授为首的一批哈佛大学心理学工作者将实验工作接管下来,继续进行。

2. 福利实验

时间:从1927年4月至1929年6月。

实验目的总的来说是查明福利待遇的变换与生产效率的关系。但经过两年多的实验发现,不管福利待遇如何改变(包括工资支付办法的改变、优惠措施的增减、休息时间的增减等),都不影响产量的持续上升,甚至工人自己对生产效率提高的原因也说不清楚。后经进一步的分析发现,导致生产效率上升的主要原因如下:

（1）参加实验的光荣感。实验开始时 6 名参加实验的女工曾被召进部长办公室谈话，她们认为这是莫大的荣誉。这说明被重视的自豪感对人的积极性有明显的促进作用。

（2）成员间良好的相互关系。

3．访谈实验

研究者在工厂中开始了访谈计划。此计划的最初想法是要工人就管理当局的规划和政策、工头的态度和工作条件等问题作出回答，但这种规定好的访谈计划在进行过程中却大出意料之外，得到意想不到的效果。工人想就工作提纲以外的事情进行交谈，工人认为重要的事情并不是公司或调查者认为意义重大的那些事。访谈者了解到这一点，及时把访谈计划改为事先不规定内容，每次访谈的平均时间从三十分钟延长到 1~1.5 个小时，多听少说，详细记录工人的不满和意见。访谈计划持续了两年多。工人的产量大幅提高。

工人们长期以来对工厂的各项管理制度和方法存在许多不满，无处发泄，访谈计划的实行恰恰为他们提供了发泄机会。发泄过后心情舒畅，士气提高，使产量得到提高。

4．群体实验

梅奥等人在这个试验中是选择 14 名男工人在单独的房间里从事绕线、焊接和检验工作。对这个班组实行特殊的工人计件工资制度。实验者原来设想，实行这套奖励办法会使工人更加努力工作，以便得到更多的报酬。但观察的结果发现，产量只保持在中等水平上，每个工人的日产量平均都差不多，而且工人并不如实地报告产量。深入的调查发现，这个班组为了维护他们群体的利益，自发地形成了一些规范。他们约定，谁也不能干的太多，突出自己；谁也不能干的太少，影响全组的产量，并且约法三章，不准向管理当局告密，如有人违反这些规定，轻则挖苦谩骂，重则拳打脚踢。进一步调查发现，工人们之所以维持中等水平的产量，是担心产量提高，管理当局会改变现行奖励制度，或裁减人员，使部分工人失业，或者会使干得慢的伙伴受到惩罚。这一试验表明，为了维护班组内部的团结，可以放弃物质利益的引诱。由此提出"非正式群体"的概念，认为在正式的组织中存在着自发形成非正式群体，这种群体有自己的特殊的行为规范，对人的行为起着调节和控制作用。

5．态度实验

对两万多人次进行态度调查，规定实验者必须耐心倾听工人的意见、牢骚，并作详细记录，不作反驳和训斥，而且对工人的情况要深表同情；结果产量大幅度提高。因为谈话内容缓解了工人与管理者之间的矛盾冲突，形成了良好的人际关系。从而得出人际关系比人为的措施更能有力的结论。

（二）霍桑实验的主要实验结论

1．职工是"社会人"

在人际关系学说产生以前，西方社会流行的观点是把职工看成是"经济人"，梅奥等人以霍桑实验的成果为依据，提出了与"经济人"观点不同的"社会人"的观点，强调金钱并非刺激职工积极性的唯一动力，新的刺激重点必须放在社会、心理方面，以使人们之间更好的合作并提高生产率。

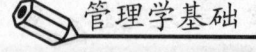

2. 企业中存在着"非正式组织"

由于人是社会高级动物，在共同工作过程中，人们必然发生相互之间的联系，共同的社会感情形成了非正式群体。在这种无形组织里，有它的特殊感情、规范和倾向，并且左右着群体里每一位成员的行为。古典管理理论仅注重正式组织的作用，忽视了"非正式组织"对职工行为的影响，显然是不够的。非正式组织与正式组织是相互依存的，对生产率的提高有很大影响。

3. 满足工人的社会欲望，提高工人的士气，是提高生产效率的关键

传统的科学管理理论认为，生产效率与作业方法、工作条件之间存在着单纯的因果关系。可是，霍桑实验表明，这两者之间并没有必然的直接的联系。生产效率的提高，关键在于工人工作态度，即工作士气的提高。而士气的高低则主要取决于职工的满足度，这种满足度受限体现为人际关系，如职工在企业中的地位是否被上司、同事和社会所承认等；其次才是金钱的刺激。职工的满足度越高，士气也越高，生产效率也就越高。

【课堂讨论】在谷歌总部吃吃喝喝

谷歌（Google）的总部建在美国加利福尼亚州，离风景如画的海岸线公园仅数步之遥。它在美国和世界其他国家也有分部，但各处管理风格大同小异，都信奉以人为本的原则。

想象中的谷歌总部应该是座摩天大楼，进去才发现，事实上它是由很多建筑组成的一个园区。园区里布满绿地、水池和喷泉，这在寸土寸金的加州硅谷实属罕见。

办公楼大厅的布置跟很多美国公司截然不同。大厅告示板上密密麻麻地贴着来自世界各地的剪报，走廊墙边靠着脚踏车，地上散放着橡胶健身球，很多员工聚集在走廊里讨论新程序的设计，边说边锻炼身体。

谷歌还有一个体育馆，那儿可以玩台球、乒乓球，有各种健身器械、洗衣机、烘干机、电子游戏厅、钢琴，用电脑累了，可以弹弹钢琴，也可去按摩室做按摩。谷歌园区还有发廊、洗车行、干洗店、咖啡馆……所有服务都不用员工交一分钱！

其他方面谷歌考虑得也很周到，比如为了让新妈妈或新爸爸省下做饭的时间来陪小宝宝，在婴儿出生后一个月，公司会给新父母报销500美元的外卖费。为了让员工集中精力工作和生活，公司花钱聘了很多跑腿的，专门帮员工办私事：送车去维修站、换牌照、充当临时保姆等。

谷歌大楼跟其他办公楼最明显的区别就是到处是吃的。零食柜、饮料机和冰箱遍布各个角落，可随意取用。此外每层楼还设有几间"小厨房"，不但一切厨房设备俱全，靠墙四周还排列着一只只巨大的透明塑料箱。有装橡胶糖的，有装巧克力豆的，有装腰果的……光早餐麦片就有5种牌子。冰箱里面同样摆得满满当当：各种饮料、酸奶、洗好的水果，切好的胡萝卜和其他能生吃的蔬菜应有尽有。

"百尺之内必有食物！"是公司内部的管理规定，因此还引出来一段笑话。据说有位仁兄好较真儿，他怀疑后勤组没有做到这一点，有事没事儿经常量自己与最近食物之间的距离。一天，他发现自己跟食物的距离是120英尺，便赶紧向后勤组反映。谁知对方的回答更经典："您站的地方底下一层是咖啡室，食物离你绝对没有超过100英尺！"

都说世上没有免费的午餐，偏偏谷歌不信邪，打出一日三餐免费供应的旗号。不但免

费,而且保证高质量。谷歌的员工布莱特在网上开了个个人博客,博客上没有一个字,全是公司午餐的照片,博客就叫《我在谷歌吃了啥?》布莱特的图片博客已经坚持两年多,积累了500多张饮食照片。但每周仍有新照片出现,张张不重复,图片上的美食真是让人垂涎三尺。

这里的菜名也很幽默:"查里斯烧烤""西方遇到东方""蔬菜头"……用料上等,做得也相当地道,与星级饭店不相上下。

谷歌人跟其他大公司员工不同,他们多数穿牛仔裤和T恤衫,有人牵着狗来用餐,有人穿着旱冰鞋在人行道上玩花样,感觉像个大学校园。

谷歌内部有一个规定,任何项目都必须在团队环境中完成,即使是很小的项目也不例外。工作团队一般都由三四个人组成。为了促进队员的交流,他们会被安排在同一间办公室里工作,就连CEO也不例外。迄今为止,首席执行官施密特仍然跟手下的技术工程师分享一间办公室。

办公室里有沙发、躺椅,甚至还有狗的坐垫等,因为谷歌人经常会把宠物带到单位来。走在办公大楼里,经常会看到有人坐在地板上冥思苦想;有人在津津有味地吃着东西;有人跟狗挤在一张沙发上,双手在电脑键盘上飞快地敲击着。

办公室里有地毯和沙发,却没有一张像样的电脑桌,显示器竟放在一个用门板和木架子钉起来的东西上。原来那是谷歌创业时,第一批电脑工程师们用的办公桌,因为有纪念意义又坚固耐用,现在已经成了公司的抢手货。

问题

(1)谷歌的管理体现了哪些管理思想?
(2)谷歌的管理模式对企业发展作用是什么?

第二节 现代管理理论

第二次世界大战以后,管理理论的发展进入了一个新的阶段。1961年12月美国管理学家哈罗德·孔茨在《管理学杂志》上发表"管理理论的丛林"一文,对管理理论的各个流派作了总结。1980年代孔茨又一次对西方的管理理论作系统总结,他认为,这时的管理理论学派已经呈现出一些新的趋势。

一、管理科学理论

管理科学理论是管理领域中的一个学派,也称数理学派,是美国的工程师泰罗的"科学管理"理论的继续和发展。管理科学的代表人是美国的伯法·布莱克特、贝尔曼,苏联的康托洛维奇等人,主要观点是利用数学、自然科学和社会科学知识,把管理问题列成数学模型,求出它的最优方案。

管理科学理论应用至今,已经形成了很多分支,主要的代表比如运筹学。运筹学主要研究经济活动和军事活动中能用数量来表达的有关策划、管理方面的问题。当然,随着客观实际的发展,运筹学的许多内容不但研究经济和军事活动,而且有些已经深入到日常生活当中去了。运筹学可以根据问题的要求,通过数学上的分析、运算,得出各种各样的结果,最后提出综合性的合理安排,以达到最好的效果。

运筹学作为一门用来解决实际问题的学科,在处理千差万别的各种问题时,一般有以下几个步骤:确定目标、制定方案、建立模型、制定解法。随着科学技术和生产的发展,运筹学已渗入很多领域里,发挥了越来越重要的作用。运筹学本身也在不断发展,线性规划、整数规划、网络流、决策分析、排队论、可靠性数学理论、库存论、博弈论、搜索论、模拟等等。

二、社会系统理论

社会系统学派的代表人物是美国著名的管理学家巴纳德。他认为组织是一个复杂的社会系统,应从社会学的观点来分析和研究管理的问题。由于他把各类组织都作为协作的社会系统来研究,后人把由他开创的管理理论体系称作社会系统学派。社会系统学派的主要内容可以归纳为以下几个方面:

(1) 组织是一个是由个人组成的协作系统,个人只有在一定的相互作用的社会关系下,同他人协作才能发挥作用。

(2) 组织作为一个协作系统都包含三个基本要素:能够互相进行信息交流的人们;这些人们愿意做出贡献;实现一个共同目的。因此,一个组织的要素是:信息交流;作贡献的意愿;共同的目的。

(3) 组织是两个或两个以上的人所组成的协作系统,管理者应在这个系统中处于相互联系的中心,并致力于获得有效协作所必需的协调,因此,经理人员要招募和选择那些能为组织目标的实现而做出最好贡献并能协调地工作在一起的人员。

(4) 经理人员的作用就是在一个正式组织中充当系统运转的中心,并对组织成员的活动进行协调,指导组织的运转,实现组织的目标。根据组织的要素,巴纳德认为,经理人员的主要职能有三个方面:1) 提供信息交流的体系;2) 促成必要的个人努力;3) 提出和制定目的。

三、决策理论

"决策理论"学派是以统计学和行为科学作为基础的。自第二次世界大战以后,许多运筹学家、统计学家、计算机专家和行为科学家都力图在管理领域寻找一套科学的决策方法,以便对复杂得多方案问题进行明确的、合理的、迅速的选择。随着这方面研究工作的进展,决策理论得到了迅速的发展。

在这个学派中,做出突出贡献的是美国卡内基梅隆大学教授赫伯特·西蒙(Herbert Simon)。他长期讲授计算机和心理学等课程,还从事过经济计量学的研究,并因他在决策理论研究中做出的重要贡献,于1978年获得了诺贝尔经济学奖。他的主要著作有:《管理行为》《组织》《经济学和行为科学中的决策理论》《管理决策的新科学》等。"决策理论"学派的主要观点如下:

(1) 管理就是决策。管理活动的全部过程都是决策的过程。确定目标、制定计划、选择方案，是经营目标及其计划决策；机构设计、生产单位组织、权限分配，是组织决策；计划执行情况检查，在制品控制及控制手段的选择，是控制决策。决策贯穿于整个管理过程，所以管理就是决策。

（2）决策分为程序性决策和非程序性决策。对于经常发生的需要决策的问题，往往可制定一个例行程序，凡遇到这一类问题，就按照既定程序进行决策，这种决策就属于程序性决策。当问题的涉及面广，又是新发生的，非结构性的，或者问题极为重要而复杂，没有例行程序可以遵循，就要进行特殊处理，对这类问题的决策就称为非程序性决策。

四、行为科学理论

行为科学理论在 20 世纪 30 年代产生于管理工作实践，它正式被命名为行为科学是在 1949 年美国芝加哥的一次跨学科的科学会议上。20 世纪 30 年代以前，很多管理学派对管理方法的研究都是以"事"为中心，忽视了对人的研究。对行为科学研究起源 20 世纪 50 年代的美国。行业科学的英文原名有单复数之分，以复数表示的行为科学为广义的行为科学，是一个学科群。管理学中所讲的行为科学专指狭义的行为科学。即指应用心理学、社会学、人类学及其他相关学科的成果，来研究管理过程中的行为和人与人之间关系规律的一门科学。行为科学管理的主要特点是：

（1）把人的因素作为管理的首要因素，强调以人为中心的管理，重视职工多种需要的满足。

（2）综合利用多学科的成果，用定性和定量相结合的方法探讨人的行为之间的因果关系及改进行为的办法。

（3）重视组织的整体性和整体发展，把正式组织和非正式组织、管理者和被管理者作为一个整体来把握。

（4）重视组织内部的信息流通和反馈，用沟通代替指挥监督，注重参与式管理和职工的自我管理。

（5）重视内部管理，忽视市场需求、社会状况、科技发展、经济变化、工会组织等外部因素的影响。

（6）强调人的感情和社会因素，忽视正式组织的职能及理性和经济因素在管理中的作用。

五、经验主义学派

经验主义学派的代表人物主要有：彼得·德鲁克（Peter F.Drucker，1909—2005）。主要作品有《管理实践》《管理——任务、责任、实践》等。欧内斯特·戴尔（Dale），代表作是《伟大的组织者》；艾尔弗雷德·斯隆（1875—1966），事业部管理体制的首创人之一；亨利·福特，流水线大量生产管理技术的倡导者；威廉·纽曼：美国管理学家，哥伦比亚大学教授，他的主要著作有：《经济管理活动；组织和管理的技术》（1951）。

经验主义学派认为管理学就是研究管理经验，认为通过对管理人员在个别情况下成功和失败的经验教训的研究，会使人们懂得在将来相应的情况下如何运用有效的方法解决管理问题。因此，这个学派的学者把对管理理论的研究放在对实际管理工作者的管理经验教训的研究上，强调从企业管理的实际经验而不是从一般原理出发来进行研究，强调用比较的方法来研究和概括管理经验。

经验主义学派以向大企业的经理人员提供管理企业的成功经验与科学方法为目标。他们认为，企业管理的科学应该从企业管理的实际出发，以大企业的管理经验为主要研究对象，以便在一定的情况下把这些经验加以概况和理论化；但在更多的情况下，只是为了把这些经验传授给企业实际管理工作者和研究人员，为他们提供建议。

六、系统管理理论

系统管理理论学派是在一般系统理论的基础上建立起来的。它将一般系统理论的思想观点应用于工商企业的管理中。这一学派的代表人物有理查德·约翰逊、弗里蒙特·卡斯特、詹姆士·罗森茨韦克，他们三人合著的《系统理论与管理》一书，从系统概念出发，建立了企业管理的系统模式，成为系统理论学派的代表作。系统管理有以下四个特点：

（1）它以目标为中心，强调系统的客观成就和效果。
（2）它以整个系统为中心，决策时强调整个系统最优化，而不是子系统最优化。
（3）它以责任为中心，每个管理人员都被分配一定的任务，并能衡量其工作效果。
（4）它以人为中心，每个工作人员都被安排有挑战性的工作，并根据其工作成绩付给报酬。

七、社会技术理论

社会技术系统理论学派是在社会系统学派的基础上进一步发展而形成的。

社会技术系统理论学派的创始人是特里司特（E. L.Trist）及其在英国塔维斯托克研究所中的同事。他们通过对英国煤矿中长壁采煤法生产问题的研究，发现单只分析企业中的社会方面是不够的，还必须注意其技术方面。他们发现，企业中的技术系统（如机器设备和采掘方法）对社会系统有很大的影响。个人态度和群体行为都受到人们在其中工作的技术系统的重大影响。因此，他们认为，必须把企业中的社会系统同技术系统结合起来考虑，而管理者的一项主要任务就是要确保这两个系统相互协调。社会技术系统学派的大部分著作都集中于研究科学技术对个人、对群体行为方式，以及对组织方式和管理方式等的影响，因此，特别注重于工业工程、人一机工程等方面问题的研究

社会技术系统理论学派认为，组织既是一个社会系统，又是一个技术系统，并非常强调技术系统的重要性，认为技术系统是组织同环境进行联系的中介。

八、权变管理理论

权变管理理论是 20 世纪 70 年代在美国形成的一种管理理论。这一理论的核心就是力图研究组织的各子系统内部和各子系统之间的相互关系，以及组织和它所处环境之间的联系，并确定这种变数的关系类型和结构类型。它强调在管理中要根据组织所处的内外部条件随机而变，针对不同的具体条件寻求不同的最合适的管理模式、方案或方法。

美国尼布拉加斯大学教授卢桑斯（F.Luthans）在 1976 年出版的《管理导论：一种权

变学》种系统的概括了权变管理理论。他认为：

（1）过去的管理理论可分为 4 种，即过程学说、计量学说、行为学说和系统学说，这些学说由于没有把管理和环境妥善联系起来，其管理观念和技术在理论与实践上相脱节，所以都不能使管理有效地进行。而权变理论就是要把环境对管理的作用具体化，并使管理理论与管理实践紧密地结合起来。

（2）权变管理理论就是考虑到有关环境的变数同相应的管理观念和技术之间的关系，使采用的管理观念和技术能有效地达到目标。

（3）环境变量与管理变量之间的函数关系即是权变关系，这是权变管理的核心内容。环境可以分为外部环境和内部环境，外部环境又可以分为两种：一种是由社会、技术、经济和法律政治等组成（STELP 分析）；另一种是由供应者、顾客、竞争者、雇员和股东等组成。内部环境基本上是正式组织系统，它的各个变量与外部环境变量之间是相互关联的。

权变管理理论的贡献在于：批判地总结和继承了以往管理理论的遗产，以新的管理思维方式把它们统一于管理理论之中。对"万能主义"提出了挑战，强调管理动态性，即不同的具体条件应采用不同的管理方法。企业管理研究的出发点不是单纯的企业，而是整个社会系统。增强了管理理论指导管理实践的有效性，在管理理论与管理实践之间架起了桥梁。

九、群体行为理论

群体行为理论学派同人际关系行为学派密切相关，以致常常被混同。但它关心的主要是一定群体中的人的行为，而不是一般的人际关系和个人行为；它以社会学、人类文化学、社会心理学为基础，而不是以个人心理学习基础。这个学派着重研究各种群体的行为方式，从小群体的文化和行为方式到大群体的行为特点，均在研究之列。有人把这个学派的研究内容称为"组织行为"（organizational behavior）研究，其中"组织"一词被用来表示公司、企业、政府机关、医院以及任何一种事业中一组群体关系的体系和类型。这个学派的最早代表人物和研究活动就是梅奥和霍桑试验。20 世纪 50 年代，美国管理学家克里斯·阿吉里斯（Chris Argyris）提出所谓"不成熟——成熟交替循环的模式"，指出如果一个组织不为人们提供使他们成熟起来的机会，或不提供把他们作为已经成熟的个人来对待的机会，那么人们就会变得忧虑、沮丧，甚至还会按违背组织目标的方式行事。

十、管理过程理论

管理过程理论学派是在法约尔一般管理理论的基础上发展起来的。代表人有美国的哈罗德·孔茨。该理论学派的主要观点是：管理是一个过程，即让别人或同别人一起实现既定目标的过程。管理是由一些基本步骤（如：计划、组织、控制等职能）所组成的独特过程。该理论学派注重把管理理论和管理者的职能和工作过程联系起来，目的在于分析过程，从理论上加以概括，确定出一些管理的基本原理、原则和职能。由于过程是相同的，从而使实现这一过程的原理与原则具有普遍适用性。

【知识链接】

经典管理效应

1. 鲶鱼效应：竞争的实质并非完全是对抗

◆原理：挪威人爱吃沙丁鱼，挪威人在海上捕得沙丁鱼后，如果能让它活着抵港，卖价就会比死鱼高好几倍。但是，由于沙丁鱼生性懒惰，不爱运动，返航的路途又很长，因此捕捞到的沙丁鱼往往一回到码头就死了，即使有些活的，也是奄奄一息。只有一位渔民的沙丁鱼总是活的，而且很生猛，所以他赚的钱也比别人多。该渔民严守成功秘密，直到他死后，人们打开他的鱼槽，才发现只不过是多了一条鲶鱼。原来当鲶鱼装入鱼槽后，由于环境陌生，就会四处游动，而沙丁鱼发现这一异己分子后，也会紧张起来，加速游动，如此一来，沙丁鱼便活着回到港口。这就是所谓的"鲶鱼效应"。

◆启示：适当的竞争犹如催化剂，可以最大限度地激发潜力。当压力存在时，为了更好地生存发展下去，惧者必然会比其他人更用功，而越用功，跑得就越快。竞争的实质并非完全是对抗！当企业在销售产品的时候，你的企业总是面对着一些竞争者。那么你的营销目标是把你的所有竞争者打"死"，还是在竞争中合作？如果所有的竞争者都不存在了，你的产品优势还会显现出来吗？没有比较何来竞争优势！耐克和阿迪达斯、麦当劳和肯德基、可口可乐和百事可乐，它们没有由于一方竞争而使另一方不复存在。有时，给你的竞争者留出一些市场，你的企业才能永远保持竞争优势。

2. 马太效应：一流企业做标准

◆原理：马太效应的名字来自于圣经《新约·马太福音》中的一则寓言。一个国王远行前，就叫了仆人来，把他的家业交给他们。按着各人的才干，给他们银子。一个给了五千，一个给了二千，一个给了一千。就往外国去了。那领五千的，随即拿去做买卖，另外赚了五千。那领二千的，也照样另赚了二千。但那领一千的，去掘开地，把主人的银子埋藏了。过了许久，那些仆人的主人来了，和他们算账。那领五千银子的，又带着那另外的五千来，说："主啊，你交给我五千银子，请看，我又赚了五千。"主人说："好，你这又善良又忠心的仆人。你在不多的事上有忠心，我把许多事派你管理，可以进来享受你主人的快乐。"那领二千的也来说："主啊，你交给我二千银子，请看，我又赚了二千。"主人说："好，你这又善良又忠心的仆人。你在不多的事上有忠心，我把许多事派你管理，可以进来享受你主人的快乐。"那领一千的，也来说："主啊，我知道你是忍心的人，没有种的地方要收割，没有散的地方要聚敛。我就害怕，去把你的一千银子埋藏在地里。请看，你的原银在这里。"主人回答说："你这又恶又懒的仆人，你既知道我没有种的地方要收割，没有散的地方要聚敛，就当把我的银子放给兑换银钱的人，到我来的时候，可以连本带利收回。"于是夺过他这一千来，给了那有一万的仆人。

◆启示：强者恒强，弱者恒弱，或者说，赢家通吃，这就是马太效应在品牌资本领域内普遍存在的市场现象。某个行业或产业的产品或服务，品牌知名度越大，品牌的价值越高，其忠实的消费者就越多，势必其占有的市场份额就越大；反之，某个行业或产业的产品或服务，品牌知名度越小，品牌的价值越低，其忠实的消费者就越少，势必其占有的市场份额就越小，将导致利润减少，被市场淘汰，其让位的市场将会被品牌知名度高的产品或服务代替。

对于企业来讲，一流企业出标准，二流企业出技术，三流企业出产品，四流企业出效益。企业唯有借助航空母舰般的"品牌资本"在行业中利用制订标准和塑造企业品牌形象，才能立于不败之地；尤其在软件技术、电子技术等关键领域，核心技术更是企业生存和发展的命脉。

3. 懒蚂蚁效应：知己知彼方能百战不殆

◆原理：日本北海道大学进化生物研究小组对三个分别由30只蚂蚁组成的黑蚁群的活动进行了观察。结果发现：大部分蚂蚁都很勤快地寻找、搬运食物，少数蚂蚁却整日无所事事、东张西望，人们把这少数蚂蚁叫做"懒蚂蚁"。有趣的是，当生物学家在这些"懒蚂蚁"身上做上标记，并且断绝蚁群的食物来源时，那些平时工作很勤快的蚂蚁表现得一筹莫展，而"懒蚂蚁"们则"挺身而出"，带领众蚂蚁向它们早已侦察到的新的食物源转移。原来"懒蚂蚁"们把大部分时间都花在了"侦察"和"研究"上了。它们能观察到组织的薄弱之处，同时保持对新的食物的探索状态，从而保证群体不断得到新的食物来源。

◆启示：相对而言，在蚁群中，"懒蚂蚁"更重要；而在企业中，能够注意观察市场、研究市场、分析市场、把握市场的人也更重要，这就是所谓的"懒蚂蚁效应"。美国《华尔街日报》有一篇文章这样写道："没有别人比妈妈更了解你，可是，她知道你有几条短裤吗？"然而，乔基国际调查公司知道！"妈妈知道你往杯里水里放了多少块冰块吗？"可是，可口可乐公司却知道！例如：可口可乐公司经过深入细致的调查后发现，人们在每杯水中平均放3.2块冰块，每人平均每年看到该公司的69条广告。

4. 拉锯效应：团队销售 1+1>2

◆原理：日本有一家企业，在招聘员工时，要进行一场特殊的考试：他们把报考的人带到一个农场，并随机将两个人分成一组，然后发给每组一把锯子要求将一根圆木头锯成两段。在锯圆木头时，有的组两个人不能相互配合，快慢不当，费了很长时间才把圆木头锯开；有的组两个人很快就磨合好，能相互配合，用了很短时间就把圆木头锯开。结果，这家企业将"能否相互配合很快锯开圆木头"作为是否录用的一个重要指标。在社会分工更加精细更加需要协调的今天，一个优秀的人才要发挥作用，必须善于与他人相互配合，否则将一事难成。人们将此称为"拉锯效应"。

◆启示："拉锯效应"对销售团队的管理与建设有很大的启示作用。销售经理要做好一个企业的行销，销售员之间以及销售经理和下属之间都要注重在各方面相互配合，形成1+1>2的局面，从而促使销售工作不断上新台阶。营销员的个性彰显当然非常重要，个人能力的作用也在营销员的职业生涯中占有相当大的比重。但成功的营销员更看重的是团队的力量和大家的力量，因为他们深知：一滴水离开了大海，瞬间就会消失得无影无踪；一名营销人员只有在团队这个大熔炉里面，才能锻造成为一块"好钢"；离开了团队这个发展的平台，营销员将一文不值。秋天，当你见到雁群为过冬而朝南方，沿途以"V"字队形飞行时，你也许会想到某种科学论点说明它们为什么如此飞。当每一只鸟展翅拍打时，造成其他的鸟立刻跟进，整个鸟群抬升。借着"∧"字队形，整个鸟群比每只鸟单飞时，至少增加了71%的飞升能力，分享共同目标与集体感的人们可以更快、更轻易地到达它们想去的地方，因为他们凭借着彼此的冲劲、助力而向前行。

5. 保龄球效应：学会赞扬你的顾客

◆原理：行为科学中有一个著名的"保龄球效应"：两名保龄球教练分别训练各自的队员。他们的队员都是一球打倒了 7 只瓶。教练甲对自己的队员说："很好!打倒了 7 只。"他的队员听了教练的赞扬很受鼓舞，心里想，下次一定再加把劲，把剩下的 3 只也打倒。教练乙则对他的队员说："怎么搞的!还有 3 只没打倒。"队员听了教练的指责，心里很不服气，暗想，你咋就看不见我已经打倒的那 7 只。结果，教练甲训练的队员成绩不断上升，教练乙训练的队员打得一次不如一次。

◆启示：希望得到他人的肯定、赞赏，是每一个人的正常心理需要。而面对指责时，不自觉地为自己辩护，也是正常的心理防卫机制。一个成功的渠道终端销售者，会努力去满足顾客的这种心理需求，对顾客亲切，帮助顾客解决困难，并适时地赞美你的顾客。世界上最华丽的语言就是对他人的赞美，适度的赞美不但可以拉近人与人之间的距离，更加能够打开一个人的心扉。虽然这个世界上到处都充满了矫饰奉承和浮华过誉的赞美，但是人们仍然非常愿意得到你发自内心的肯定和赞美。既然客户需要赞美，我们又何必吝啬我们的语言呢?因为我们的赞美是不需要增加任何成本的销售方式。

【实训】发挥想象

形式：派一人主持，每组出 6 名队员
时间：15～20 分钟
地点：活动桌椅教室或室外。
目的：
(1) 培养队员从多角度思考问题。
(2) 让整个团队参与到解决问题的游戏中来。
道具：
(1) 一块正方形塑料板。
(2) 一卷胶带。
(3) 一只气球（可备份）。
(4) 一支做标记的笔。
(5) 一张报纸。
程序：
(1) 游戏开始之前，用两段大约长 30 cm 的胶带在木板上贴一个"十"字。
(2) 每个参与组选一位志愿者，让他利用现有的道具取回气球。
(3) 说话期间，把气球吹起来。在气球上面写出"极其珍贵"或者"$$"等字样，将会营造出欢乐气氛；或者在气球里放一些硬糖块，作为志愿者取回气球的奖品（还能防

止气球被风吹走)。

(4) 把塑料板放在地上（贴胶带那面朝上），让所有队员都能看到。

(5) 让志愿者站在"十"字中间，发给他报纸。把气球放在地上，距木板边缘 4 米远。

(6) 要求志愿者想办法取回气球，但不能离开"十"字。其余队员只能观看——不能提议志愿者该如何取回气球。

(7) 1 分钟之后，如果那个志愿者还没完成任务，换下一个队员来完成该游戏，直至取回气球。

规则：

(1) 参与组每一个队员在完成游戏时，其他成员必须保持沉默。

(2) 完成时间最短队获胜。

本章小结

本章主要讲述了古典管理理论和现代管理理论。

1. 古典管理理论

古典管理理论主要包括科学管理理论、一般管理理论和人际关系学说等。

科学管理理论的核心是提高劳动生产率，其主要观点如下：① 制定工作定额；② 挑选"第一流的工人"；③ 实施标准化管理；④ 实行差别化的计件工资制度；⑤ 劳资双方进行"精神革命"；⑥ 实行"职能工长制"；⑦ 将计划职能与执行职能分开；⑧ 实行例外原则。

法约尔的一般管理理论归纳了企业经营的六大基本活动、一般管理的 14 条原则和管理的五大基本职能。

梅奥的"霍桑试验"创造了管理学上的人际关系学说。霍桑实验的主要实验结论有：①职工是"社会人"；②企业中存在着"非正式组织"；③满足工人的社会欲望，提高工人的士气，是提高生产效率的关键。

2. 现代管理理论

现代管理理论的代表学派有：管理科学理论、社会系统理论、决策理论、行为科学理论、经验主义理论、系统管理理论、社会技术理论、权变管理理论、群体行为理和管理过程理论等。

本章练习

一、名词解释

权力与责任原则　　　霍桑实验　　　行为科学流派　　　经济人　　　社会人

二、单项选择

1. 被誉为"科学管理之父"的是（　　）。
   A．法约尔　　　B．韦伯　　　C．泰勒　　　D．梅奥
2. 被誉为"管理过程理论之父"的是（　　）。
   A．法约尔　　　B．韦伯　　　C．泰勒　　　D．梅奥
3. 梅奥等人通过霍桑试验得出结论：人们的生产效率不仅受到物理的、生理的因素的影响，而且还受到社会环境、社会心理因素的影响。由此创立了（　　）。
   A．行为科学学说　　　　　　　B．人文关系学说
   C．人际关系学说　　　　　　　D．科学管理学说
4. 法约尔的一般管理理论对西方管理理论的发展有重大影响，成为后来管理过程学派的理论基础，他的代表作是（　　）。
   A．社会组织与经济组织理论　　B．工业管理和一般管理
   C．科学管理理论　　　　　　　D．经理的职能
5. 系统管理学派认为，组织是由一个相互联系的若干要素组成、为环境所影响的并反过来影响环境的开放的（　　）。
   A．社会技术系统　　　　　　　B．社会经济组织
   C．社会经济系统　　　　　　　D．社会政治系统
6. 下列哪个理论主为没有一成不变的、普遍适用的"最好的"管理理论和方法。（　　）
   A．管理过程理论　B．权变理论　　C．系统理论　　D．行为科学理论
7. 经验主义理论的代表人物是（　　）。
   A．法约尔　　　B．彼得·德鲁克　　　C．泰勒　　　D．梅奥

三、简答题

1. 你认为泰罗的科学管理原理在当今对中国企业经营管理是否还有意义？
2. 法约尔的一般管理原则有哪些？
3. 古典管理理论有哪些代表人物？他们的主要观点是什么？
4. 现代西方管理思想学派主要有哪些？他们的重要观点是什么？

第三章　计划

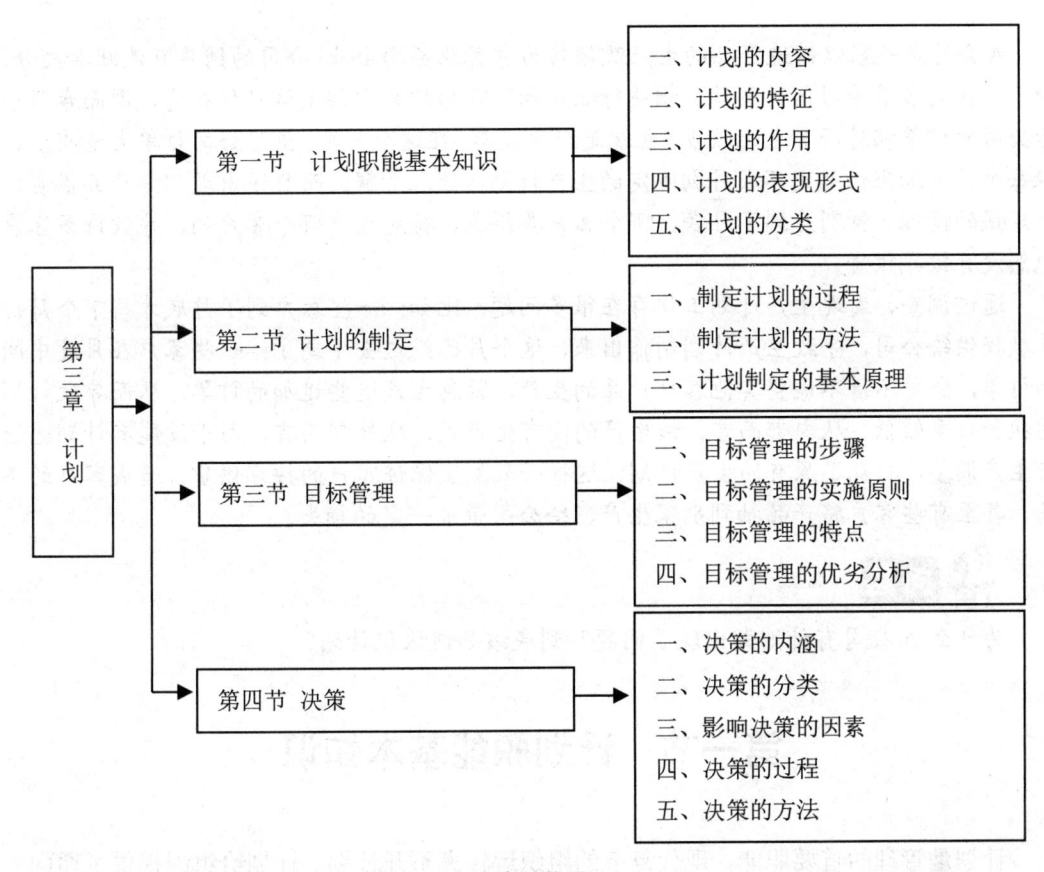

```
                                    ┌─ 一、计划的内容
                                    │  二、计划的特征
                   第一节 计划职能基本知识 ──┤  三、计划的作用
                                    │  四、计划的表现形式
                                    └─ 五、计划的分类

                                    ┌─ 一、制定计划的过程
第三章           第二节 计划的制定  ──┤  二、制定计划的方法
 计                                  └─ 三、计划制定的基本原理
 划
                                    ┌─ 一、目标管理的步骤
                   第三节 目标管理  ──┤  二、目标管理的实施原则
                                    │  三、目标管理的特点
                                    └─ 四、目标管理的优劣分析

                                    ┌─ 一、决策的内涵
                                    │  二、决策的分类
                   第四节 决策    ──┤  三、影响决策的因素
                                    │  四、决策的过程
                                    └─ 五、决策的方法
```

本章结构图

【知识目标】

- 了解计划职能的基本概念和特征；
- 区分各种计划工作的类型；
- 熟悉计划过程与原则；
- 掌握目标管理的特点；
- 掌握决策的基本概念和决策的种类。

【能力目标】

- 能够解释"5W2H"的内容；
- 能够应用目标管理原理安排小型项目的活动计划；

-41-

> 能够根据实际情况编制活动计划；
> 能应用头脑风暴法、德尔菲法等定性决策方法；
> 能够对简单的风险型、不确定问题作出决策。

【案例导读】如何认识计划？

A公司是一家以铸造产品的生产及销售为主营业务的企业，公司的销售有淡旺季之分。由于受我国春节等习俗的影响，相关行业在春节前后均减少固定资产的投资，因而春节前后公司的订单相对而言也比较少，也就是经营淡季。在这个时期，虽然公司订单大量减少，但每个月不加班仍然完不成月初既定的生产计划，让人费解；而且还出现部分产品供货严重延误的情况。特别是到了月底，哪个客户要得急，就先生产哪个客户的，导致许多客户抱怨没有按期供货。

通过调查，发现生产计划工作存在很多问题，比如：一些客户到了月底才将下个月订单数提供给公司，导致生产计划制作出来，这个月已经过去1周了；一些客户在月度中间加订单，公司不得不调整其他客户产品的生产，紧急生产这些追加的订单，从而导致计划的执行效率较低。从内部而言，该生产的没有生产完，从外部而言，由于没能有计划地进行生产调整，打乱了原有的生产计划；这样一来无法保证客户的按期供货，造成客户的不满，甚至有些客户将产品抽到别家生产，给公司带来一定的损失。

问题

为什么A公司有计划却出现了问题？到底该如何认识计划？

第一节 计划职能基本知识

计划是管理的首要职能。现代复杂的组织运转离不开计划。计划给组织提供了通向未来目标的明确道路，给组织、领导、控制等一系列管理工作提供了基础。

在管理学中，计划具有两重含义，其一是计划工作，是指根据对组织外部环境与内部条件的分析，提出在未来一定时期内要达到的组织目标以及实现目标的方案途径；其二是计划形式，是指用文字和指标等形式所表述的组织以及组织内不同部门和不同成员，在未来一定时期内关于行动方向、内容和方式安排的管理事件。

广义的计划职能是指管理者制定计划、执行计划和检查计划执行情况的全过程；狭义的计划职能是指管理者事先对未来应采取的行动所作的谋划安排。

一、计划的内容

计划的内容简要地概括为八个方面，如图3-1所示，即：What（什么）——计划的目的、内容；Who（谁）——计划的相关人员；Where（何处）——计划的实施场所；When（何时）——计划实施的时间范围；Why（为什么）——计划的缘由、前景；How（如何）

——计划的方法和运转实施；How much（多少）——计划的预算；Effect（效果）——预测计划实施的结果、效果。

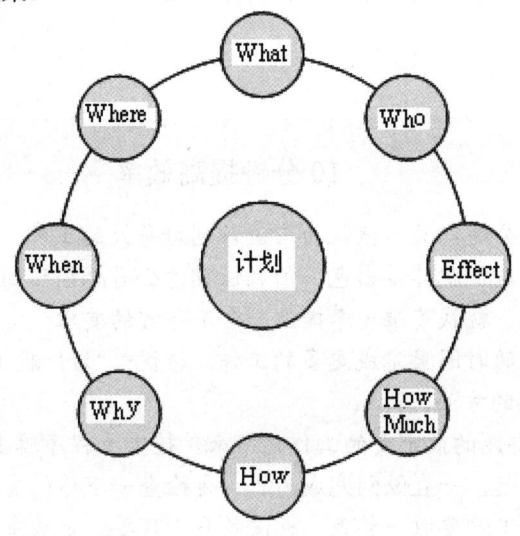

图 3-1 计划的内容

【知识链接】

三个人的选择

有三个人要被关进监狱三年，监狱长给他们三个一人一个要求。美国人爱抽雪茄，要了三箱雪茄。法国人最浪漫，要一个美丽的女子相伴。而犹太人说，他要一部与外界沟通的电话。三年过后，第一个冲出来的是美国人，嘴里鼻孔里塞满了雪茄，大喊道："给我火，给我火！"原来他忘了要火了。接着出来的是法国人。只见他手里抱着一个小孩子，美丽女子手里牵着一个小孩子，肚子里还怀着第三个。最后出来的是犹太人，他紧紧握住监狱长的手说："这三年来我每天与外界联系，我的生意不但没有停顿，反而增长了200%，为了表示感谢，我送你一辆劳施莱斯！"

启示：什么样的选择决定什么样的生活。今天的生活是由三年前我们的选择决定的，而今天我们的抉择将决定我们三年后的生活。我们要选择接触最新的信息，了解最新的趋势，从而更好的创造自己的将来。

二、计划的特征

（一）计划工作的首位性

计划工作相对于其他管理职能处于首位。把计划工作在首位的原因，不仅因为从管理过程的角度来看，计划工作先于其他管理能，而且因为在某些场合，计划工作是付诸实施的唯一管理职能。计划工作的结果可能得出一个决策，即无须进行随后的组织工作、领导工作及控制作等。例如，对于一个要否建立新工厂的计划研究工作，如果得出的结论新工厂在经济上是不合算的，那也就没有筹建、组织、领导和控制一个新的问题了。计划工作具有首位性的原因，还在于计划工作影响和贯穿于组织工作人员配备、指导和领导工作和控制工作中。

【知识链接】

10分钟提高效率

艾维·李是现代公关之父，他认为应该计划好每天的工作，这样才能带来效益。比如他的一次卖思维案例就非常出色。伯利恒钢铁公司总经理西韦伯，为自己和公司效率极低而十分忧虑，就找艾维·李提出一个不寻常的要求：卖给他一套思维，要李告诉他如何能在短短的时间里完成更多的工作。李说："好！我10分钟就教你一套至少可以提高效率50%的方法。"

"把你明天必须要做的最重要的工作记下来，按重要程序编上号码。早上一上班，马上从第一项工作做起，一直做到完成为止。再检查一下你的安排次序，然后开始做第二项。如果有一项工作要做一整天，也没关系，只要它是最重要的工作，就坚持做下去。如果你不建立某种制度，恐怕连哪项工作最为重要你也难以决断。请你把这种方法作为每个工作日的习惯作法。你自己这样做了之后，让你公司的人也照样做。你愿意试用多长时间都行，然后送支票给我，你认为这个办法值多少钱就给我多少。"李给了西韦伯一张纸说。

西韦伯认为这个思维很有用，不久就填了张25000美元的支票给李。后来西韦伯坚持使用这套方法，在5年时间里，伯利恒钢铁公司成为最大的不受外援的钢铁生产企业，而且多赚了几亿美元，他本人成了世界有名的钢铁巨头。

后来西韦伯的朋友问他为什么给这样一个简单的点子支付这么高的报酬？西韦伯提醒他的朋友注意：后来的事实证明，我不是给多了，而是给少了，它至少价值百万。这是我学过的各种所谓高深复杂办法中最得益的一种，我和整个班子第一次拣最重要的事情先做，我认为这是我的公司多年来最有价值的一笔投资！

著名投机大师巴鲁克曾说过："我遭受过多少次的失败，犯过多少次错误，以致我个人生活中做过的多少次的蠢事，都是由于我没有先思考就行动的结果。"据说后来他用了此方法，如鱼得水，最终成为华尔街股市的风云人物。

艾维·李的方法告诉我们，做任何事情都要有计划性，要分清轻重缓急，然后全力以赴地行动，这样才能获得成功。西韦伯已经买了单，不需要我们再支付巨额的使用费，我们只管放心地使用这个简单而有效的创意就行了。

（二）计划工作的预见性

这是计划最明显的特点之一。计划不是对已经形成的事实和状况的描述，而是在行动之前对行动的任务、目标、方法、措施所做出的预见性确认。但这种预想不是盲目的、空想的，而是以上级部门的规定和指示为指导，以本单位的实际条件为基础，以过去的成绩和问题为依据，对今后的发展趋势做出科学预测之后做出的。可以说，预见是否准确决定了计划工作的成败。

（三）计划工作的普遍性

虽然计划工作的特点和范围随各级主管人员职权的不同而不同，但它却是各级主管人员的一个共同职能。所有的主管人员，无论总经理还是班组长都要从事计划工作。人们常说，主管人员的主要任务是决策，而决策本身就是计划工作的核心。如果将主管人员的决策权限制过严那就会束缚他们的手脚，使他们无法自由地处置那些本应由他们处置的题。久而久之，他们就会失去计划工作的职能与职责，养成依赖上级的习惯。这样，他们也就丧失了主管人员的基本特征。

（四）计划工作的经济性

计划工作的经济性是指制订计划与执行计划时所有的产出所有的投入之比。即计划的效率。这个效率，不仅包括人们通常理解的按资金、工时或成本表示的投入产出比率，还包括组织成员个人或群体的满意程度，如果计划使一个组织内很多人不满意或不高兴，这样的计划可能连目标都实现不了，更谈不上效率了。

（五）计划工作的创造性

计划工作总是针对需要解决的新问题和可能发生的新变化、新机会而做出的决定的，因而它是一个创造性的管理过程。计划有点似于一项产品或一项工程的设计，它是对管理活动的设计。正如一种新产品的成功在于创新一样，成功的计划也依赖于创新。

三、计划的作用

计划工作具有承上启下的作用，计划在管理中的地位具体表现在以下几个方面。

（一）为组织稳定发展提供保证

计划工作使人们就组织的目标、当前的现状以及由现实过渡到目标状态的途径做出事先的安排，由此明确组织的发展方向，使各方面行动获得一种明确的指示和指导。同时，计划工作的开展迫使各级主管人员花时间和精力去思考未来的种种复杂情况，从而使环境中发生的变化有可能在多方面系统思考和预测中被事先估计到，这样组织就能事先做出应变的准备，由此提高组织的适应能力并降低经营中的可能风险。

（二）明确组织成员行动的方向和方式

组织的活动通常是由数量众多的成员在不同的时间、空间里进行的。为了使不同成员在不同时空进行的活动能够相互支持、彼此协调，以便为组织总体目标的实现做出共同的、一致的贡献，他们所从事的活动就必须事先得到明确的安排和部署。

（三）为有效筹集和合理配置资源提供依据

组织活动进行的目的是对一定的资源进行加工和转换。为了使组织的目标活动以尽可能低的成本顺利地进行，必须在规定的时间提供组织活动开展所需要的规定数量的各种资源。资源的提供如果不及时或者数量不足、规格不符合要求，可能会导致组织活动发生中断；而数量过多，则会导致资源的积压、浪费和活动成本上升。计划可促进组织对所需要的资源做出全面的事先安排，从而明确何时需要多少数量的何种资源。这样，组织资源的筹措和供应也就有了计划性。

（四）为检查、考核和控制组织活动奠定基础

不同组织成员由于素质和能力的不同，对组织任务和要求的理解也可能不同；组织在不同环节的活动能力可能并不是平衡、衔接的；组织整体以及组织的各个部分在活动中所面对的环境特点与事先预计的也可能不完全吻合。这些原因使组织各部分在决策实施过程中的活动与目标的要求不完全相符，甚至可能出现较大的偏差。这种偏差如果不能及时发现并针对原因采取纠正措施，则会导致组织决策执行的局部或全部失败，从而危及组织的生存和发展。计划为及时地对照标准检查实际活动情况提供了客观的依据，从而也为及时发现和纠正偏差奠定了可靠的基础。

【课堂讨论】为什么走不出沙漠

撒哈拉沙漠中有一个小村庄叫毕塞尔，它靠在一块 1.5 平方公里的绿洲旁，从这儿走出沙漠一般需要三昼夜的时间；可是在英国皇家学院的院士肯·莱文 1926 年发现它之前，这儿的人没有一个走出过大沙漠。据说他们不是不愿意离开这块贫瘠的地方，而是尝试过很多次都没有走出来。

肯·莱文用手语同当地人交谈，结果每个人的回答都是一样的：从这儿无论向哪个方向走，最后都还要回到这个地方来。为了证实这种说法的真伪，莱文做了一次试验，从毕塞尔村向北走，结果三天半就走了出来。

毕塞尔为什么走不出去？肯·莱文感到非常纳闷，最后他决定雇个毕塞尔人，让他带路，看看到底是怎么回事？他们准备了能用半个月的水，牵上两匹骆驼，肯·莱文收起了指南针等设备，只拉一根木棍跟在后面。

10 天过去了，他们走了大约 800 英里的路程。第 11 天的早晨，一块绿洲出现在眼前，他们果然又回到了毕塞尔。这一次肯·莱文终于明白了，毕塞尔人之所以走不出大沙漠，是因为他们根本就不认识北极星。

在一望无际的沙漠里，一个人如果凭着感觉往前走，他会走出许许多多、大小不一的圆圈，最后的足迹十有八九是一把卷尺的形状。毕塞尔村处在浩瀚的沙漠中间，方圆上千公里，没有指南针，想走出沙漠，的确是不可能的事情。

肯·莱文在离开毕塞尔时，带了一个叫阿古特尔的青年。他告诉这个青年："只要你白天休息，晚上朝着北面那颗最亮的星星走，就能够走出沙漠。"

阿古特尔照着去做，三天之后果然来到了沙漠的边缘。

启示：在人生的征途中，许多人之所以不能成功，缺少的不是能力，而是正确的指导方向和明确的目标。

四、计划的表现形式

在实际的管理工作中，计划有多种表现形式。

（一）使命

它指明一定的组织机构在社会上应起的作用、所处的地位；它决定组织的性质，决定此组织区别于彼组织的标志。各种有组织的活动，如果要使它有意义的话，至少应该有自己的目的或使命。

（二）目标

目标描述的是在未来一段时间内要达到的目的。对组织活动方向及相应任务作最一般的表述，重点在于明确应该干什么，最终要达到什么目的。

【知识链接】

父考三子

有一位父亲带着三个孩子，到沙漠去猎杀骆驼。他们到达了目的地。

父亲问老大："你看到了什么呢？"老大回答："我看到了猎枪、骆驼，还有一望无际的沙漠。"父亲摇摇头说："不对。"

父亲以相同的问题问老二。老二回答："我看到了爸爸、大哥、弟弟、猎枪、骆驼，还有一望无际的沙漠。"父亲又摇摇头说："不对。"

父亲又以相同问题问老三。老三回答："我只看到了骆驼。"父亲高兴地点点头说："答对了。"

这个故事告诉我们：一个人若想走上成功之路，首先必须有明确的目标。目标一经确立之后，就要心无旁骛，集中全部精力，勇往直前。

（三）战略

目标指明了要干什么，战略则集中解决为了实现目标应该怎样干。着重叙述实现目标的途径，指出工作重点、资源分配优先顺序等等。围绕目标，形成一个统一的"框架"式行动准则，用于指导各部门的工作。

（四）政策

政策是指导或沟通决策思想的全面陈述书或理解书，处理各种问题的一般规定。政策是人们进行决策时思考和行动的指南，因而也是一种计划。

（五）程序

程序是制定处理未来活动的一种必需方法的计划。它详细列出必须完成某类活动的切实方式，并按时间顺序对必要的活动进行排列。组织中每个部门都有程序，并且在基层，程序更加具体化、数量更多。

（六）规则

规则没有酌情处理的余地。它详细、明确地阐明必需行动或无须行动，其本质是一种管理决策。规则通常是最简单形式的计划。

（七）方案（或规划）

方案是一个综合的计划，它包括目标、政策、程序、规则、任务分配、要采取的步骤、要使用的资源以及为完成既定行动方针所需要的其他因素。

（八）预算

预算是用数字来表示活动的投入与产出的数量、时间、方向等，是一种数字化的计划。在许多组织中，预算是主要的计划表现形式。

五、计划的分类

由于人类活动的复杂性和多元性，计划的种类也变得十分复杂和多样。计划可以按照不同的标准进行分类，常见的分类标准有以下几种。

（一）按计划的层次分

按计划的层次分，计划可分为战略计划、战术计划和作业计划。

（1）战略计划：也称战略规划，是指由高层管理者制定的，为组织设立总体目标和寻求组织战略方案的计划。战略性计划的基本特点可以归纳为：计划所包含的时间跨度长，涉及范围宽广；计划内容抽象、概括，不要求直接的可操作性；计划的前提条件多是不确定的，计划执行结果也往往具有高度的不确定性，因此，战略性计划的制定者必须有较高的风险意识，能在不确定中选定企业未来的行动目标和经营方向。

（2）战术计划：是指为了实现企业的总体目标，组织的具体部门或职能部门在未来各个较短时期内的行动方案。战术性计划主要用来规定企业经营目标如何实现的具体实施方案和细节。

（3）作业计划：是指由基层管理者制定的，规定总体目标如何实现的细节性的操作计划。

【知识链接】

战略与战术的区别

从范围上讲，战略是国家或一方势力根据形势需要，在整体范围内为经营和发展自己的势力而制定的一种全局性的具有指导意义的规划和策略；而战术是在特定的局部地区，为维持和发展自己在本地区的作用、扫除已经出现或将要出现的威胁而采取的手段。

从时间上讲，战略是依据形势需求制定的长期方略，往往可以维持几年或几十年；而战术持续的时间则相对较短，一般在1年以内。

从形式上讲，战略是全局的，是指导战术形成的总体构思；而战术是局部的，是围绕战略思想、地区环境而制定的有效方法，是战略思想的特殊体现。

（二）按计划的期限分

按计划的期限分，计划可分为长期计划、中期计划和短期计划。

（1）长期计划：是指组织在较长时期内（通常是 5 年以上）的发展方向和方针，主要规定组织各个部门在该时期内从事某种活动应达到的目标和要求。

（2）中期计划：是长期计划的具体化，同时又为短期计划指明了方向，其计划期限通常在 1 年以上、5 年以下。

（3）短期计划：是指组织各个部门在较短的时期内（通常是 1 年以内）应该从事的活动及从事该活动应该达到的要求。短期计划是长期计划和中期计划的落实，内容详细、具体，最接近于组织实施的行动计划。

（三）按计划的对象分

按计划的对象分，计划可分为综合计划、局部计划和项目计划。

（1）综合计划：是指组织根据业务经营过程的各个方面所做的全面规划和安排，关系到组织的多个目标和多方面的内容，如企业的年度综合经营计划。在较长一段时期内执行的战略性计划往往是覆盖面较广泛的综合性计划，但短期计划有的也是综合性的，比如企业在制定年度生产经营计划时就往往需要编制综合经营计划。

（2）局部计划：是指为了达到组织的分目标而制定的计划。局部计划一般是综合计划的子计划，内容单一，局限于某一特定的部门。

（3）项目计划：是指组织为特定活动所做的计划，如某项产品的开发计划、职工俱乐部建设计划等。

第二节　计划的制定

一、制定计划的过程

一个完整的计划一般需要 7 个步骤才能完成，即环境分析、确定目标、拟定可行性计划方案、评估备选方案、选定方案、拟定派生计划和通过编制预算使计划数字化。在实际工作中，计划制定者应根据具体情况确定哪些步骤必不可少，哪些步骤可以省略，哪些步骤可以平行进行等，从而制定出符合组织实际情况的计划方案。

（一）环境分析

组织环境因素对组织计划的制定起着关键性的影响作用。因此，组织应在分析自身经营能力的基础上，掌握外部环境的变化，从而制定出切合实际的计划。具体来说，企业应从宏观环境、行业环境和企业内部环境 3 个方面进行分析。

1. 宏观环境分析

宏观环境是指企业所处的大环境，能够较大范围地影响企业的行为，主要包括政治法律环境、经济环境、社会文化环境和技术环境。

（1）政治法律环境。政治法律环境是指一个国家的社会制度，执政党的性质，政府的方针、政策，以及国家制定的法律、法规等。不同的国家有着不同的社会制度，不同的社会制度对企业生产经营活动有着不同的限制和要求。即使在社会制度没有发生变化的同一个国家，政府在不同时期的基本路线、方针、政策也是在不断变化的，企业必须仔细分析这些变化对其内部活动的影响。此外，企业还必须了解与其活动相关的法制系统及其运行状态。

（2）经济环境。经济环境主要是指影响企业生存和发展的社会经济状况，包括社会经济结构、经济体制、宏观经济发展水平、宏观经济政策等因素。一般来说，在宏观经济大发展的情况下，市场扩大，需求增加，企业发展的机会就多。反之，在宏观经济低速发展，甚至停滞或倒退的情况下，市场需求增长很小甚至不增加，这样，企业发展的机会也就相对较少。

（3）社会文化环境。社会文化环境是指企业所处地区的民族特征、文化传统、价值观、宗教信仰、教育水平、社会结构、风俗习惯等因素。社会文化因素对企业经营的影响是间接的、潜在的、持久的。

（4）技术环境。技术环境是指企业所处环境中的总体技术发展水平，它既包括导致社会巨大发展的、革命性的产业技术进步，也包括与企业生产直接相关的新技术、新工艺、新材料的发明情况、应用程度和发展趋势。企业在制定计划的过程中，要密切注意与本企业产品有关的科学技术的发展水平、发展速度和发展趋势，这样才能使计划更加容易实现。

2．行业环境分析

根据迈克尔·波特的观点，一个行业存在着 5 种基本的竞争力量，即现有竞争者、潜在进入者、替代品、购买者和供应商。将这 5 种竞争力量综合起来，就可得到五力竞争模型，如图 3-2 所示。

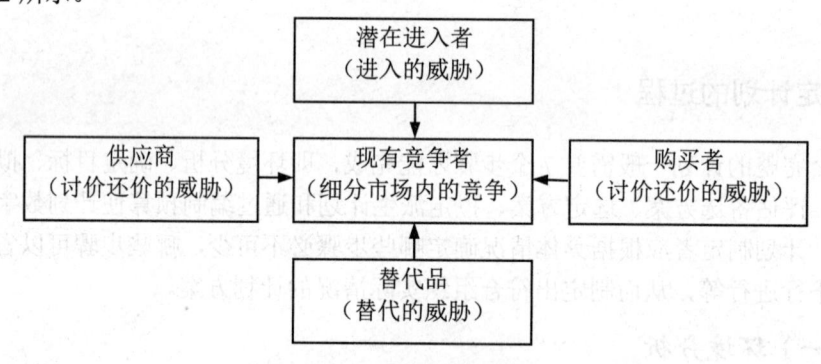

图 3-2　五力竞争模型

（1）现有竞争者。行业内的现有竞争者是 5 种力量中最主要的竞争力量。现有企业之间的竞争通常表现在价格、广告、售后服务等方面。

（2）潜在进入者。潜在进入者是指行业外部有可能并准备进入该行业的企业。潜在进入者一旦加入，既可能给行业经营注入新的活力，促进市场的竞争和发展，也势必给行业内的现有企业带来竞争压力。

（3）替代品。替代品是指那些与本企业产品具有相同功能，且对现有产品具有替代效应的产品。替代品是否产生替代效果，关键是看替代品能否提供比现有产品更大的价值。

（4）购买者。对行业中的企业来讲，购买者也是一个不可忽视的竞争力量。购买者所采取的手段主要有：要求降低价格，要求较高的产品质量或更多的服务，甚至迫使行业中的企业互相竞争等。所有这些手段都会降低企业的获利能力。

（5）供应商。企业生产经营所需的生产要素通常需要从外部获取，提供这些生产要素的企业就是供应商。供应商影响企业的主要方式是提高所供商品的价格，降低所供商品的质量。一旦供应商能够确定它所提供商品的价格、质量、性能和交货的可靠性等，这些供应商就会成为一种强大的力量。

3．企业内部环境分析

企业内部环境主要是指企业所拥有的客观物质条件和工作情况等，是企业开展经营活动的重要基础，也是企业进行计划工作的重要依据。企业内部环境包括企业资源条件和企业文化两个方面。

（1）企业资源条件。企业资源条件是指企业所拥有的各种资源的数量和质量情况，包括资金实力、人员素质、科研力量等。这些因素不仅影响着组织目标的制定和实现，而且直接影响着该企业计划的正确制定与有效执行。

（2）企业文化。企业文化是企业在长期的生存与发展中所形成的，是组织成员的一种共同认知，能够强烈地影响企业成员的态度和行为。企业通过柔性的文化引导，可以使其共同目标转化为成员的自觉行动，更有利于计划工作的开展与执行。

（二）确定目标

目标是指期望的成果，可能是个人的、小组的或整个组织努力的结果。目标为所有的管理决策指明了方向，并且可以作为衡量实际绩效的标准。基于这些原因，目标成为企业计划方案的核心。

1．确定目标的原则

组织确定计划目标时，应遵循以下 3 项原则。

（1）明确性原则。目标的内容应阐述具体、意思明确，避免使用意思含糊的字句。

（2）可行性原则。可行性原则是指确定的目标一定要切实可行。如果目标很容易达到，就会缺乏挑战性，失去激励员工的作用；反之，如果目标难以实现，就会让员工丧失信心。因此，目标要既具有可操作性又具有挑战性。

（3）可考核性原则。组织目标要尽量具体化、定量化，以便于计划执行人员比较准确地把握自己所承担的任务，又可准确地进行考核，从而有效地控制目标的实现。而对于定性化的目标，则可以通过具体说明时间规定、成果要求等加强其可考核性。

2．目标管理

目标管理（MBO）是由美国管理学家彼得·德鲁克于 1954 年提出来的，是指一个组织的上下级管理人员和组织内的所有成员共同制定目标、实施目标的一种管理方法。

（三）拟定可行性计划方案

目标确定后，就需要拟定尽可能多的计划方案。可供选择的行动计划数量越多，被选计划的相对满意程度就越高，行动就越有效。因此，在拟定可行性计划方案时，要广泛发动群众，充分利用组织内外部的专家，通过他们献计献策，产生尽可能多的行动计划。同时，拟定计划方案时，既要依赖过去的经验，也要勇于创新。

（四）评估备选方案

评估备选方案即根据企业内外部条件和对计划目标的研究，充分分析各个方案的优缺点，并作出认真评价和比较，选择出最接近许可条件和目标要求、风险最小的方案。组织在进行方案评估时，要注意以下几点：

（1）认真考虑每一个计划的制约因素和隐患。

（2）要用总体效益的观点来衡量计划。

（3）既要考虑到计划中有形的、可以用数量表示的因素，又要考虑到许多无形的、不能用数量表示的因素。

（4）要动态地考察计划的效果，不仅要考虑执行计划所带来的利益，还要考虑执行计划所带来的损失，特别是那些潜在的、间接的损失。

（五）选定方案

选定方案即从多个备选方案中选择一个或几个较优方案，在选择方案时，通常可以采用以下3种方法：

（1）经验法。即依靠经验（包括管理者个人的经验和众人的经验）来进行评定。

（2）试点法。即对备选方案进行试验和试点。

（3）数理法。即借助于数学模型进行研究与分析。

如果对备选方案进行分析和评估的结果表明，有两个以上的方案都适合，则管理者可以同时采用若干方案，而不只采用一个最佳方案。

（六）拟定派生计划

派生计划是指为了支持主计划的实现而由各个职能部门和下属单位制定的计划。例如，生产计划、营销计划、财务计划等都是企业计划的派生计划。组织在拟定派生计划时，要注意以下3个方面的问题：

（1）务必使有关人员了解企业总计划的目标，掌握总计划的指导思想和内容。

（2）协调各个派生计划，使其方向一致，以支持总计划，防止仅追求本部门目标而妨碍总目标的行为。

（3）协调各个派生计划的工作时间顺序，如采购与制造、加工与装配的时间配合，以及能源、原材料等在时间上的合理安排。

（七）通过编制预算使计划数字化

预算是指用数字表示预期结果或资源分配的计划，即"数字化"的计划。编制预算，一方面是为了使计划的指标体系更加明确，另一方面是为了企业更易于对计划执行过程进行控制。此外,由于实际情况总是在变化,所以预算在必要时也应有所变化,以便能更好地指导实际工作。

二、制定计划的方法

为了保证制定的计划合理,确保组织目标的实现,计划编制过程中必须采用科学的方法。常用的编制计划的方法有甘特图法、滚动计划法和网络计划技术等。

(一)甘特图法

甘特图是由亨利·甘特开发的,它是一种线条图,横轴表示时间,纵轴表示任务,线条表示在整个期间上计划和实际活动的完成情况,如图 3-3 所示。

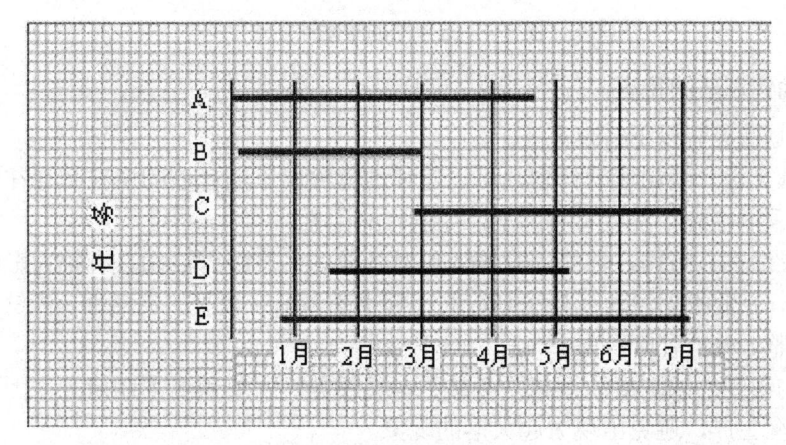

图 3-3 甘特图

甘特图可以直观地表明任务计划在何时开始和完成,并可将实际进展与计划要求进行对比检查。管理者通过对甘特图的分析,可以极为便利地弄清一项任务的剩余工作,并可评估工作进度是提前还是滞后,或者是正常进行。

(二)滚动计划法

滚动计划法是一种将短期计划、中期计划和长期计划有机地结合起来,根据近期计划的执行情况和环境变化情况,定期修改未来计划并逐期向前推移的方法。

1. 滚动计划法的基本原理

滚动计划法的基本原理是:在制定近期计划时,同时制定未来若干期的计划,但计划内容采用近细远粗的办法,即近期计划的内容尽可能详尽,远期计划的内容则较粗略;在计划期的第一阶段结束时,根据该阶段的计划执行情况和内外部环境变化情况,对原计划进行修订,并将整个计划向前滚动一个阶段;以后根据同样的原则逐期滚动。图 3-4 所示是 5 年期的滚动计划法。

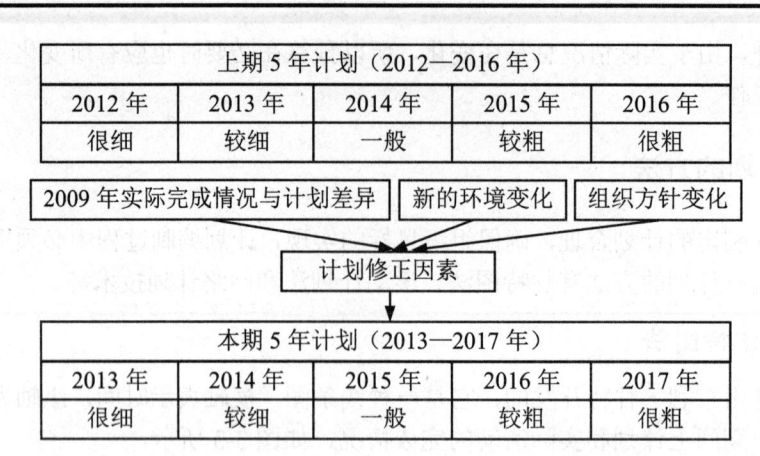

上期 5 年计划（2012—2016 年）				
2012 年	2013 年	2014 年	2015 年	2016 年
很细	较细	一般	较粗	很粗

2009 年实际完成情况与计划差异　新的环境变化　组织方针变化

计划修正因素

本期 5 年计划（2013—2017 年）				
2013 年	2014 年	2015 年	2016 年	2017 年
很细	较细	一般	较粗	很粗

图 3-4　五年期的滚动计划法

2．滚动计划法的特点

滚动计划法具有以下特点：

（1）预见性。编制滚动计划，可以连续地预测出下期计划的情况和存在的问题，便于企业尽早采取措施，发展有利因素，克服不利因素。

（2）灵活性。市场、环境因素的变化对企业的生产经营活动具有较大影响，为了适应新的变化，企业根据滚动计划法制定的计划也必须具有较大的灵活性，能够及时根据主客观条件调整、修改计划。

（3）均衡性。编制滚动计划既考虑了本期任务，又要预测下期情况，因而易于做到各期计划均衡生产，避免出现大起大落的现象。

（4）连续性。按滚动计划法编制计划，本期计划是在分析上期实际情况的基础上制定的，既是上期计划的延续，又是编制下期计划的基础，因而可使前、后期计划密切衔接，同时也便于长期计划与年度计划，年度计划与季度、月度计划紧密衔接，可以充分发挥长期计划对短期计划的指导作用。

（三）网络计划技术

网络计划技术于 20 世纪 50 年代后期在美国产生和发展起来。这种方法包括各种以网络为基础而制定计划的方法，如关键路径法、计划评审技术、组合网络法等。

1．网络计划技术的基本原理

网络计划技术的基本原理是：把一项工作或项目分成各种作业，然后根据作业顺序进行排列，通过网络图对整个工作或项目进行统筹规划和控制，以便用最少的人力、物力、财力，以最高的速度完成工作。网络计划技术的基本步骤如图 3-5 所示。

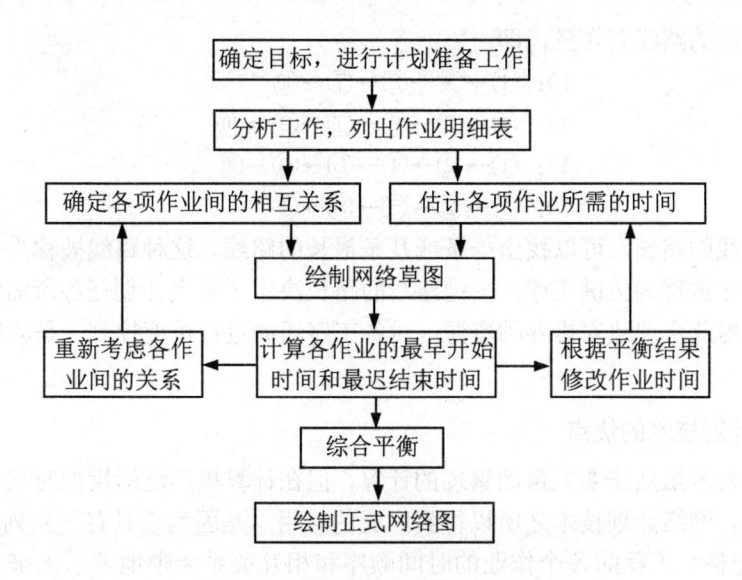

图 3-5 网络计划技术的基本步骤

2. 网络图

网络图是网络计划技术的基础。任何一项任务都可分解成多个步骤的作业，网络图根据这些作业在时间上的衔接关系，用箭线表示它们的先后顺序，从而画出的一个由各项作业相互联系，并注明所需时间的箭线图。图 3-6 所示是一个简单的网络图。

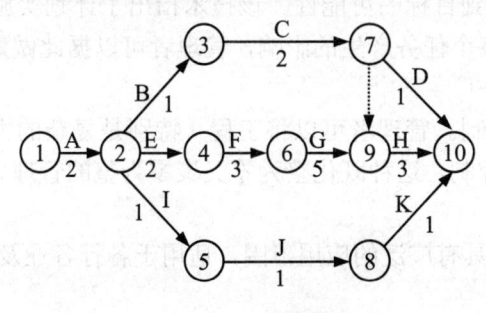

图 3-6 网络图

网络图主要由工序、事项和线路 3 个要素构成。

（1）工序，用"→"表示。工序是一项作业的过程，有人力、物力参加，经过一段时间才能完成。图 3-6 中箭线下的数字即表示完成该项作业所需的时间。此外，网络图中还有一些虚设的工序，这些工序既不占用时间，也不消耗资源，叫做虚工序，用"⇢"表示。网络图中应用虚工序的目的是为了正确表示工序之间先后衔接的逻辑关系，避免工序之间的关系含混不清。

（2）事项，用"○"表示。事项是指两个工序之间的连接点。事项既不占用时间，也不消耗资源，只表示前道工序结束、后道工序开始的瞬间。一个网络图中只有一个始点事项，一个终点事项。

（3）路线。路线是指网络图中由始点事项出发，沿箭线方向前进，连续不断地到达终点事项的一条通道。一个网络图中往往存在多条路线，例如，图 3-6 中从始点①连续不

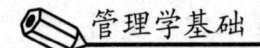

断地走到终点⑩的路线有 4 条，即

1）：①→②→③→⑦→⑩
2）：①→②→③→⑦→⑨→⑩
3）：①→②→④→⑥→⑨→⑩
4）：①→②→⑤→⑧→⑩

比较各路线的路长，可以找出一条或几条最长的路线，这种路线被称为关键路线。关键路线上的工序被称为关键工序。关键路线的路长决定了整个计划任务所需的时间。确定关键路线，并据此合理地安排各种资源，对各工序活动进行进度控制，是应用网络计划技术的主要目的。

3．网络计划技术的优点

网络计划技术虽然需要大量而繁琐的计算，但在计算机广泛运用的时代，这些计算大都被程序化了。网络计划技术之所以得到广泛的应用，是因为它具有一系列的优点。

（1）能把整个工程的各个作业的时间顺序和相互关系清晰地表示出来，并指出完成作业的关键环节和路线。因此，管理者在制定计划时可以统筹安排，全面考虑，又不会失去重点。

（2）可对工程的时间进度与资源利用实施优化。在计划实施过程中，管理者可以调动关键路线上的人力、物力和财力从事关键作业，进行综合平衡。这样既可以节省资源，又可以加快进度。

（3）可事先评价达到目标的可能性。该技术指出了计划实施过程中可能发生的困难点，以及这些困难点对整个任务产生的影响，管理者可以据此做好应急措施，从而降低不能完成任务的风险。

（4）便于组织与控制。管理者可以将工程（特别是复杂的大工程）分解成若干个子项目来分别组织实施与控制，这种既化整为零又聚零为整的管理方法，可以达到局部和整体的协调一致。

（5）易于操作，并具有广泛的应用范围，适用于各行各业及各种任务。

三、计划制订的基本原理

计划工作作为一种基本的管理活动，应遵循以下基本原理。

（一）限定因素原理

限定因素是指妨碍目标得以实现的因素。在其他因素不变的情况下，抓住这些因素，就能实现期望的目标。限定因素原理是指在计划工作中，越是能够了解和找到对达到所要求目标起限制性和决定性作用的因素，就越是能准确地、客观地选择可行的方案。限定因素原理是决策的精髓。

（二）许诺原理

许诺原理是指任何一项计划都是对完成某项工作所做出的许诺。许诺越大，所需的时间越长，实现目标的可能性就越小；反之许诺越少，所需的时间越短，实现目标的可能性就越大。

许诺原理也就是说，要想最大程度兑现诺言，就需要在尽可能短的时间内完成许诺。同时，许诺的内容也要符合现实，不要轻易对没把握的事情许诺。对一个组织而言，完成组织期限不宜定得太长，也不宜把计划的内容定得太大，这样才更有把握完成计划。许诺原理应遵循如下原则：

1. 许诺尽量不要一步到位

如果一个人在工作上的欲望过早满足了，积极进取的意志就懈怠了，当其轻易实现目标时不但立功进取的意志会马上消失，甚至还可能会滋生骄傲堕落的情绪。因此，领导如果有意识地将许诺、践诺的过程拉长，那么完成任务的人取得突出业绩的欲望会永远处于饥饿状态，他永远不会有满足感，这样才会时刻保持立功的动力，才能制造出持续的"加速度"。

2. 不要随意改变诺言

管理者必须要遵守"言必行，行必果"的古老法则，为自己许下的每个诺言负责，尤其不要随意对诺言的内容进行改变，否则"朝令夕改"式的许诺只会让人产生怀疑，降低管理者的威信。长此以往，管理者也将失去员工的信任，再许诺时就不会有员工相信了。因此，管理者必须要守信用，否则组织预期的目的就不可能实现了。

【课堂讨论】

诺言

某天傍晚，一只晚归的小山羊找不到下山的路，就只好深一脚浅一脚地凭自己的感觉向山下走去。一不小心，从山上滚落下来，幸好被山腰的松树枝卡住了身体，才得以保住性命。

这时，正好一只老鹰从空中飞过来，小山羊赶忙高声呼救："尊敬的老鹰先生，我是一只落难的小山羊，求求您救救我吧。您放心我以后一定会报答您的，我会送100斤青草用来孝敬您。"它说完后，只见老鹰仍然在天空中盘旋，并没有要过来救自己的意思。于是，小山羊灵机一动，忙又说："我还能帮您捉到50只野兔和50只野鸡。"话刚说完，老鹰已经落在小山羊旁边的一根树枝上，并用眼睛盯着它了。

小山羊心里开始发慌了，它想，难道老鹰嫌好处太少了，怎样才能打动它呢？此时，小山羊什么都顾不上了，它无奈地对老鹰说："这样吧，老鹰先生，条件由您来提，只要您能救了我的命，我什么条件都可以答应您。"老鹰看了小山羊一眼，笑了笑说："我想吃大灰狼的肉，难道你也能帮我捉到一只狼吗？"小山羊听了异常兴奋，"当然没问题了，只要您先把我救出去，我就去捉一只活的大灰狼来给您尝尝鲜。"

老鹰一声不吭，拍拍翅膀转身飞走了。小山羊望着老鹰远去的背景直发呆，它实在不知道老鹰到底想要什么。

人人都会思考，老鹰也一样。对于小山羊开出的"空头支票"，它会加以分析、判断，验证其实现的可能性。同样，我们在许诺时，并不是计划和诺言越大越好，必须认真考量，慎之又慎，要做到言而有信。

（三）灵活性原理

灵活性原理，指计划的灵活性越大，因未来意外事件引起损失的可能性就越小，两者是反比例关系。灵活性原理是计划工作中最主要的原理，它主要针对计划的制定过程，使计划本身具有适应性，要求计划的制定"量力而行，留有余地"。至于计划的执行，则必须严格准确，要"尽力而为，不留余地"。

（四）改变航道原理

改变航道原理是指计划工作为将来承诺得越多，主管人员定期检查现状和预期前景，以及为保证所要达到的目标而重新制订计划就越重要。计划的总目标不变，但实现目标的进程（即航道）可以因情况的变化随时改变。

第三节　目标管理

目标管理（management by objective，MBO），是以目标为导向，以人为中心，以成果为标准，而使组织和个人取得最佳业绩的现代管理方法。目标管理亦称"成果管理"，俗称责任制。是指在企业个体职工的积极参与下，自上而下地确定工作目标，并在工作中实行"自我控制"，自下而上地保证目标实现的一种管理办法。

美国管理大师彼得·德鲁克（Peter Drucker）于 1954 年在其名著《管理实践》中最先提出了"目标管理"的概念，其后他又提出"目标管理和自我控制"的主张。德鲁克认为，并不是有了工作才有目标，而是相反，有了目标才能确定每个人的工作。所以"企业的使命和任务，必须转化为目标"，如果一个领域没有目标，这个领域的工作必然被忽视。因此管理者应该通过目标对下级进行管理，当组织最高层管理者确定了组织目标后，必须对其进行有效分解，转变成各个部门以及各个人的分目标，管理者根据分目标的完成情况对下级进行考核、评价和奖惩。

一、目标管理的步骤

目标管理是按照一定程序进行的，如图 3-7 所示。

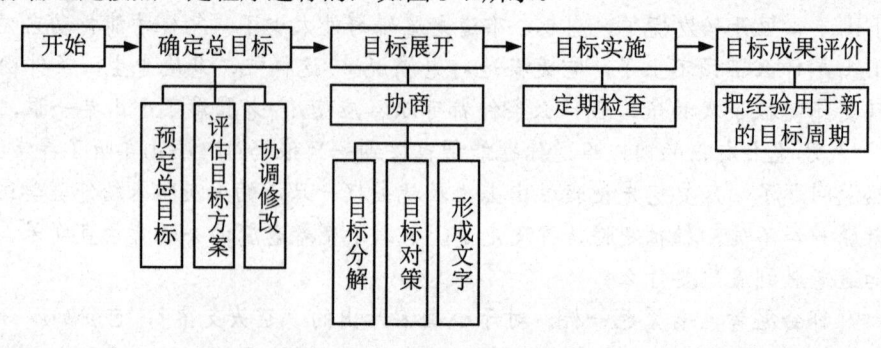

图 3-7　目标管理的程序

（一）目标管理的开始

在目标管理的开始阶段，管理者必须向组织内部人员说明实行目标管理的原因，并让大家了解目标管理的性质、内容，以及各自在目标管理中的作用等。

（二）确定总目标

总目标的确定有以下3个步骤：

（1）预定总目标。最高管理者根据本组织的实际情况制定基本的战略目标，这些目标是试探性的，也是试验性的。

（2）评估目标方案。对试探性的目标进行分析论证，选出最优方案。

（3）协调修改。管理者向下属说明试探性目标的内容，征求大家的意见，经过反复的讨论、修改、论证，最终形成组织总目标。

（三）目标展开

目标展开是指将总目标从上到下层层分解的过程。在进行目标展开时，高层管理者必须要与下级组织的管理者或个人进行面对面的协商，帮助各级组织和个人制定各自相应的目标和任务，以及目标完成的时间期限等，并将最后结果形成文字，固定下来。

（四）目标实施

实施目标时，组织中各层人员都要按照目标体系的要求，分工协作，各司其职。目标的实施主要依靠员工的自我管理或自我控制，但是管理者也必须定期检查各项任务的进展情况。

（五）目标成果评价

当目标管理的周期结束时，管理者必须逐个检查目标的完成情况，并与原定的目标进行比较，总结经验教训，将经验用于新的目标周期。需要注意的是，如果目标没有完成，组织上下应分析原因，切忌相互指责，以保持相互信任的气氛。

【知识链接】

山本田一的目标分解

1984年，在东京国际马拉松邀请赛中，名不见经传的日本选手山田本一出人意外地夺得了世界冠军。当记者问他凭什么取得如此惊人的成绩时，他说了这么一句话：凭智慧战胜对手。当时许多人都认为这个偶然跑到前面的矮个子选手是在故弄玄虚。马拉松赛是体力和耐力的运动，只要身体素质好又有耐性就有望夺冠，爆发力和速度都还在其次，说用智慧取胜确实有点勉强。

两年后，意大利国际马拉松邀请赛在意大利北部城市米兰举行，山田本一代表日本参加比赛。这一次，他又获得了世界冠军。记者又请他谈经验。

山田本一性情木讷，不善言谈，回答的仍是上次那句话：用智慧战胜对手。这回记者在报纸上没再挖苦他，但对他所谓的智慧迷惑不解。

> 10年后，这个谜终于被解开了，他在他的自传中是这么说的：每次比赛之前，我都要乘车把比赛的线路仔细地看一遍，并把沿途比较醒目的标志画下来，比如第一个标志是银行；第二个标志是一棵大树；第三个标志是一座红房子……这样一直画到赛程的终点。比赛开始后，我就以百米的速度奋力地向第一个目标冲去，等到达第一个目标后，我又以同样的速度向第二个目标冲去。40多公里的赛程，就被我分解成这么几个小目标轻松地跑完了。起初，我并不懂这样的道理，我把我的目标定在40多公里外终点线上的那面旗帜上，结果我跑到十几公里时就疲惫不堪了，我被前面那段遥远的路程给吓倒了。
>
> 在现实中，我们做事之所以会半途而废，这其中的原因，往往不是因为难度较大，而是觉得成功离我们较远，确切地说，我们不是因为失败而放弃，而是因为倦怠而失败。在人生的旅途中，我们稍微具有一点山田本一的智慧，一生中也许会少许多懊悔和惋惜。除了坚持，还是坚持。

二、目标管理的实施原则

目标管理是现代企业管理模式中比较流行、比较实用的管理方式之一。它的最大特征就是方向明确，非常有利于把整个团队的思想、行动统一到同一个目标、同一个理想上来，是企业提高工作效率、实现快速发展的有效手段之一。搞好目标管理并非一般人想象的那么简单，必须遵循以下四个原则。

（一）目标制定必须科学合理

目标管理能不能产生理想的效果、取得预期的成效，首先就取决于目标的制定，科学合理的目标是目标管理的前提和基础，脱离了实际的工作目标，轻则影响工作进程和成效，重则使目标管理失去实际意义，影响企业发展大局。

【知识链接】

保险销售员目标

有个同学举手问老师："老师，我的目标是想在一年内赚100万！请问我应该如何计划我的目标呢？"

老师便问他："你相不相信你能达成？"他说："我相信！"老师又问："那你知不知到要通过哪行业来达成？"他说："我现在从事保险行业。"老师接着又问他："你认为保险业能不能帮你达成这个目标？"他说："只要我努力，就一定能达成。"

"我们来看看，你要为自己的目标做出多大的努力，根据我们的提成比例，100万的佣金大概要做300万的业绩。一年：300万业绩。一个月：25万业绩。每一天：8300元业绩。"老师说。"每一天8300元业绩，大既要拜访多少客户？" 老师接着问他。

他回答"大概要50个人。""那么一天要50人，一个月要1500人；一年呢？就需要拜访18000个客户。"老师说。

> 这时老师又问他："请问你现在有没有 18000 个 A 类客户？"他说没有。"如果没有的话，就要靠陌生拜访。你平均一个人要谈上多长时间呢？"他说："至少 20 分钟。"老师说："每个人要谈 20 分钟，一天要谈 50 个人，也就是说你每天要花 16 个多小时在与客户交谈上，还不算路途时间。请问你能不能做到？"他说："不能。老师，我懂了。这个目标不是凭空想象的，是需要凭着一个能达成的计划而定的。"
>
> 启示：目标不是孤立存在的，目标是计划相辅相成的，目标指导计划，计划的有效性影响着目标的达成。所以在执行目标的时候，要考虑清楚自己的行动计划，怎么做才能更有效地完成目标，这是每个人都要想清楚的问题；否则，目标定得越高，达成的效果越差！

（二）督促检查必须贯串始终

目标管理，关键在管理。在目标管理的过程中，丝毫的懈怠和放任自流都可能贻害巨大。作为管理者，必须随时跟踪每一个目标的进展，发现问题及时协商、及时处理、及时采取正确的补救措施，确保目标运行方向正确、进展顺利。

（三）成本控制必须严肃认真

目标管理以目标的达成为最终目的，考核评估也是重结果轻过程。这很容易让目标责任人重视目标的实现，轻视成本的核算，特别是当目标运行遇到困难可能影响目标的适时实现时，责任人往往会采取一些应急的手段或方法，这必然导致实现目标的成本不断上升。作为管理者，在督促检查的过程当中，必须对运行成本作严格控制，既要保证目标的顺利实现，又要把成本控制在合理的范围内。因为，任何目标的实现都不是不计成本的。

（四）考核评估必须执行到位

任何一个目标的达成、项目的完成，都必须有一个严格的考核评估。考核、评估、验收工作必须选择执行力很强的人员进行，必须严格按照目标管理方案或项目管理目标，逐项进行考核并作出结论，对目标完成度高、成效显著、成绩突出的团队或个人按章奖励，对失误多、成本高、影响整体工作的团队或个人按章处罚，真正达到表彰先进、鞭策落后的目的。

三、目标管理的特点

目标管理指导思想上是以 Y 理论为基础的，即认为在目标明确的条件下，人们能够对自己负责。具体方法上是泰勒科学管理的进一步发展。它与传统管理方式相比有鲜明的特点，可概括为以下几点。

（一）重视人的因素

目标管理是一种参与的、民主的、自我控制的管理制度，也是一种把个人需求与组织目标结合起来的管理制度。在这一制度下，上级与下级的关系是平等、尊重、依赖、支持，下级在承诺目标和被授权之后是自觉、自主和自治的。

（二）建立目标锁链与目标体系

目标管理通过专门设计的过程，将组织的整体目标逐级分解，转换为各单位、各员工的分目标。从组织目标到经营单位目标，再到部门目标，最后到个人目标。在目标分解过程中，权、责、利三者已经明确，而且相互对称。这些目标方向一致，环环相扣，相互配合，形成协调统一的目标体系。只有每个人员完成了自己的分目标，整个企业的总目标才有完成的希望。

（三）重视成果

目标管理以制定目标为起点，以目标完成情况的考核为终结。工作成果是评定目标完成程度的标准，也是人事考核和奖评的依据，成为评价管理工作绩效的唯一标志。至于完成目标的具体过程、途径和方法，上级并不过多干预。所以，在目标管理制度下，监督的成分很少，而控制目标实现的能力却很强。

四、目标管理的优劣分析

（一）目标管理的优点

目标管理的优点主要表现在以下几点：

（1）目标管理对组织内易于度量和分解的目标会带来良好的绩效。对于那些在技术上具有可分性的工作，由于责任、任务明确目标管理常常会起到立竿见影的效果，而对于技术不可分的团队工作则难以实施目标管理。

（2）目标管理有助于改进组织结构的职责分工。由于组织目标的成果和责任力图划归一个职位或部门，容易发现授权不足与职责不清等缺陷。

（3）目标管理启发了自觉，调动了职工的主动性、积极性、创造性。由于强调自我控制，自我调节，将个人利益和组织利益紧密联系起来，因而提高了士气。

（4）目标管理促进了意见交流和相互了解，改善了人际关系。

（二）目标管理的缺点

在实际操作中，目标管理也存在许多明显的缺点，主要表现在以下几点：

（1）目标难以制定。组织内的许多目标难以定量化、具体化；许多团队工作在技术上不可解；组织环境的可变因素越来越多，变化越来越快，组织的内部活动日益复杂，使组织活动的不确定性越来越大。这些都使得组织的许多活动制订数量化目标是很困难的。

（2）目标管理的哲学假设不一定都存在。Y 理论对于人类的动机作了过分乐观的假设，实际中的人是有"机会主义本性"的，尤其在监督不力的情况下。因此许多情况下，目标管理所要求的承诺、自觉、自治气氛难以形成。

（3）目标商定可能增加管理成本。目标商定要上下沟通、统一思想是很费时间的；每个单位、个人都关注自身目标的完成，很可能忽略了相互协作和组织目标的实现，滋长本位主义、临时观点和急功近利倾向。

（4）有时奖惩不一定都能和目标成果相配合，也很难保证公正性，从而削弱了目标管理的效果。

（三）标管理的局限性

（1）强调短期目标。大多数的目标管理中的目标通常是一些短期的目标：季度的、月度的等。短期目标比较具体易于分解，而长期目标比较抽象难以分解，另一方面短期目标易迅速见效，长期目标则不然。所以，在目标管理中，组织似乎常常强调短期目标的实现而对长期目标不关心。

（2）引导期长。目标管理对管理人员的要求是非常高的，尤其在目标管理初期，要求组织要通过不断地培训，来提高管理层员工的考核能力、识别能力、目标设置能力、总结能力。

（3）动态性差。目标管理执行过程中目标的改变是不可以的，因为这样做会导致组织混乱。

【课堂讨论】

马和驴的差别

唐太宗贞观年间，长安城西的一家磨坊里，有一匹马和一头驴，它们彼此是最好的朋友。平时马在外面以拉车为生，而驴则在磨坊以拉磨为业。

贞观三年，唐僧受观音菩萨点化来到长安城磨坊里，问马和驴谁愿意跟随一起去西天取经，驴子一听说去西天，就自作聪明的认为去西天就是到极乐世界，那可是个要命的活咧，于是乎吓得在地上打起滚来，这也就是驴打滚的由来。而马却自告奋勇，一马当先跟随玄奘法师前往西天印度求取真经。

17年后，这匹马驮着佛经凯旋而归，取回了真经，修成了正果。

马来到故地看望仍在磨坊里拉磨的好朋友驴子。马对驴子讲述了这次旅途的经历，讲它如何跨过浩瀚无边的沙漠，翻越高耸入云的山峰，穿过惊险刺激的森林，征服危险的妖魔鬼怪，和见识了异域列国的风土人情，听完这些神话般的故事，使驴子目瞪口呆，羡慕万分。并且面带尴尬地说:早知道有那么多的经历和见闻，当初就不 该驴打滚的。

马说其实在我去西天取经的时间里，你也一步都没停过，我和你跨过的距离是相等的。所不同的是，我想改变命运，所以抓住了机会，始终抱着一个目标，朝着一个方向前进，才休得正果；而你却安于现状，想过安逸的生活，放弃了追求，失去了机会，每天混日子，过一天算两个半天，所以一生只有围着磨盘打转的命，永远难成 正果。

驴子听后，悔之当初，遗憾终生。

启示：每一位想获得成功的人，都希望能像老马一样，看到广阔的世界。这就需要有一个最终目标，并根据这个目标设计出合理的规划，然后以终为始，坚持不懈，不断向前，才能获得最后的成功。

人生没有规划，就不会有精彩，就会像故事里的驴子一样，只能羡慕马的成功。

第四节 决策

决策是指人们为实现一定的目标，在充分掌握信息和对有关情况进行深刻分析的基础上，用科学的方法拟定并评估各种方案，从中选出合理方案的活动过程。简言之，决策就是一个提出问题、分析问题、解决问题的过程。正确理解上述概念，应把握以下几层意思：

（1）决策要有明确的目标。决策是为了解决某一问题，或是为了达到一定目标。确定目标是决策过程的第一步。决策所要解决的问题必须十分明确，所要达到的目标必须十分具体。没有明确的目标，决策将是盲目的。

（2）决策要有两个以上备方案。决策实质上是选择行动方案的过程。如果只有一个备选方案，就不存在决策的问题。因而，方案至少要有两个或两个以上，人们才能从中进行分析、比较，最后选择一个满意方案为行动方案。

（3）选择后的行动方案必须付诸于实施。如果选择后的方案，束之高阁，不付诸实施，那么，决策也等于没有决策。决策不仅是一个制订过程，也是一个实施的过程。

【知识链接】

小驴饿死的背后

有一头小驴，在一望无际的草原上迷失了方向，走了一天一夜都没有找到回家的路径，眼前是一片枯黄的草地，饮饿使它四肢无力，它不得不坚持着一边朝前走，一边寻找食物。找啊，找啊，终于一块洼地里出现了两堆鲜嫩的青草，草叶在微风中飘动着，叶上的露珠在阳光下闪闪发亮。

它高兴极了，朝这两堆救命草狂奔而去……然而，它并没有立即吃掉这两堆草，而是站在草堆跟前，用鼻子嗅了好一阵，又用眼睛瞧了好一阵，却久久难以启齿，为什么？此刻它脑子里突然出现了许多疑问——这里为什么会出现两堆青草？这两堆草有没有毒？这两堆草为什么没有被其他的动物吃掉？经过一番否定之否定，最后，它相信这两堆草是可以给它用来充饥的草。然而，当它准备张开嘴巴吃掉这两堆草的时候，脑子里又出现了一道难题：既然这两堆草都是上等的好草，先吃哪一堆草好呢？？……就这样，小驴在长时间的犹豫、徘徊、选择中，最后饿死在草堆旁。

一、决策的内涵

从上述决策的概念中可以看出，决策的内涵包括以下 5 个方面：

（1）决策是以实现特定目标为前提条件的。

（2）决策是面向未来的，要作出正确的决策，就要进行科学的预测。

（3）决策要有两个以上的备选方案，这是科学决策的依据。

（4）决策的重点在于对多个方案进行科学的分析、判断与选择。

（5）决策的结果在于选择"合理"的方案，而非"最优"方案。

二、决策的分类

（一）按决策的层次分

按决策的层次分，决策可分为战略决策、战术决策和业务决策。

（1）战略决策：是指事关组织未来发展方向和远景的全局性、长远性的决策，如组织资本的变化、国内外市场的开拓、组织机构的调整等，主要由高层管理者负责进行。

（2）战术决策：是指执行战略决策过程中的具体决策，如企业生产计划的确定、新产品设计方案的选择等，一般由中层管理者负责进行。

（3）业务决策：是指日常业务活动中为提高工作效率和生产效率，合理组织业务活动进程而进行的决策，如生产任务的日常安排、工作定额的制定等，一般由基层管理者负责进行。

（二）按决策的主体分

按决策的主体分，决策可分为个体决策和群体决策。

（1）个体决策：是指决策权限集中于个人的决策。这种决策受决策者的知识、经验、心理、能力、价值观等个人因素的影响较大，决策过程带有强烈的个性色彩。

（2）群体决策：是指决策权限由集体共同掌握的决策。这种决策受个人因素的影响较小，受群体结构的影响较大，易产生"从众现象"和责任不明等，因此必须采取科学有效的方法加以控制。

（三）按决策的重复程度分

按决策的重复程度分，决策可分为程序化决策和非程序化决策。

（1）程序化决策：是指在日常管理中以相同或基本相同的形式重复出现的决策，如订货采购、退货的处理等。这类问题经常重复出现，因而可以把决策过程标准化、程序化，可通过惯例、标准工作程序和业务常规等予以解决。

（2）非程序化决策：是指具有极大的偶然性和随机性，很少重复发生，无先例可循的具有大量不确定因素的决策，如新产品的开发、多样化经营等。在这种情况下，决策者很难照章行事，需要有创造性思维。

（四）按决策的可控程度分

按决策的可控程度分，决策可分为确定型决策、风险型决策和不确定型决策。

（1）确定型决策：是指每种备选方案只有一种确定的结果，即决策事件未来的自然状态明显，比较各种方案的结果就能选出最优方案。

（2）风险型决策：是指每种备选方案都有各种自然状态，决策者不能预先肯定未来发生哪种自然状态，但能知道有多少种自然状态以及每种自然状态发生的概率，这种决策可以通过比较各种方案的期望值来进行选择。

（3）不确定型决策：是指每种备选方案都有各种自然状态，但是未来发生哪种自然状态及各种自然状态出现的概率都是未知的，完全凭决策者个人的经验、感觉和估计来作出决策。

（五）按决策对象时间长短分

按决策对象时间长短分，决策分为长期决策与短期决策。

（1）长期决策。长期决策是指有关组织今后发展方向的长远性、全局性的重大决策，又称长期战略决策，如投资方向的选择、人力资源的开发和组织规模的确定等。

（2）短期决策。短期决策是指企业为有效地组织目前的生产经营活动，合理利用经济资源，以期取得最佳的经济效益而进行的决策。短期决策具有涉及面小、投入资金不大、风险相对较小等特点。短期决策的具体内容较多，概括地说主要包括生产决策、定价决策、和存货决策三大类。

三、影响决策的因素

在一个决策过程中，影响决策的因素如图3-8所示。

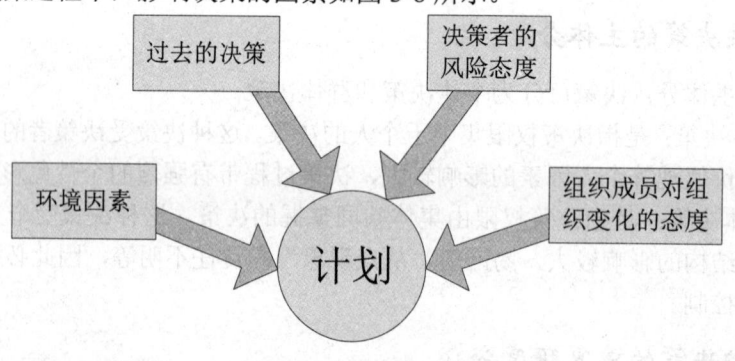

图 3-8　影响决策的因素

（一）环境因素

环境特点首先影响组织活动的选择。比如，在一个相对稳定的市场环境中，企业的决策相对简单，大多数决策都可以在过去决策的基础上作出；如果市场环境复杂，变化频繁，那么企业就可能要经常面对许多非程序性的、过去所没有遇到过的问题。

此外，对环境的习惯反应模式也影响着组织活动的选择。即使在相同的环境背景下，不同的组织也可能作出不同的反应。而这种组织与环境之间的关系模式一旦形成，就会趋向固定，影响人们对行动方案的选择。

（二）过去的决策

过去决策对目前决策的制约程度，主要由过去决策与现任决策者的关系决定。如果过去的决策是由现任的决策者制定的，由于决策者通常要对自己的选择及其后果负责，也为了保证决策的连续性，因此决策者一般不愿对组织的活动进行重大的调整，而趋向于仍将大部分资源投入到过去未完成的方案执行中。相反，如果现在的主要决策者与组织过去的重大决策没有很深的渊源关系，则会易于接受重大改变。

（三）决策者的风险态度

决策是人们用来确定未来活动的方向、内容和行动的计划，由于人们对未来的认识能力有限，目前预测的未来状况与未来的实际情况不可能完全相符，因此任何决策都存在一定的风险。决策者的风险偏好对决策的选择就会产生直接的影响。

（四）组织成员对组织变化所持的态度

任何决策的制定与实施，都会给组织带来某种程度的变化。组织成员对这种可能产生的变化会表现出抵制或者是欢迎两种截然不同的态度。组织成员通常会根据过去的标准来判断现在的决策，总是会担心在变化中会失去什么，对将要发生的变化产生抵御的心理。相反，如果组织成员以发展的眼光来分析变化的合理性，并希望在可能的变化中得到什么而支持变化，这就有利于新决策的实施，特别是创新决策的实施。因此，组织成员对变化的态度对决策的影响是较大的。在前一种情况下，为了有效实施新的决策，首先必须做大量的工作来改变组织成员的态度。

四、决策的过程

决策过程是指从问题出现到方案确定所经历的过程。决策是一项复杂的活动，有其自身的工作规律性，需要遵循一定的科学程序。在现实工作中，导致决策失败的原因之一就是没有严格按照科学的程序进行决策，因此，明确和掌握科学的决策过程，是管理者提高决策正确率的一个重要方面。

（一）辨识和确定问题

决策是为了目标的实现或者问题的解决。决策是围绕着问题而展开的。没有问题就不需要决策；问题不明，则难以作出正确的决策。决策的第一步就要求决策者必须主动地深入实际调查研究，及时发现并提出新问题进而解决问题，以保证组织的健康发展。

（二）确定决策目标

确定组织目标时要坚持实事求是，并对目标的优先顺序进行排序，从而减少决策过程中不必要的麻烦。明确决策目标不仅为方案的制定和选择提供了依据，也为决策的实施和控制、组织资源的分配和各种力量的协调提供了标准。

（三）拟定可行方案

决策实际上是对解决问题的种种行动方案进行选择的过程。为解决问题，必须寻找切实可行的各种行动方案。各种行动方案都有其优点和缺陷，决策要求以"满意原则"来确定方案。

制定备选方案既要注意科学性，又要注意创造性。无论哪一种备选方案，都必须建立在科学的基础上。方案中能够进行数量化和定量分析的，一定要将指标数量化，并运用科学、合理的方法进行定量分析，使各个方案尽可能建立在客观科学的基础上，减少主观性；同时，要充分发挥集体的智慧才能，让大家畅所欲言，充分发表自己的意见，然后通过集体充分的讨论，这样制定出来的备选方案往往会更有针对性和创造性。

（四）评估比较可行方案

决策过程的第四步是对已制定的备选方案逐个地进行评价。

首先要建立一套有助于指导和判断的决策准则。决策准则表明了决策者关心的主要是哪些方面，其中主要包括目标达成度、成本、可行程度等。

然后根据这些方面来衡量每一个方案，并据此列出各方案满足决策准则的程度和限制因素，即确定每一个方案对于解决问题或实现目标所能达到的程度和所需的代价，及采用这些方案后可能带来的后果。

第三是分析每一个方案的利弊，比较各方案之间的优劣。最后根据决策者对各决策目标的重视程度和对各种代价的承受程度进行综合评价，结合分析比较结果，提出推荐方案。

（五）选择满意方案

在对各方案进行理性分析比较的基础上，决策者最后要从中选择一个满意方案并付诸实施。在决策的时候，要注意不要一味地追求最佳方案。由于环境的不断变化和决策者预测能力的局限性，以及备选方案的数量和质量受到不充分信息的影响，决策者可能期望的结果只能是作出一个相对令人满意的决策。

决策的实施要有广大组织成员的积极参与。为了有效地组织决策实施，决策者应通过各种渠道将决策方案向组织成员通报，争取成员的认同，对成员给予支持和具体的指导，调动成员的积极性。当然最可取的方法是设计出一种决策模式，争取所有的成员参与决策、了解决策，以便更好地实施决策；并且在方案实施的过程中还要对新出现的问题进行协调和解决。

（六）实施方案并追踪评价

这是决策过程中的最后一个步骤。一个决策者应该通过信息的反馈来衡量决策的效果。决策是一种事前的设想，在实际的实施过程中，随着形势的发展，实施决策的条件不可能与设想的条件完全相吻合；况且，在一些不可控因素的作用下，实施条件和环境与决策方案所依据的条件之间可能会有较大的出入，这时，需要改变的不是现实，而是决策方案了。所以，在决策实施过程中，决策者应及时了解、掌握决策实施的各种信息，及时发现各种新问题，并对原来的决策进行必要的修订、补充或完善，使之不断地适应变化了的新形势和条件。

一项决策实施之后，对其实施的过程和情况进行总结、回顾既可以明确功过，确定奖惩，还可使自身的决策水平得到进一步的提高。比如，如果一个方案实施后达到了原来的要求，那么这一方案就达到了理想的效果；如果没有达到原来的要求，那么就要分析管理者是否对前一决策形势的认识和分析有错误，或是这一方案在执行过程中的方法是否正确，从而决定是改变方案本身还是实施的方法。

五、决策的方法

随着决策理论和实践的不断发展，人们在决策中所采用的方法也不断地得到充实和完善。目前，使用较多的决策方法通常可以分为定性决策方法和定量决策方法两类。前者注重于决策者本人的直觉,后者则注重于决策问题各因素之间的客观数量关系。在具体应用中,将二者密切配合,已经成为现代决策方法的一个重要发展趋势。

(一)定性决策法

定性决策法即主观决策法,又被称为决策的软技术,是指建立在心理学、社会学、创造学等社会科学的基础上的一种凭借个人经验,充分发挥人的创造力对问题进行分析、做出决策的方法。该方法简单易行、经济方便,在日常生活中大量采用的决策方法都是主观决策方法。常见的定性决策法有德尔菲法、头脑风暴法、时间管理法和电子会议法等。

1. 德尔菲法

德尔菲法又称专家意见法,是由美国兰德公司于20世纪50年代初创造的一种方法。它是指充分发挥专家们的知识、经验和判断力,并按规定的工作程序来进行决策的方法。这种决策方法的一般过程是,聘请一批专家(10~50人),以相互独立的匿名形式就决策内容各自发表意见,用书面形式独立地回答决策者提出的问题,并反复多次修改各自的意见,最后由决策者综合确定决策的结论。德尔菲法的具体实施步骤如下:

(1)组成专家小组。按照课题所需要的知识范围,确定专家。专家人数的多少,可根据预测课题的大小和涉及面的宽窄而定,一般不超过20人。

(2)向所有专家提出所要预测的问题及有关要求,并附上有关这个问题的所有背景材料,同时请专家提出还需要什么材料。然后由专家做书面答复。

(3)各个专家根据他们所收到的材料,提出自己的预测意见,并说明自己是怎样利用这些材料并提出预测值的。

(4)将各位专家第一次判断意见汇总,列成图表,进行对比,再分发给各位专家,让专家比较自己同他人的不同意见,修改自己的意见和判断。也可以把各位专家的意见加以整理,或请身份更高的其他专家加以评论,然后把这些意见再分送给各位专家,以便他们参考后修改自己的意见。

(5)将所有专家的修改意见收集起来,汇总,再次分发给各位专家,以便做第二次修改。

逐轮收集意见并为专家反馈信息是德尔菲法的主要环节。一般来讲,经过三轮或四轮调查后,专家意见将会比较集中,这时就可以把最后调查所得到的结果作为专家小组的意见。

德尔菲法可以使每位专家充分发表自己的意见,免受权威人士左右。但此方法主要是依靠专家的主观判断,决策的准确程度取决于专家们的学识和对决策对象的兴趣;同时,决策意见反馈多次,不仅会花费较长的时间,还可能引起专家的反感。

2. 头脑风暴法

头脑风暴法最早由"风暴式思考之父"奥斯本于20世纪50年代提出。其具体过程是,将相关专家聚集在一起,使其在不受任何约束条件的环境下针对所要解决的问题畅所欲言、各抒己见,最后由组织者整理、分析、系统化之后得到决策结果。

头脑风暴法是由一群人通过相互启发,尽可能地提供多种方案的一种方法。小组一般由5~9人组成,在讨论过程中,鼓励参加者提出各种建议,并禁止对他人的想法进行批评,以便各种创新方案不断地被提出。

实践证明,这种方法确实是激发人们创造性思维的一种行之有效的方法,经常用于决策的方案设计阶段,以获得广泛的、具有创建的新设想。同时,在制定备选方案时还要充分考虑到各方面的制约因素,比如政府法律方面的限制、传统道德观念的限制、管理者本身权力和能力的限制以及技术条件、经济因素等方面的限制。

3. 时间管理法

一堆工作需要处理,那究竟应该先做哪个,后做哪个呢?根据二八法则,生活中 80%的结果几乎源于 20%的活动,因此,要把注意力放在 20%的关键事情上。时间管理工作分类法如图 3-9 所示。

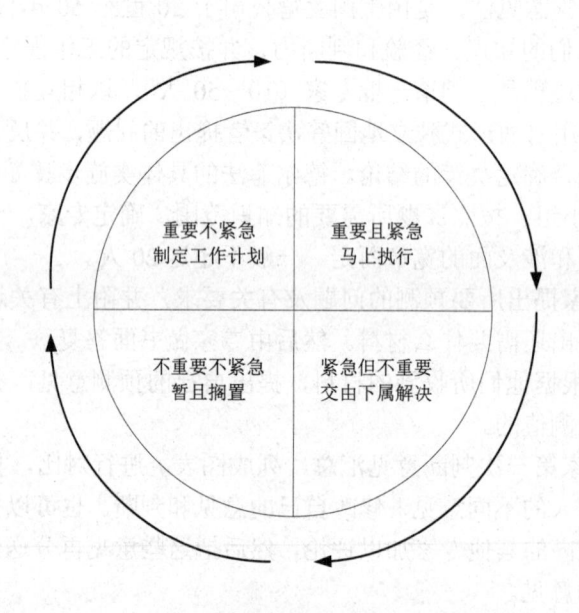

图 3-9 时间管理工作分类法

在处理多个问题时,我们应当分清轻重缓急,将事情进行如下的排序:

(1)重要且紧急(比如救火、抢险等)——必须立刻做。

(2)紧急但不重要(比如有人因为打麻将"三缺一"而紧急约你、有人突然打电话请你吃饭等)——只有在优先考虑了重要的事情后,再来考虑这类事。人们常犯的毛病是把"紧急"当成优先原则。其实,许多看似很紧急的事,拖一拖,甚至不办,也无关大局。

(3)重要但不紧急(比如学习、做计划、与人谈心、体检等)——只要是没有前一类事的压力,应该当成紧急的事去做,而不是拖延。

(4)既不紧急也不重要(比如娱乐、消遣等事情)——有闲工夫再说。

4. 电子会议法

电子会议法是一种将群体决策与尖端的计算机技术相结合的决策方法,它对技术的要求很高,企业必须拥有成熟的现代通信技术和网络技术,才可采用此法。使用电子会议法的具体情形是,多达 50 人围坐在一张马蹄形的桌子旁,每人面前有一个计算机终端设备,管理者将问题显示给决策参与者，参与者把自己的回答输入计算机，个人评论和票数统计等都投影在会议室内的屏幕上。

电子会议法的主要优点是匿名、可靠和快速。决策参与者能不透露姓名地输出自己所要表达的任何信息，能充分地表达他们的想法而不会受到惩罚，同时也消除了闲聊和偏题的可能性，且不必担心打断别人的"讲话"。

电子会议法存在以下缺点：①对于那些善于口头表达，而计算机运用技能却相对较差的专家来说，电子会议会影响他们的决策思维；②由于这种决策方法是匿名的，因而无法对提出好建议的参与者进行奖励；③参与者只通过计算机来进行决策，其沟通程度不如面对面的口头交流所传递的信息丰富。

（二）定量决策方法

定量决策法是利用比较完备的历史资料，运用数学模型和计量方法，来预测未来的市场需求。具体方法有三大类：确定型决策方法、不确定型决策方法和风险型决策方法。

1. 确定型决策方法

确定型决策问题只存在一个确定的结果，决策者可以根据科学的方法作出决策。确定型决策最常用的方法是量本利分析法。

量本利分析法又称盈亏平衡分析法或保本分析法，是指通过考察销售量（或产量）、成本和利润的关系，以及盈亏变化规律来为决策提供依据的方法。盈亏平衡点是量本利分析中的一个重要概念。在该点上，企业生产经营活动正好处于不赢不亏的状态，也就是所得的收入恰好等于所费的成本，这个状态的产量也称作保本产量。

企业的生产经营成本可分为固定成本和变动成本两部分。其中，固定成本是指在一定时间和范围内，当企业销售量（或产量）变化时，其总额保持不变的成本。固定成本通常是由一些不易调整、使用期限较长的生产要素引起的费用，如折旧费、租赁费、利息支出和一般管理费等。变动成本是指随销售量（或产量）的增加而相应增加的费用，如直接人工费、原材料消耗等。根据固定成本、变动成本与销售量的关系，可以得出下列公式：

利润＝总收入－总成本
　　　＝总收入－变动成本总额－固定成本总额
　　　＝销售量×单价－销售量×单位变动成本－固定成本总额

即
$$R = S - C$$
$$= QP - QVC - FC$$
$$= Q(P - VC) - FC$$

式中：R 表示利润；S 表示总收入；C 表示总成本；Q 表示销售量（或产量）；P 表示销售单价；VC 表示单位变动成本；FC 表示固定成本总额。

当企业处于不赢不亏的状态时，利润为 0，即 $R=0$。此时，只要取利润值等于 0，即可由 $R=Q(P-VC)-FC=0$，推导求得盈亏平衡点的销售量（或产量）Q_0，即

$$Q_0 = \frac{FC}{P - VC}$$

在量本利分析中，变动成本与总收入为销售量（或产量）的函数。当变动成本、总收

入与销售量（或产量）为线性关系时，三者之间的关系如图3-10所示。

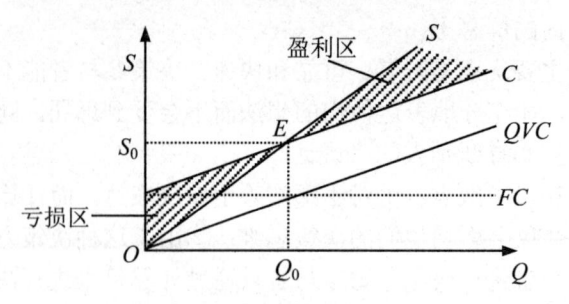

图3-10 盈亏平衡分析图

由图3-8所示可知，销售总收入线 S 与总成本线 C 的交点 E 所对应的销售量 Q_0 就是盈亏平衡点的销售量；S_0 就是盈亏平衡点的销售额。当 $Q<Q_0$ 时，总成本线位于总收入线之上，企业会亏损；当 $Q>Q_0$ 时，总收入线位于总成本线之上，企业会盈利。

【例3-1】 某企业生产某产品的固定成本为6000元，单位变动成本为每件1.8元，产品价格为每件3元。如果该企业现阶段拟生产该产品10000件，试问该方案是否可取？

【解】 由题中所给条件可知，$FC=6000$，$VC=1.8$，$P=3$，$Q=10000$

因此，盈亏平衡点的产量 $Q_0 = \dfrac{FC}{P-VC} = \dfrac{6000}{3-1.8} = 5000$（件）

由于该方案的产量 Q（10000件）大于保本产量 Q_0（5000件），企业可以盈利，所以该方案可取。

2. 不确定型决策方法

在不确定型决策中，决策者对未来事件虽有一定程度的了解，知道可能发生的各种情况，但又无法确定各种情况可能发生的概率。这种决策主要依靠决策者的经验、智慧和风格，便产生了不同的评选标准，从而形成了多种具体的决策方法。不确定型决策方法有乐观法、悲观法、平均法和后悔值法等。

（1）乐观法。乐观法也称大中取大法。这种决策方法建立在决策者对未来形势估计非常乐观的基础上，先计算出各种方案在各种自然状态下可能有的期望值，然后再从中选择最大的期望值所对应的方案为决策方案。

（2）悲观法。悲观发也称小中取大法。这种决策方法建立在决策者对未来形势估计非常悲观的基础上，先计算出各种方案在各种自然状态下可能有的期望值，再找出各种自然状态下的最小期望值，然后选择最小期望值中最大者所对应的方案为决策方案。

（3）平均法。平均法也称等概率法。这种决策方法是将未来不明的自然状态出现的概率完全等同地加以看待，因此，决策者在选择决策方案时，先假设各种自然状态出现的概率都相同，从而将其转化为风险型决策进行计算。

（4）后悔值法。后悔值法也称大中取小法，决策者先计算出各方案在各种自然状态下的最大期望值与实际方案的期望值之间的差额（即后悔值），然后从各方案的最大后悔值中找出最小值，将其对应的方案作为决策方案。

【例3-2】 某企业计划开发新产品，有3种设计方案可供选择。不同设计方案的制造成本、产品性能等各不相同，因此在不同市场状态下的期望值也不同，如表3-1所示。

表 3-1　期望值统计数据表

期望值　市场状态　方案	畅销	一般	滞销
方案 A	150	100	50
方案 B	180	80	25
方案 C	250	50	10

试用乐观法、悲观法、平均法和后悔值法选出最优方案。

【解】（1）乐观法。首先，求出每个方案的最大期望值：

方案 A：Max{150，100，50} = 150；
方案 B：Max{180，80，25} = 180；
方案 C：Max{250，50，10} = 250。

其次，找出 3 个方案中最大期望值的最大值：

Max{150，180，250} = 250。

因此，C 方案是最优方案。

（2）悲观法。首先，求出每个方案的最小期望值：

方案 A：Min{150，100，50} = 50；
方案 B：Min{180，80，25} = 25；
方案 C：Min{250，50，10} = 10。

其次，找出 3 个方案中最小期望值中的最大值：

Min{50，25，10} = 50。

因此，A 方案是最优方案。

（3）平均法。假设 3 种方案所面临的各种自然状态发生的概率相同，所以

方案 A 的期望值为：（150 + 100 + 50）÷ 3 = 100；
方案 B 的期望值为：（180 + 80 + 25）÷ 3 = 95；
方案 C 的期望值为：（250 + 50 + 10）÷ 3 = 103。

方案 C 的期望值最大，因此为最优方案。

（4）后悔值法。首先，求出每个方案在不同市场状态下的后悔值，如表 3-2 所示。

表 3-2　后悔值统计表

期望值　市场状态　方案	畅销	一般	滞销
方案 A	250－150＝100	100－100＝0	50－50＝0
方案 B	250－180＝70	100－80＝20	50－25＝25
方案 C	250－250＝0	100－50＝50	50－10＝40

其次，求出每个方案的最大后悔值：

方案 A：Max{100，0，0} = 100；
方案 B：Max{70，20，25} = 70；

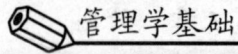

方案 C: Max{0, 50, 40} = 50。

最后，在3个方案的最大后悔值中找出最小值：

Min{100, 70, 50} = 50

因此，C方案是最优方案。

3．风险型决策方法

风险型决策也叫概率型决策或随机型决策。在风险型决策中，决策者虽不能准确地知道每种决策的后果如何，但可以估计出每一种方案出现的概率。知道了概率及各种条件值，就可以确定每种方案的期望值。概率是指方案成功的可能性，条件值是该方案成功时公司可能获得的利润，期望值是条件值与概率的乘积。决策者可以根据各个方案的最终期望值的大小来决定其方案的选择。它主要用于远期目标的战略决策或随机因素较多的非程序化决策，如技术改造、新产品研制和投资决策等方面。风险型决策的方法有很多，这里我们主要介绍最常用的期望值法和决策树分析法。

（1）期望值法。期望值法是指根据各方案的期望值大小来选择决策方案，主要用于管理者面临两种以上的备选方案，并且可以估计每一种结果发生的客观概率的情况。期望值的计算公式为：

期望值=Σ（方案在相应状态下的预期收益）×（方案i状态发生的概率）

【例 3-3】某厂在下一年拟生产某种产品，需要确定产品批量。根据预测估计，这种产品市场状况的概率是：畅销为0.3，一般为0.5，滞销为0.2。产品生产采取大、中、小3种批量的生产方案，有关数据如表3-3所示。试问如何决策能使该厂获得最大的经济效益？

表3-3 数据统计表

概率 方案	不同状态出现的概率		
	畅销（0.3）	一般（0.5）	滞销（0.2）
大批量	40	28	20
中批量	36	36	24
小批量	28	28	28

【解】选择方案的过程如下：

大批量生产的期望值 = 40 × 0.3 + 28 × 0.5 + 20 × 0.2 = 30

中批量生产的期望值 = 36 × 0.3 + 36 × 0.5 + 24 × 0.2 = 33.6

小批量生产的期望值 = 28 × 0.3 + 28 × 0.5 + 28 × 0.2 = 28

在以上3种方案中，期望值最大的是中批量生产，因此，选择中批量生产可以使该厂获得最大的经济效益。

（2）决策树分析法。决策树分析法是指将构成决策方案的有关要素以树状图形的方式表现出来，并以此分析和选择决策方案的一种系统分析方法。该方法以期望值法为依据，特别适合于分析较为复杂的问题。

决策树由决策节点（用"□"表示）、方案枝、状态节点（用"○"表示）、概率枝和期望值（用"△"表示）等要素构成，如图3-11所示。

图3-11 决策树

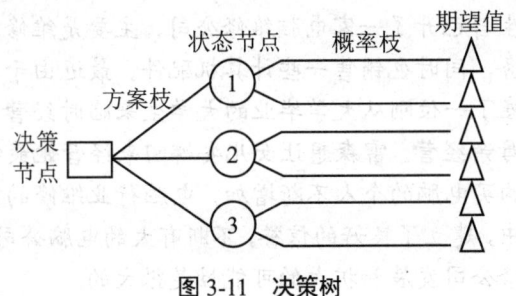

决策树分析法的步骤如下:
① 绘制决策树,按决策树的构成要素由左向右依次展开。
② 计算每个状态节点的期望值,计算公式为:
状态节点的期望值＝∑(方案在相应状态下的预期收益)×(方案 i 状态发生的概率)
③ 剪枝决策,即选择期望值最大的方案为最优方案。

【例 3-3】某工程公司要对下月是否开工做出决策,现已掌握的资料是:如果开工后天气好,可以按期获利 4 万元;如果开工后天气不好,则造成损失 2 万元。如果不开工,不论天气好坏,都要支出 0.2 万元。下个月天气好的概率是 0.4,天气不好的概率是 0.6。试问该工程公司应该如何决策?

【解】(1)根据已知条件绘制决策树,如图 3-12 所示。

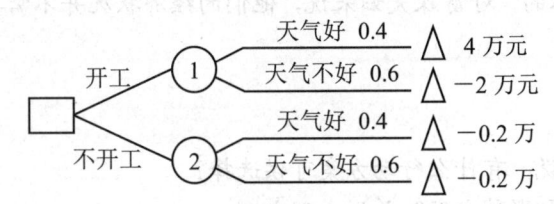

图 3-12 某工程公司决策树

(2)计算两种方案的期望值。
方案 1(不开工)的期望值为:
$$(-0.2) \times 0.4 + (-0.2) \times 0.6 = -0.2 （万元）$$
方案 2(开工)的期望值为:
$$4 \times 0.4 + (-2) \times 0.6 = 0.4 （万元）$$
(3)剪枝决策。比较两个方案的计算结果,开工方案的期望值大于不开工方案的期望值,因此该工程公司应选择开工。

【课堂讨论】安娜该如何决策

安娜从一所不太著名的大学计算机学院毕业后,10 年来一直在某发展中的大城市里的一家中等规模的电脑公司当程序设计员。现在她的年薪为 50000 美元。她工作的这家公司,每年要增加 4~6 个部门。这样扩大下去,公司的前景还是很好的。也增加了很多新的管理职位。其中有些职位,包括优厚的年终分红在内,公司每年要付给 90000 美元。有时,还提升程序员为分公司的经理。虽然,过去没有让妇女担任过这样的管理职位,但安娜相信,凭她的工作资历和这一行业女性的不断增加,在不久的将来她会得到这样的机会。

安娜的父亲雷森先生自己开了一家电脑维修公司，主要是维修计算机硬件，并为一些大的电脑公司做售后服务，同时也销售一些计算机配件。最近由于健康和年龄的原因，雷森先生不得不退休。他雇了一位刚从大学毕业的大学生来临时经营电脑维修公司，店里的其他部门继续由安娜的母亲经营。雷森想让女儿安娜回来经营她最终要继承的电脑维修公司。而且，由于近年来购买电脑的个人不断增加，电脑行业维修的前景十分看好。雷森先生在前几年的经营过程中，建立了良好的信誉，不断有大的电脑公司委托其做该城市的售后维修中心。因此，维修公司发展和扩大的可能性是很大的。

安娜和双亲讨论时，得知维修公司现在一年的营业额大约为 400000 美元，而毛利润差不多是 170000 美元。由于雷森先生的退休，他和他的太太要提支工资 80000，加上每年 60000 美元的经营费用，交税前的净利润为每年 30000 美元。自雷森先生退休以来，从维修公司得到的利润基本上和从前相同。目前，他付给他新雇佣的大学毕业生薪金为每年 35000 美元，雷森先生自己不再从维修公司支取薪金了。

如果安娜决定担任起维修公司的管理工作，雷森先生打算也按他退休前的工资数付给她 50000 美元的年薪。他还打算，开始时，把维修公司经营所得利润的 25% 作为安娜的分红；两年后增加到 50%。因为雷森夫人将不在该公司任职，就必须再雇一个非全日制的办事员帮助安娜经营维修公司，他估计这笔费用大约需要 16000 美元。

雷森先生已知有人试图出 600000 美元买他的维修公司。这笔款项的大部分，安娜在不久的将来是要继承的。对雷森夫妇来说，他们的经济状况并不需要过多地去用这笔资金来养老送终。

问题

（1）对安娜来说，有什么行动方案可供选择？
（2）你建议采取那种方案？并说出理由。
（3）安娜的个人价值观会对她做出决策有何关联？

【实训】雷区取水

形式：4 个小组全体成员。

时间：45 分钟。

地点：活动桌椅教室。

目的：

（1）让学生观察别人如何解决问题。

（2）展示如何激发学生创新思维的过程。

道具：

（1）手套若干。

（2）两个矿泉水瓶，其中 1 瓶有水，1 瓶没有水。

（3）边界绳一根。

（4）两条队员用的绳。

程序：

（1）将全班分为两大组，即原来1、2组组成第一组，原来3、4组组成第二组。

（2）主持人上场宣布游戏名称——雷区取水。

（3）主持人："请注意，假设我们现在在战场上，条件很艰苦，要比上甘岭还要艰苦，没有水，因此我们要想办法解决。现在绳子围成的圈里有水，但是里面布满地雷，我们不能碰到圈里任何地方，只要地雷一响，敌机马上会飞过来轰炸我们。而且我们只有20分钟，时间一过，大家都有危险。我们的工具只有这两条绳子。"

（4）让每组成员用尽可能多的方法取水。

规则：

（1）20分钟内用5种方法取出5瓶水。

（2）取水过程中只能用绳子和人身体本身，不能借用其他任何工具。

（3）在取水过程中身体的任何部位不能接触雷区，否则阵亡，全部成员重新开始取水。

小组互动环节：

（1）主持人在游戏结束后宣布比赛结果，一组最短用时2分5秒；二组最短用时1分28秒；三组最短用时3分44秒。

（2）二组指定三组进行游戏互动，互动游戏——神射手。

（3）在三组的人身上挂数个气球，让二组的人离他们3米远，用牙签射向气球，至气球全部破掉为止。

本章小结

本章主要讲述了计划职能的基本知识，计划的制定、目标管理和决策等知识。

1．计划的基本知识

计划的概念有广义与狭义之分，广义的计划是指管理者制定计划、执行计划和检查计划执行情况的全部过程；狭义的计划是指管理者对未来应采取的行动所做的谋划和安排。

计划的内容通常用5个"W"和2个"H"来表示，即What——做什么、Why——为什么做、When——何时做、Where——何地做、Who——谁去做、How——如何做和How Much——多少。

计划具有目的性、先行性、普遍性和效率性。

2．计划的制定

一个完整的计划一般需要7个步骤才能完成，即环境分析、确定目标、拟定可行性计划方案、评估备选方案、选定方案、拟定派生计划和通过编制预算使计划数字化。

企业应从宏观环境、行业环境和企业内部环境3个方面分析其所面临的环境。其中，宏观环境主要包括政治法律环境、经济环境、社会文化环境和技术环境；行业环境中存在着5种基本的竞争力量，即现有竞争者、潜在进入者、替代品、购买者和供应商；企业内部环境包括企业资源条件和企业分析两个方面。

常用的编制计划的方法有甘特图法、滚动计划法和网络计划技术等。

甘特图是一种线条图，横轴表示时间，纵轴表示任务，线条表示在整个期间上计划和实际活动的完成情况。滚动计划法是一种将短期计划、中期计划和长期计划有机地结合起来，根据近期计划的执行情况和环境变化情况，定期修改未来计划并逐期向前推移的方法。网络计划技术包括各种以网络为基础而制定计划的方法，如关键路径法、计划评审技术、组合网络法等。

3．目标管理

目标管理是以目标为导向，以人为中心，以成果为标准，而使组织和个人取得最佳业绩的现代管理方法。

目标管理的步骤有：目标管理的开始、确定总目标、目标展开、目标实施和目标成果评价等。目标管理的实施原则主要有：目标制定必须科学合理，督促检查必须贯串始终，成本控制必须严肃认真，考核评估必须执行到位。

4．决策

决策是指人们为实现一定的目标，在充分掌握信息和对有关情况进行深刻分析的基础上，用科学的方法拟定并评估各种方案，从中选出合理方案的活动过程。

决策的程序如下：①辨识和确定问题；②确定决策目标；③拟定可行方案；④评估比较可行方案；⑤选择满意方案；⑥实施方案并追踪评价。

决策方法通常可以分为定性决策方法和定量决策方法两类。其中，定性决策方法主要有德尔菲法、头脑风暴法、时间管理法和电子会议法等；定量决策方法又可分为确定型决策方法、不确定型决策方法和风险型决策方法。

本章练习

一、名词解释

计划　　目标管理　　风险型决策　　确定型决策

二、单项选择

1．计划职能的主要任务就是要确定（　　）。
A．组织结构的蓝图　　　　B．组织的领导方式
C．组织中的工作设计　　　D．组织的目标和实现组织目标的途径

2．下列哪一项计划属于综合计划（　　）。
A．新产品开发计划　　　　B．生产经营计划
C．设备维修计划　　　　　D．技术引进计划

3. 目标管理最关键的优点是（　　）。
   A. 建立了目标体系　　　　B. 分辨了真伪
   C. 分清了管理级别　　　　D. 成功地将总目标和分目标加以区分
4. 计划工作中强调抓关键问题的原则是（　　）。
   A. 灵活性原则　　　　　　B. 许诺原则
   C. 改变航道原则　　　　　D. 限定因素原则
5. 企业计划目标从上到下可分多个层次，通常越低层次目标越具有以下特点（　　）。
   A. 定性和定量结合　　　　B. 趋向于定性
   C. 模糊而不可控　　　　　D. 具体而可控
6. 狭义的决策指（　　）。
   A. 选择方案　　B. 评价方案　　C. 比较方案　　D. 拟定方案
7. 一般来说，高层管理人员的决策倾向于（　　）。
   A. 战略化、非程序化　　　B. 战略性、程序化
   C. 战术性、程序化　　　　D. 战术性、非程序化
8. 按照重要程度和优先次序，目标可分为（　　）。
   A. 主要目标和次要目标　　B. 长期目标和短期目标
   C. 定量目标和定性目标　　D. 单一目标和多重目标

三、简答题

1. 为什么说计划工作有助于降低风险？
2. 目标管理的含义是什么？
3. 请结合你的实际情况，建立一套完整的学习目标体系。
4. 以自己的亲身经历为例，谈谈在日常生活中，你都是如何进行决策的，这些决策方法有什么样的特点？效果如何？

第四章 组织

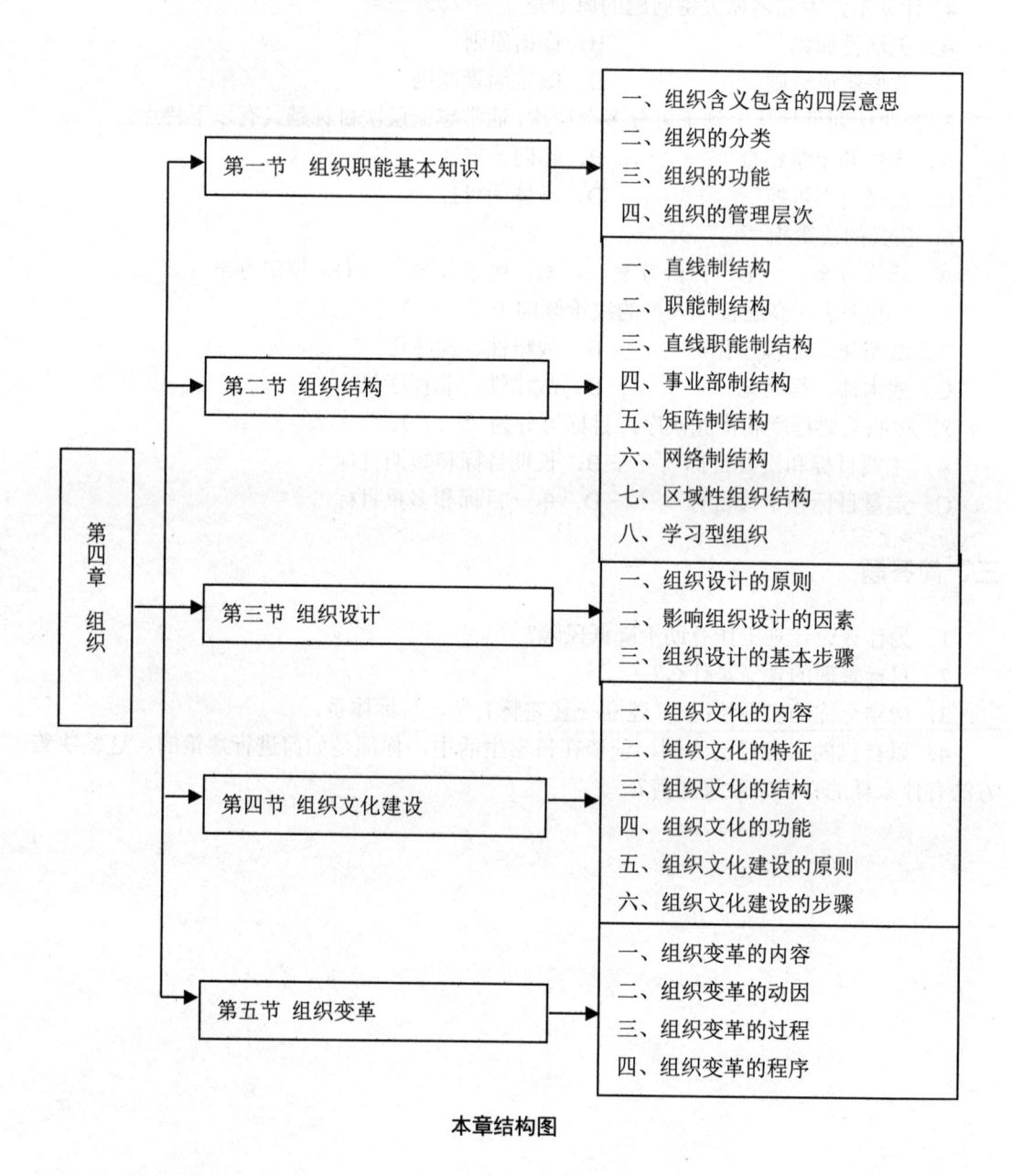

```
第四章 组织
├── 第一节 组织职能基本知识
│   ├── 一、组织含义包含的四层意思
│   ├── 二、组织的分类
│   ├── 三、组织的功能
│   └── 四、组织的管理层次
├── 第二节 组织结构
│   ├── 一、直线制结构
│   ├── 二、职能制结构
│   ├── 三、直线职能制结构
│   ├── 四、事业部制结构
│   ├── 五、矩阵制结构
│   ├── 六、网络制结构
│   ├── 七、区域性组织结构
│   └── 八、学习型组织
├── 第三节 组织设计
│   ├── 一、组织设计的原则
│   ├── 二、影响组织设计的因素
│   └── 三、组织设计的基本步骤
├── 第四节 组织文化建设
│   ├── 一、组织文化的内容
│   ├── 二、组织文化的特征
│   ├── 三、组织文化的结构
│   ├── 四、组织文化的功能
│   ├── 五、组织文化建设的原则
│   └── 六、组织文化建设的步骤
└── 第五节 组织变革
    ├── 一、组织变革的内容
    ├── 二、组织变革的动因
    ├── 三、组织变革的过程
    └── 四、组织变革的程序
```

本章结构图

【知识目标】

> 了解组织职能的基本概念、分类、特征等基础知识;
> 掌握管理层次及管理幅度的含义及分工;

- 掌握组织结构的设计方法;
- 掌握组织文化的概念、特征及功能;
- 了解组织变革的内容与动因。

【能力目标】

- 能够合理设计常见的组织结构并画出组织结构图;
- 能应用组织文化理论分析实际问题;
- 能够合理应对组织变革中的阻力。

【案例导读】凯迪公司的困境

凯迪公司是上海市的一家中型企业,主要业务是为企业用户设计和制作商品目录手册。公司在浦东开发区和市区内各设有一个业务中心,这里简称之A中心、B中心。A中心内设有采购部和目录部。采购部的职责是接受用户的定单,并选择和定购制作商品目录所需要的材料,目录部则负责设计用户定制的商品目录。凯迪公司要求每个采购员都独立开展工作,而目录部的设计人员则须服从采购员提出的要求。

凯迪公司的总部和B业务中心都设在市区。B中心的职责是专门负责商品目录的制作。刘利是凯迪公司负责业务经营的主管,他经常听到设计人员抱怨自己受到的约束过大,从而无法实现艺术上的创新与完美。最近,刘利在听取有关人员的建议后,根据公司业务发展的需要,决定在B中心成立一个市场部,专门负责分析市场需求和挖掘市场潜力,并向采购员提出建议。市场部成立后不久,刘利听到了各种不同意见。比如,采购员和设计员强烈反映说,公司成立市场部不但多余,而且干涉了他们的工作。关于此,市场部人员则认为,采购员和设计员太过墨守成规、缺乏远见。刘利作为公司的业务经营主管,虽然做了大量的说服工作并先后调换了有关人员,但效果仍不理想。他很纳闷:公司的问题究竟出在什么地方?

(1)市场部的成立是多余的吗?
(2)如何做好组织设计?

第一节 组织职能基本知识

在管理学中,组织的概念可以从静态与动态两个方面来理解。从静态方面来看,组织是指组织结构,即反映人、职位、任务,以及它们之间的特定关系的网络。从动态方面来看,组织是指组织工作,即通过组织的建立、运行和变革去配置组织资源,完成组织任务和实现组织目标的过程。

企业组织结构是企业全体职工为实现企业目标,在管理工作中进行分工协作,共同决策,在职务范围、责任、权利方面所形成的结构体系。

从管理学的意义上来说,可以给组织作出如下的定义:所谓组织,是为有效地配置内部有限资源的活动和机构,为了实现一定的共同目标而按照一定的规则、程序所构成的一种责权结构安排和人事安排,其目的在于确保以最高的效率使目标得以实现。

一、组织含义包含的四层意思

组织工作的最终结果是形成组织结构。一个良好的组织可以有效配置资源,使组织内部人员的能力得到最大的发挥,而组织工作也就是要设计并保持这种角色关系,这也是管理的组织职能。组织的含义中主要包含以下四层意思:

(1)组织必须具有明确的目标。任何组织均为目标而存在,目标是组织存在的前提,是组织活动的出发点和落脚点。

(2)组织内部必须有适当的分工与协作。适当的分工与协作是实现组织目标的必然结果,也是组织产生高效能的保证。

(3)组织内部要有不同层次的权力和责任。分工后就赋予各人以相应权力与责任。若想完成一项任务,必须具有完成该项任务的权力,同时又必须有相应的责任。

(4)组织内部要设立必要的部门机构,对其活动中所需的资源进行合理配置,以保证其正常运转。

二、组织的分类

按照不同的标准,可以对组织进行不同的分类。

(一)按组织有无正式结构分

按组织有无正式结构分,组织可分为正式组织和非正式组织。

1. 正式组织

正式组织是指为了有效实现组织目标而规定组织成员之间的职责范围和相互关系的一种结构。正式组织具有以下特点:

(1)不是自发形成的,反映一定的管理思想和信仰;

(2)有明确的目标,并为组织目标的实现而有效地工作;

(3)有明确的效率逻辑标准,组织成员都为提高效率而共同努力;

(4)强制性,即用明确的规章制度来约束组织成员的行为。

2. 非正式组织

非正式组织是指人们在共同的工作或活动中,由于具有共同的社会感情、兴趣爱好或共同利益而自发形成的组织。非正式组织具有以下特点:

(1)自发性,是为了满足成员的各种心理需求而自发形成的;

(2)内聚性,相同的利益导致成员之间的内聚性较强;

(3)不稳定性,环境发生变化时,非正式组织就容易发生变动;

(4)领袖人物具有较大的权威性,在非正式组织中能发挥较大作用。

(二）按组织的目标分

按组织的目标分，组织可分为营利组织和非营性组织。

1．营利组织

营利组织是指经工商行政管理机构核准并登记注册的以营利为目的，自主经营、独立核算、自负盈亏的具有独立法人资格的组织，包括工厂、银行、商店等。

2．非营利组织

非营利组织是指不是以营利为目的的组织，其目标通常是支持或处理个人关心或者公众关注的议题或事件。非营利组织又可分为群体性组织和公益组织，其中，群体性组织包括工会、妇女组织、行业协会、职业团体等；公益组织包括政府机构、学校、医院、研究所等。

(三）按组织的运行机理分

按组织的运行机理分，组织可分为机械式组织和有机式组织。

1．机械式组织

机械式组织又称官僚式组织，是综合使用传统组织原理而产生的一种组织形式，其特点是高度复杂化、正规化和集权化，与传统意义上的金字塔形实体组织具有较大的相似性。

2．有机式组织

有机式组织也称适应性组织，是综合运用现代组织原理设计的一种组织形式，具有低复杂化、低正规化和分权化等特点。

三、组织的功能

组织的功能不仅仅是为了简单地把个体力量集合在一起，因为个体力量集合后可能是一堆散沙，但也可以成为一个"抱团"的群体。群体的力量可以完成单独个体力量的简单总和所不能完成的任务，优良组织的基本功能，就是避免集合在一起的个人力量相互抵消，而寻求对个体力量进行汇聚和放大。一个组织为了有效地发挥和利用其人、财、物资，必须妥善地开展组织设计与变革工作。

(一）组织力量的汇聚作用

把分散的个体汇集成为集体，用"拧成一股绳"的力量去完成任务，这是组织力量汇聚作用的表现。用简单的数字公式来表示，就是"1+1=2"。这种"相和"效果，可以从日常生活中多个纤夫合拉一艘船及伐木工合力搬运木材等实例中，得到具体而生动的说明。

(二）组织力量的放大作用

比力量汇聚作用的"相和"效果更进一步，良好的组织还能发挥"相乘"的效果。古希腊著名学者亚里士多德（Aristotle）曾提出这样一个有趣的命题："整体大于各个部分的总和。"组织对汇聚起来的力量有放大或相乘的作用，就如同核裂变释放出巨大的能量一样。力量放大作用是在力量汇聚作用基础上产生的，但不是简单的"1+1=2"，而更多的是"1+1>2"。

例如，对组织来说，只有借助组织力量的放大作用，才能取得"产出远大于投入"的经济效益。否则，总产出等于总投入，组织只能勉强地维持下去，而不可能得到盈余利润，更难以求得发展和壮大。

（三）个人与机构之间的交换作用

从个人的要素角度来看，个人之所以加入某一机构并对其投入一定的时间、精力和技能，其目标不外乎想从机构中得到某种利益或报酬，以满足个人的需求。而机构之所以愿意为个人投入上述成本花费，则是希望个人能对机构有所贡献，以达到机构预定的目标。

四、组织的管理层次

所谓管理层次，就是在职权等级链上所设置的管理职位的级数。当组织规模相当有限时，一个管理者可以直接管理每一位作业人员的活动，这时组织就只存在一个管理层次。而当规模的扩大导致管理工作量超出了一个人所能承担的范围时，为了保证组织的正常运转，管理者就必须委托他人来分担自己的一部分管理工作，这使管理层次增加到两个层次。随着组织规模的进一步扩大，受托者又不得不进而委托其他人来分担自己的工作，依此类推，而形成了组织的等级制或层次性管理结构。

从一定意义上来讲，管理层次是一种不得已的产物，其存在本身带有一定的副作用。首先，层次多意味着费用也多。层次的增加势必要配备更多的管理者，管理者又需要一定的设施和设备的支持，而管理人员的增加又加大了协调和控制的工作量，所有这些都意味着费用的不断增加。其次，随着管理层次的增加，沟通的难度和复杂性也将加大。一道命令在经由层次自上而下传达时，不可避免地会产生曲解、遗漏和失真，由下往上的信息流动同样也困难，也存在扭曲和速度慢等问题。此外，众多的部门和层次也使得计划和控制活动更为复杂。一个在高层显得清晰完整的计划方案会因为逐层分解而变得模糊不清失去协调。随着层次和管理者人数的增多，控制活动会更加困难，但也更为重要。

（一）管理层次的划分及分工

在组织的纵向结构中，通过组织层次的划分，组织目标也随之呈梯状的分化。因此，客观上要求每一管理层次都应有明确的分工。一个组织中管理层次的多少，应具体地根据组织规模的大小，活动的点以及管理宽度而定。如前所述，一般说来，大部分组织的管理层次往往可以分为3层，即上层、中层、基层。

（1）对于上层来讲，其主要任务是从织整体利益出发，对整个组织实行统一指挥和综合管理，并制定组织目标及实现目标的一些大政方针。

（2）中层的主要任务是负责分目标的制定、拟定和选择计划的实施案、步骤和程序，按部门分配资源，协调下级的活动，以及评价组织活动成果和制订纠正偏离目标的措施等。

（3）基层的主要任务就是按照规定的划和程序，协调基层员工的各项工作，完成各项计划和任务。

任何组织无论怎么划分其管理层次，各层次之间的相互关系总是唯一的，即管理层次是自上而下地逐级实施指挥与监督的权力。较低层次的主管人员处理问题的权限由较高一级的主管人员给予规定。他必须对上级的决定作出反应，并且向他的上一级主管汇报工作。组织的上层管理在一般情况向更高一级的委派者负责。

（二）管理层次设计的制约因素

（1）企业职能纵向结构。纵向职能结构是通过职能分析，全面考虑了影响企业职能结构的各种因素，包括企业经营领域、产品结构、规模、生产技术特点等等而设计的。因而它所规定的纵向职能分工的不同层次，反映了企业外部环境和企业内部条件的客观要求。

（2）管理层次设计必须有助于提高组织效率。现代化大生产和市场经济要求企业组织具有高效率，即能够使人们以最低限度的成本实现组织的目标，这样的企业在市场竞争中才能生存和发展。这一客观要求对组织结构的各个方面都有影响，如果管理层次太少，致使主管人员领导的下属人数过多，超过有效管理幅度，那就必然降低组织效率。

（三）管理层次的设计步骤

管理层次设计一般可分为以下4个步骤进行：
（1）按照企业的纵向职能分工，确定基本的管理层次。
（2）按照有效管理幅度推算具体的管理层次。
（3）按照提高组织效率的要求，确定具体的管理层次。
（4）按照组织的不同部分的特点，对管理层次做局部调整。

第二节 组织结构

组织结构（organizational structure）是指，对于工作任务如何进行分工、分组和协调合作。组织结构是表明组织各部分排列顺序、空间位置、聚散状态、联系方式以及各要素之间相互关系的一种模式，是整个管理系统的"框架"。组织结构一般分为职能结构、层次结构、部门结构、职权结构四个方面。

（1）职能结构：是指实现组织目标所需的各项业务工作以及比例和关系。其考量维度包括职能交叉（重叠）、职能冗余、职能缺失、职能割裂（或衔接不足）、职能分散、职能分工过细、职能错位、职能弱化等方面。

（2）层次结构：是指管理层次的构成及管理者所管理的人数（纵向结构）。其考量维度包括管理人员分管职能的相似性、管理幅度、授权范围、决策复杂性、指导与控制的工作量、下属专业分工的相近性等。

（3）部门结构：是指各管理部门的构成（横向结构）。其考量维度主要是一些关键部门是否缺失或优化。

（4）职权结构：是指各层次、各部门在权力和责任方面的分工及相互关系。主要考量部门、岗位之间权责关系是否对等。

一、直线制结构

直线制是一种最早也是最简单的组织形式。其突出特点是：不设职能机构，组织中的各种职务按照垂直系统直线排列；全部管理职能由各级管理者担负，命令从最高层管理者经过各级管理人员逐步下达到组织末端；各级管理人员执行统一指挥的职能。

（一）直线制结构的优缺点

直线制组织结构的优点：结构比较简单，责任分明，命令统一。

缺点：它要求行政负责人通晓多种知识和技能，亲自处理各种业务。

（二）直线制结构的适用范围

直线制结构只适用于规模较小，生产技术比较简单的企业，对生产技术和经营管理比较复杂的企业并不适宜。这种组织结构的指挥与管理职能基本上由厂长自己执行，机构简单、职权明确，但是对厂长在管理知识和专业技能方面都有较高的要求。这种组织结构一般只适用于规模小、生产过程简单的企业，而在大规模的现代化生产的企业中，由于管理任务繁重而复杂，这种结构就不适宜了。例如：组（队）→车间→工厂→部门→部。直线制组织结构如图4-1所示。

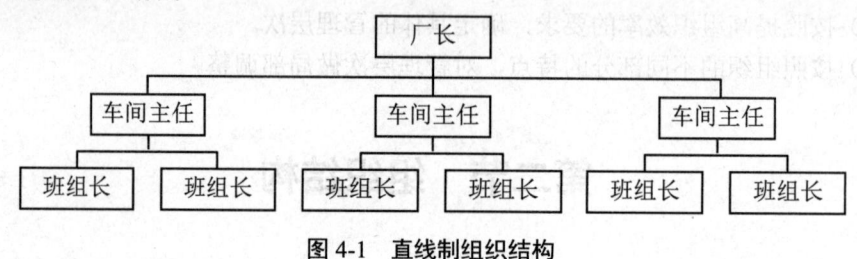

图4-1 直线制组织结构

二、职能制结构

职能制结构，又称分职制或分部制，指行政组织同一层级横向划分为若干个部门，每个部门业务性质和基本职能相同，但互不统属、相互分工合作的组织体制。

（一）职能制结构的优缺点

1. 职能制的优点

（1）行政组织按职能或业务性质分工管理，选聘专业人才，发挥专业特长的作用。

（2）利于业务专精，思考周密，提高管理水平。

（3）同类业务划归同一部门，职有专司，责任确定，利于建立有效的工作秩序，防止顾此失彼和互相推诿，能适应现代化工业企业生产技术比较复杂、管理工作比较精细的特点。

（4）能充分发挥职能机构的专业管理作用，减轻直线领导人员的工作负担。

2. 职能制的缺点

（1）妨碍了必要的集中领导和统一指挥，形成了多头领导。

（2）不利于建立和健全各级行政负责人和职能科室的责任制，在中间管理层往往会出现有功大家抢，有过大家推的现象。

（3）在上级行政领导和职能机构的指导和命令发生矛盾时，下级就无所适从，影响工作的正常进行，容易造成纪律松弛，生产管理秩序混乱。

（4）不便于行政组织间各部门的整体协作，容易形成部门间各自为政的现象，使行政领导难于协调。

（二）职能制结构的适用范围

这种组织结构一般适用于医院、高校、图书馆、会计事务所、科研机构等组织。例如，在企业中，把同类业务相对集中，设立研发部门、生产部门、财务部门、销售部门等，由各个部门直接管理下级的相应工作，并向上级主管领导负责。职能制组织结构如图 4-2 所示。

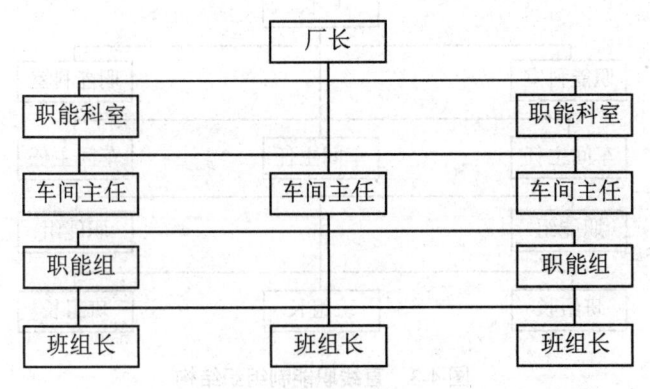

图 4-2 职能制组织结构

三、直线职能制结构

直线职能制组织结构是现实中运用得最为广泛的一个组织形态，它把直线制结构与职能制结构结合起来，以直线为基础，在各级行政负责人之下设置相应的职能部门，分别从事专业管理，作为该领导的参谋，实行主管统一指挥与职能部门参谋、指导相结合的组织结构形式。职能参谋部门拟订的计划、方案以及有关指令，由直线主管批准下达；职能部门参谋只起业务指导作用，无权直接下达命令，各级行政领导人实行逐级负责，实行高度集权。

（一）直线职能制结构的优缺点

1. 直线职能制结构的优点

（1）把直线制组织结构和职能制组织结构的优点结合起来，既能保持统一指挥，又能发挥参谋人员的作用。

（2）分工精细，责任清楚，各部门仅对自己应做的工作负责，效率较高。
（3）组织稳定性较高，在外部环境变化不大的情况下，易于发挥组织的集团效率。

2．直线职能制结构的缺点

（1）部门间缺乏信息交流，不利于集思广益地作出决策。
（2）直线部门与职能部门（参谋部门）之间目标不易统一，职能部门之间横向联系较差，信息传递路线较长，矛盾较多，上层主管的协调工作量大。
（3）难以从组织内部培养熟悉全面情况的管理人才。
（4）系统刚性大，适应性差，容易因循守旧，对新情况不易及时做出反应。

（二）直线职能制结构的适用范围

这种组织结构主要适用于简单稳定的环境，也适用于用标准化技术进行常规性大批量生产的企业。目前，我国企事业单位采用最多的就是直线职能制结构。该形式是现实中运用最为广泛的一种组织结构，其结构如图4-3所示。

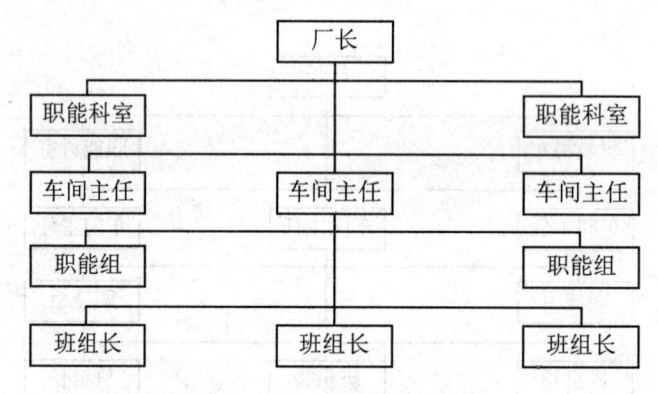

图 4-3 直线职能制组织结构

四、事业部制结构

事业部制结构又称"斯隆模型"，是一种分权制的组织形式。它是在公司总部下增设一层独立经营的"事业部"，实行公司统一政策、事业部独立经营的一种形式。事业部不是按职能划分的，而是按企业所经营的事业项目划分的，是一种具有经营自主权的专业化生产经营单位。

事业部制是分级管理、分级核算、自负盈亏的一种形式，即一个公司按地区或按产品类别分成若干个事业部，从产品的设计，原料采购，成本核算，产品制造，一直到产品销售，均由事业部及所属工厂负责，实行单独核算，独立经营，公司总部只保留人事决策，预算控制和监督大权，并通过利润等指标对事业部进行控制。

（一）事业部制结构的优缺点

1．事业部制结构的优点

（1）既保持了公司管理的灵活性和适应性，又发挥了各事业部的主动性和积极性。

（2）将总公司和最高管理层从繁重的日常事务中解放出来，得以从事重大问题的研究和决策。

（3）各事业部相当于公司内部独立的组织，不论在公司内外，彼此都可以开展竞争，比较成绩优劣，克服组织的僵化和官僚化。

（4）有助于培养高层管理人员。

2．事业部制的缺点

（1）资源的重叠和高成本。在一个研究部门中，所有的研究人员可以使用同一设施，而在事业部结构中，需要多个设施供不同事业部使用，组织损失了效率和规模经济。

（2）由于每个事业部内部的部门都很小，技术分工、技能和训练相对缺乏。

（3）事业部结构增进了事业部内的良好合作，但跨事业部的合作关系却很差。

（4）事业部之间会相互竞争，特别是分配总部给予的资源方面，这会导致不利于公司整体的争权夺利行为。

（5）在事业部结构下高层管理者的控制在一定程度上被削弱，这也会影响各事业部的工作。

（二）事业部制结构的适用范围

这种组织结构适用于规模较大、产品种类较多、各产品之间工艺差别比较大、技术比较复杂和市场广阔多变的多元化生产的大型组织。事业部制组织结构如图4-4所示。

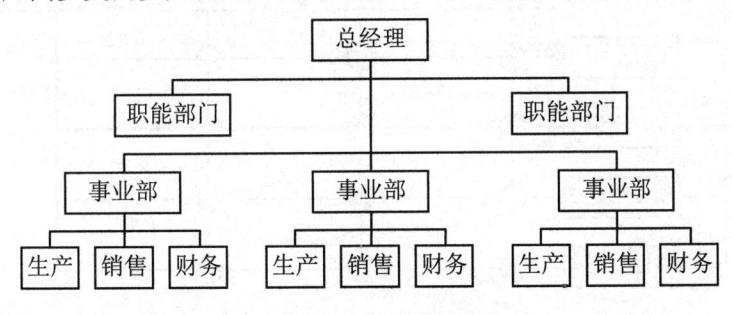

图4-4 事业部制组织结构

五、矩阵制结构

矩阵制结构是指将按职能划分的部门和按产品、服务或工程项目划分的项目小组结合起来而形成的一种组织结构形式。该组织结构中的人员既同原职能部门保持组织与业务上的联系，又参加项目小组的工作。项目小组主要负责小组成员的技术表现，而职能部门主要负责员工事务的其他方面，如纪律、福利等。项目小组一般为临时性组织，完成任务后就自动解散，其成员回到原部门工作。

（一）矩阵制结构的优缺点

1．矩阵制结构的优点

机动、灵活，可随项目的开发与结束进行组织或解散；由于这种结构是根据项目组织的，任务清楚，目的明确，各方面有专长的人都是有备而来。因此在新的工作小组里，能沟通、融合，能把自己的工作同整体工作联系在一起，为攻克难关，解决问题而献计献策，由于从各方面抽调来的人员有信任感、荣誉感，使他们增加了责任感，激发了工作热情，促进了项目的实现；它还加强了不同部门之间的配合和信息交流，克服了直线职能结构中各部门互相脱节的现象。

2. 矩阵制结构的缺点

项目负责人的责任大于权力，因为参加项目的人员都来自不同部门，隶属关系仍在原单位，只是为"会战"而来，所以项目负责人对他们管理困难；没有足够的激励手段与惩治手段，这种人员上的双重管理是矩阵结构的先天缺陷；由于项目组成人员来自各个职能部门，当任务完成以后，仍要回原单位，因而容易产生临时观念，对工作有一定影响。

（二）矩阵制结构的适用范围

矩阵结构适用于一些重大攻关项目。企业可用来完成涉及面广的、临时性的、复杂的重大工程项目或管理改革任务。特别适用于以开发与实验为主的单位，例如科学研究，尤其是应用性研究单位等。矩阵制组织结构如图4-5所示。

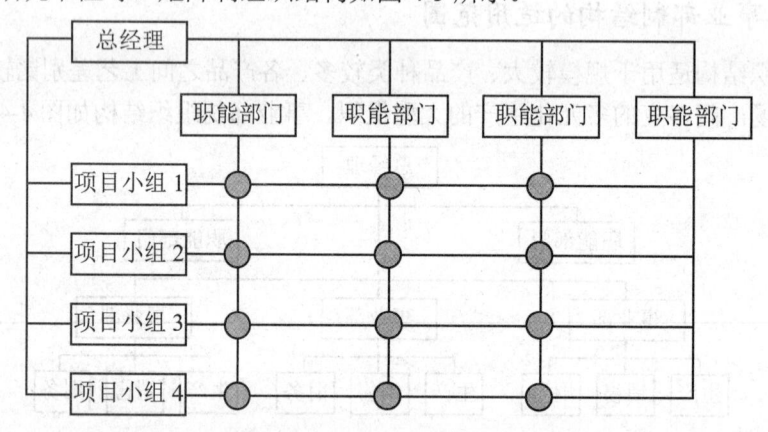

图4-5 矩阵制组织结构

【知识链接】

差异化是流水线

游戏研发阶段的分工非常明确，在一个负责统筹全局的制作人（项目经理）下属的团队，主要由四个工种组成，即业内人常说的"四驾马车"：一是主策划带领的策划团队，主要包括剧情策划、数值策划和功能策划三方面；二是主美术带领的美术团队，分为2D美术、3D美术、场景美术等具体岗位；三是主程序带领的技术团队，粗分下来，又可分为客户端程序和服务器端程序两部门；最后，是游戏测试团队，负责游戏后期调试工作。

虽然分工并不复杂，但是当下排名靠前的几家大型网游公司，研发的管理风格却各有千秋。

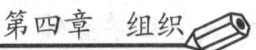

按照项目成立平行的工作室或事业部的扁平化管理模式，是目前网游公司最为惯常的研发管理办法。以老牌网游公司金山为例，旗下的各个游戏分别由不同的工作室研发，一个新的项目立项后，就增加一个工作室，简单明确。这些工作室被分别设立在珠海、北京、成都、大连等城市，各设有独立的制作人。工作室之间的关联不强、生产出来的产品往往差异很大。

独立工作室模式的优点在于包干到户、责任分工明确，对于各个工作室而言，项目做得好，收益就会好。由于目标清晰，制作人的责任心一般较强。但这种各自为政的研发模式也有短板——公司内部的资源调配不流畅，由于团队的搭建主要由工作室自己完成，即便是在一个公司内部，人力、技术成果、资源也很难做到共享。所以，经常会出现一个公司旗下的几款游戏，优劣势却截然相反的状况。

从3年前4个朋友一起创业，到眼下管理着将近300人的团队，游戏谷同样选择了独立工作室的模式，这让公司的创始人张福茂的管理压力减轻了不少；但他难免感到苦恼，原因是，"除了一起在走廊抽烟的几个，员工大多都相见不相识"。

与扁平化的"横向"工作室管理模式不同，以研发立足的完美时空则采用"纵向切割"的流水线式管理模式，将策划、美术、程序、测试4个环节切开，分别搭建大组进行管理，游戏从策划到测试，实行流水线式生产，各项资源由公司统一进行调配。

在完美时空，一个游戏的项目经理会以工作单的形式向各个大组来要资源，由每个组的调配中心进行统一规划、调配。"你递交工作单，我给你派人，双方的关系就像是一个短期合同。"张福茂说。

与横向切分的工作室模式相比，纵向的流水线模式最大的优点就是能在全公司范围内更好的配给资源，并将整体的研发能力控制在企业手中，减少人员流动给企业研发能力带来的冲击。但在业内，采用这种管理方式的公司仍只完美一家。

"其实网易一开始也是采取完美时空的方式，后来感觉行不通，就改成了以项目组为单位的方式。"七年前曾在网易工作过，如今已是广州一家游戏公司创始人的梁耀堂表示，"比如说梦幻西游这个项目组，早期的时候，它的程序员来自技术部，美术师来自美术部，测试人员来自测试部。如此一来，这位程序员就要受到双重管理：一是梦幻工作组，一是他所在的技术部。技术部可以很随意地把原先的程序员抽调回去，然后派出另外一位程序员过来，但这个人未必是工作室想要的。"对于这种可以"灵活"调配资源的管理方式，梁耀堂反而认为，对公司的管理，是一大挑战。

其实，"完美模式"的局限性也是显而易见：一来，流水线式生产需要游戏公司在研发人员上有长期的积累，和较强的整体协调能力，在习惯单打独斗的游戏行业里，这样的能力本身就很难模仿。

此外，流水线的生产模式体现到产品层面，则有标准化生产、产品雷同大、创新不足的风险。即便是以研发著称的完美时空，其陆续推出的完美世界、诛仙、武林外传，因玩法和功能的类似性，也让业内出现了"完美的产品都是在换壳"的说法，这让一直坚持"流水线"模式的完美也开始松动。据了解，目前完美新引进的项目，也尝试采用独立项目组的方式进行管理，这些独立项目组与原有团队之间的共享并不大，究其原因，对产品差异化的追求或许是其中之一。

> "现在不少公司都希望能打破原有模式，做到横向和纵向的穿插，让研发的流程更为'矩阵'。"张福茂说。类似的相互借鉴同样发生在张福茂的团队，目前，游戏谷旗下同时进行着7个项目的运营和开发，按照张的计划，除了策划和程序环节依然按照工作室的模式独立组织外，美术和测试环节将被抽出，由公司统筹安排，激励从工资和奖金中体现，不享受项目回馈。

六、网络制结构

网络制结构是利用现代信息技术建立和发展起来的一种新型组织结构。这种结构一般只有很精干的中心机构，以契约关系的建立和维持为基础，依靠外部机构进行制造、销售和其他的重要业务经营活动。在这种组织结构中，被联结在一起的两个或两个以上单位之间并没有正式的资本所有关系和行政隶属关系，只通过相对松散的契约纽带，通过一种互惠互利、相互信任和支持的机制来进行密切合作。

网络型组织是由多个独立的个人、部门和企业为了共同的任务而组成的联合体，它的运行不靠传统的层级控制，而是在定义成员角色和各自任务的基础上通过密集的多边联系、互利和交互式的合作来完成共同追求的目标。它的基本构成要素是众多的节点和节点之间的相互关系，在网络型组织中，节点可以由个人、企业内的部门、企业或是它们的混合体组成，每个节点之间都以平等身份保持着互动式联系，如果某一项使命需要若干个节点的共同参与，那么它们之间的联系会有针对性地加强。密集的多边联系和充分的合作是网络式组织最主要的特点，这也正是与传统企业组织形式的最大区别所在。

（一）网络制结构的优缺点

1．网络制结构的优点

（1）具有全球性竞争能力。网络组织即使规模很小，也可以是全球性的。网络组织可以在世界范围内获得资源，从而实现最优的品质和价格，并在全球范围内提供其产品和服务。

（2）劳动力的灵活性和挑战性。灵活性来自于可以按照需要购买所需服务，如工程和仓储，并在几个月之后改变这一切，而不被拥有工厂、设备和设施所拖累。组织可以不断地改变自身以适应新的产品和市场机会。对那些属于公司固有部分的员工来说，挑战性来源于更大的工作变动性和在精干的组织中工作而获得的工作满意度。

（3）这一结构是所有组织结构中最精干的一种，需要的管理者极少，且不需要大批的参谋和管理人员。一个网络组织结构可能只有两到三层，而传统的组织可能要达到10层以上。

2．网络制结构的缺点

（1）缺乏实际控制。经理不控制全部操作，而必须依靠合同、合作、谈判和电子信息来运转一切，同时有可能损失组织的某些部分。如果一位承包商传递失误、退出或者是工厂被烧毁，总部组织就可能被扰乱。由于必要的服务不在直接的管理控制之下，所以不确定性很高。

（2）员工的忠诚度可能很低。员工可能觉得他们能够被外包服务所取代，因而很难发展出有凝聚力的企业文化。人员流动可能比较频繁，因为员工和公司之间的感情联系很弱。为了应对变化的市场和产品，组织需要随时撤换员工以获得正确的技能组合。

（二）网络制结构的适用范围

网络型组织结构意味着企业将其许多主要职能分包给不同的公司，通过一个较小的总部组织来联合它们的行动。网络型组织结构主要适用于需要相当大的灵活性以对环境变化做出迅速反应的企业。网络制组织结构如图4-6所示。

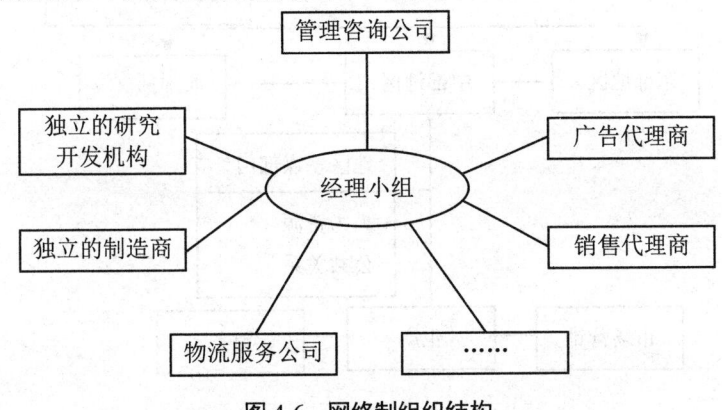

图4-6 网络制组织结构

七、区域型组织结构

区域型组织结构就是以公司在世界各地生产经营活动的区域分布为基础，设立若干区域部，每个部负责该管理该区域范围内的全部经营活动与业务，每个区域部通常由一名副总裁挂帅，领导该区域部工作，并直接向总裁报告的组织结构。

（一）区域型组织结构的优缺点

1．区域型组织结构的优点

（1）区域型组织结构的优点是把地区分部作为利润中心，有利于地区内部各国子公司间的协调。

（2）有利于提高管理效率。

（3）公司可以针对地区性经营环境的变化，改进产品的生产和销售方式。

2．区域型组织结构的缺点

（1）各区域之间横向联系，不利于生产要素在区域间的流动，还有可能从本部门利益出发，影响企业整体目标的实现。

（2）地区分部结构易造成企业内部在人员和机构上的重叠，增加企业管理成本。

（二）区域型组织结构的适用范围

区域型组织结构适用于校区极为分散、校区之间距离较远的"一校多地""大学分校"

等情况。区域性组织结构如图 4-7 所示。

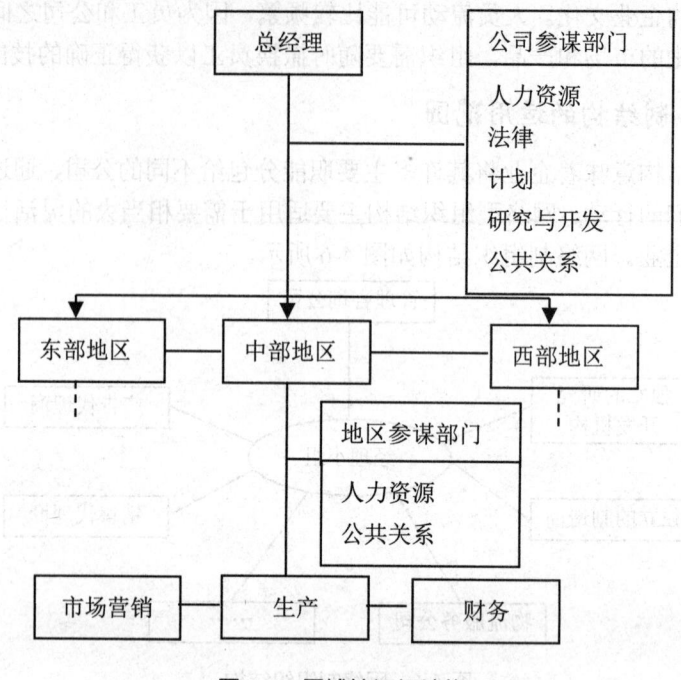

图 4-7 区域性组织结构

八、学习型组织

学习型组织（learning organization）是一个能熟练地创造、获取和传递知识的组织。世界上所有的企业，不论遵循什么理论进行管理，主要有两种类型，一类是等级权力控制型，另一类是非等级权力控制型，即学习型企业。企业通过"组织学习"实现员工知识更新和保持企业创新能力，并使组织绩效得到提高。

1994 年，麻省理工学院的彼德·圣吉出版《第五项修炼》，对这一理论进行了更全面的阐述和推广。圣吉认为，学习的真正目的是拓展创造力，而学习型组织就是一个具有持续创新能力、能不断创造未来的组织。它就像具有生命的有机体一样，能在内部建立起完善的学习机制，将成员与工作持续地结合起来，使组织在个人、工作团队及整个系统 3 个层次上得到共同发展，形成"学习→持续改进→建立竞争优势"这一良性循环。

（一）学习型组织的五项修炼

在学习型组织的领域里，有五项新技术正逐渐汇聚起来，使学习型组织演变成一项创新。对建立学习型组织而言，它们中的每一项都不可或缺。这就是五项学习型组织的技能"五项修炼"。

1．系统思考

圣吉认为因为事物之间是有内部联系的，所以系统思考才是最好的选择。他认为企业是一个复杂的系统，这个思想大大推动了管理理论在探索复杂性思考方向上的进展。

系统思考是圣吉五项修炼中的核心所在，也是其他四项修炼的基础。系统思考最直接的理解不过是教导人们用系统的、整体的、全面的思维方式来思考。所有自然形成的系统，从生态系统到人类组织，都有其成长的适当速度。企业家通常希望自己的企业成长得更快一些。当成长过快时，系统自己会尽力降低速度以求调整，而这种调整常会使组织面临崩溃的危险，这就是"欲速则不达"的道理。

显而易见，忽视系统思考带来的不完整性，不仅可能导致决策时饮鸩止渴、漏洞百出，而且可能导致根本无法找到动态的最佳方案，常常事与愿违。

2．自我超越

"自我超越"是个人成长的学习修炼，是指突破极限的自我实现，或技巧的精熟。它是学习型组织的精神基础，只有透过个人学习，组织才能学习。虽然个人学习并不保证整个组织也在学习，但是没有个人学习，组织学习就无从开始。具有高度自我超越的人，能不断扩展他们创造生命中真正心之所向的能力，从个人追求不断学习为起点，形成学习型组织的精神。精熟"自我超越"的人，能够不断实现他们内心深处最想实现的愿望，他们对生命的态度就如同艺术家对艺术作品一般，全心投入、不断创造和超越，是一种真正的终身"学习"。组织整体对于学习的意愿与能力，植根于个别成员对于学习的意愿与能力。此项修炼兼容并蓄了东方和西方的精神传统。

保持创造性张力是实现自我超越的关键。从事"自我超越"这项修炼的时候，内心渐渐地会发生改变。这些变化有许多是相当难以察觉的，因而往往未引起注意。创造性张力是自我超越的核心动力，它能培养耐心和毅力，使你在人生路上勇往直前，并且常常自问目前的环境是如何造成的，以及应该如何改变环境。接下来需要做的是看清结构性冲突，有时连许多极为成功的人，也有些根深蒂固的与"自我超越"信念相反的成见。因此，只有认清结构性冲突才能解决结构性冲突，才能实现自我超越。

3．改善心智模式

心智模式的修炼是五项修炼中最实际的修炼，也是最艰难的修炼。在管理的许多决策模式中，决定什么可以做或不可以做，也常是一种根深蒂固的心智模式。把镜子转向自己，是心智模式修炼的起步；借此，我们学习发掘内心世界的图像，使这些图像浮上表面，并严加审视。它还包括进行一种有学习效果的、兼顾质疑与表达的交谈能力——有效地表达自己的想法，并以开放的心灵容纳别人的想法。

为了促进企业最高管理层观点的多元化，并使他们遵循和强调在组织各个层次改善心智模式的重要性，应该拟订一套改善心智模式的指导原则：

（1）领导者经不断改善本身的心智模式，可提升管理的能力。

（2）不要把自己所偏好的心智模式强加在人们身上。应由人们自己的心智模式来决定如何做，才能够发挥最大的效果。

（3）员工对于依自己看法所做的决定有更深的信念，执行也较有成效。

（4）拥有较佳的心智模式，较易顺应环境的改变。

（5）内部董事会成员很少需要直接作决定。他们的角色是透过检验或增益总经理心智模式来帮助总经理。

（6）多样化的心智模式造成多样化的观点。

（7）群体所能引发的动力和累积的知识高于个人。
（8）不刻意追求群体成员之间的看法一致。
（9）如果过程发挥预期效用，会产生意见一致的效果。
（10）领导者的价值是以他们对别人心智模式的贡献来衡量。

4．共同愿景

圣吉认为，企业作为一种学习型组织需要建立共同的愿景。没有共同愿景就不会有学习型组织的存在。圣吉认为，共同愿景是组织成员共同持有的意象或景象。共同愿景不是一个抽象的想法，而是一种令人深受感召的力量，它使组织成员产生一种一体的感觉，并遍布到组织全面的活动，而使各种不同的活动融会贯通起来。在人类的群体活动中，极少有事物能像共同愿景这样激发出这样大的力量。

5．团队学习

团体是组织最关键的学习单位。学习是发挥团体智慧的最佳途径之一，几乎所有重要决定都是直接或间接透过团体决定而后进一步付诸行动的。团体是建立在"共同愿景"和"自我超越"基础之上的个人组合。团体学习的修炼需要顾及以下3个方面：

（1）深思复杂的议题时，团体必须学习如何采取高于个人智力的团体智力。
（2）既具有创新性而又协调一致的行动。在组织中，杰出团体会发展出一种运作上的默契，每一位团体成员都会非常留意其他成员，而且相信人人都会采取互相配合的方式行动。
（3）视团体成员在其他团体中所扮演的角色与影响。

杰出的团体并不是没有冲突的；相反，团体不断学习的一项可靠指标是看到彼此之间的冲突。事实上，杰出团体内部的冲突往往是建设性的，当团体中每个成员都苦于无法找到新的对策时，摊开相互间的冲突，让想法自由交流，此时冲突实际上成了深度汇谈的一部分；与此相反，平庸团体的内部，不是表面上看起来都没有冲突存在，就是为极端的见解僵持不下。

（二）学习型组织的特征

所谓学习型组织，是指通过培养弥漫于整个组织的学习气氛，充分发挥员工的创造性思维能力而建立起来的一种有机的、高度柔性的、扁平的、符合人性的、能持续发展的组织。这种组织具有持续学习的能力，具有高于个人绩效总和的综合绩效。学习型组织具有以下几个特征。

1．共同的愿景

组织的共同愿景，来源于员工个人的愿景而又高于个人的愿景。它是组织中所有员工愿景的景象，是他们的共同理想。它能使不同个性的人凝聚在一起，朝着组织共同的目标前进。

在建立共同愿景的过程中，承诺奉行某些人类的基本价值观，也有助于削弱内部政治化的气氛。在这些基本价值观的引导下，组织就能够以"参与式开放"使人们率直地"向外说"自己的见解，同时又以"反思式开放"使人们能够"向内看"和挑战自己的思考，最终从根本上结束政治游戏。

2．无为而为的有机管理

在学习型组织中，团体是最基本的学习单位，团体本身应理解为彼此需要他人配合的一群人。组织的所有目标都是直接或间接地通过团体的努力来达到的。

学习型组织正日益成为以"地方为主"的扁平式组织，这种组织会尽最大可能将决策权延展至离"最高"阶层或公司总部最远的地方。

学习型组织的修炼有助于分权原则有效的运作。例如，学习如何改善管理者的心智模式，有助于协调各地区分公司的运作。心智模式和其他修炼结合，可勾绘出以地方控制为主的组织如何发挥机能的新景象，那便是"透过学习来控制"。传统的组织需要控制下属行为的管理系统，学习型组织则致力于改善思考的品质、加强反思与团体学习的能力，以及发展共同愿景和共同承担企业复杂课题的能力。这些能力将使学习型组织比其他组织在分权的同时更好地实现协调一致。

3．创造学习时间的方法

学习型组织要善于不断学习，这是学习型组织的本质特征。所谓"善于不断学习"，主要有四点含义：

（1）强调"终身学习"。即组织中的成员均应养成终身学习的习惯，这样才能形成组织良好的学习气氛，促使其成员在工作中不断学习。

（2）强调"全员学习"。即企业组织的决策层、管理层、操作层都要全心投入学习，尤其是经营管理决策层，他们是决定企业发展方向和命运的重要阶层，因而更需要学习。

（3）强调"全过程学习"。即学习必须贯彻于组织系统运行的整个过程之中。约翰•瑞定提出了一种被称为"第四种模型"的学习型组织理论。他认为，任何企业的运行都包括准备、计划、推行 3 个阶段，而学习型企业不应该是先学习然后进行准备、计划、推行，不要把学习和工作分割开，应强调边学习边准备、边学习边计划、边学习边推行。

（4）强调"团队学习"。即不但重视个人学习和个人智力的开发，更强调组织成员的合作学习和群体智力（组织智力）的开发。在学习型组织中，团队是最基本的学习单位，团队本身应理解为彼此需要他人配合的一群人。组织的所有目标都是直接或间接地通过团队的努力来达到的。

学习型组织通过保持学习的能力，及时铲除发展道路上的障碍，不断突破组织成长的极限，从而保持持续发展的态度。

4．员工家庭与事业的平衡

学习型组织努力使员工丰富的家庭生活与充实的工作生活相得益彰。学习型组织对员工承诺支持每位员工充分的自我发展，而员工也以承诺对组织的发展尽心作为回报。这样，个人与组织的界限将变得模糊，工作与家庭之间的界限也将逐渐消失，两者之间的冲突也必将大为减少，从而提高员工家庭生活的质量（满意的家庭关系、良好的子女教育和健全的天伦之乐），达到家庭与事业之间的平衡。

5. 领导者的新角色

在学习型组织中，领导者是设计师、仆人和教师。领导者的设计工作是一个对组织要素进行整合的过程，他不只是设计组织的结构和组织政策、策略，更重要的是设计组织发展的基本理念。领导者的仆人角色表现在他对实现愿景的使命感，他自觉地接受愿景的召唤。领导者作为教师的首要任务是界定真实情况，协助人们对真实情况进行正确、深刻的把握，提高他们对组织系统的了解能力，促进每个人的学习。

6. 自主管理

学习型组织理论认为，"自主管理"是使组织成员能边工作边学习使工作和学习紧密结合的方法。通过自主管理，可由组织成员自己发现工作中的问题，自己选择伙伴组成团队，自己选定改革进取的目标，自己进行现状调查，自己分析原因，自己制定对策，自己组织实施，自己检查效果，自己评定总结。团队成员在"自主管理"的过程中，能形成共同愿景，能以开放求实的心态互相切磋，不断学习新知识，不断进行创新，从而增加组织快速应变、创造未来的能量。

7. 重新界定组织的边界

学习型组织的边界是建立在组织要素与外部环境要素互动增大的基础之上的，超越了传统的根据职能或部门划分的"法定"边界。例如，把销售商的反馈往往作为市场营销决策的固定组成部分，而不像以前那样只是作为参考。

第三节　组织设计

组织理论称作广义的组织理论或大组织理论，包括组织运行的全部问题，包括组织运行的环境、目标、结构、技术、规模、权力、沟通等。组织设计理论是组织理论的狭义理解，或者称为小组织理论，主要研究企业组织结构的设计，而把环境、战略、技术、规模、人员等问题作为组织结构设计中的影响因素来加以研究。

组织设计理论分为静态的和动态的组织设计理论。静态的组织设计理论主要研究组织的体制、机构和规章。动态的组织设计理论除了上述理论外，还加入人的因素，诸如协调、信息控制、绩效管理、激励制度、人员配备及培训等。现代组织设计理论属于动态的组织设计理论，但静态设计理论的内容依然占有主导地位，是组织设计的核心内容。

一、组织设计的原则

组织所处的环境、采用的技术、制定的战略、发展的规模不同，所需的部门及其相互关系也不同，但任何组织在进行组织设计时，都必须遵守以下原则。

（一）任务与目标原则

企业组织设计的根本目的，是为实现企业的战略任务和经营目标服务的。这是一条最基本的原则。组织结构的全部设计工作必须以此作为出发点和归宿点，即企业任务和目标同组织结构之间是目的同手段的关系；衡量组织结构设计的优劣，要以是否有利于实现企业任务和目标作为最终的标准。从这一原则出发，当企业的任务和目标发生重大变化时，例如，从单纯生产型向生产经营型、从内向型向外向型转变时，组织结构必须作相应的调整和变革，以适应任务和目标变化的需要。又如，进行企业机构改革，必须明确要从任务和目标的要求出发，该增则增，该减则减，避免单纯地把精简机构作为改革的目的。

（二）专业分工和协作的原则

现代企业的管理，工作量大、专业性强，分别设置不同的专业部门，有利于提高管理工作的质量与效率。在合理分工的基础上，各专业部门只有加强协作与配合，才能保证各项专业管理的顺利开展，达到组织的整体目标。贯彻这一原则，在组织设计中要十分重视横向协调问题。主要的措施有以下几个：

（1）实行系统管理，把职能性质相近或工作关系密切的部门归类，成立各个管理子系统，分别由各副总经理（副厂长、部长等）负责管辖。

（2）设立一些必要的委员会及会议来实现协调。

（3）创造协调的环境，提高管理人员的全局观念，增加相互间的共同语言。

（三）有效管理幅度原则

由于受个人精力、知识、经验条件的限制，一名领导人能够有效领导的直属下级人数是有一定限度的。有效管理幅度不是一个固定值，它受职务的性质、人员的素质、职能机构健全与否等条件的影响。这一原则要求在进行组织设计时，领导人的管理幅度应控制在一定水平，以保证管理工作的有效性。由于管理幅度的大小同管理层次的多少呈反比例关系，这一原则要求在确定企业的管理层次时，必须考虑到有效管理幅度的制约。因此，有效管理幅度也是决定企业管理层次的一个基本因素。

（四）集权与分权相结合的原则

企业组织设计时，既要有必要的权力集中，又要有必要的权力分散，两者不可偏废。集权是大生产的客观要求，它有利于保证企业的统一领导和指挥，有利于人力、物力、财力的合理分配和使用。而分权是调动下级积极性、主动性的必要组织条件。合理分权有利于基层根据实际情况迅速而正确地做出决策，也有利于上层领导摆脱日常事务，集中精力抓重大问题。因此，集权与分权是相辅相成的，是矛盾的统一。没有绝对的集权，也没有绝对的分权。企业在确定内部上下级管理权力分工时，主要应考虑的因素有：企业规模的大小、企业生产技术特点、各项专业工作的性质、各单位的管理水平和人员素质的要求等。

（五）稳定性和适应性相结合的原则

稳定性和适应性相结合原则要求组织设计时，既要保证组织在外部环境和企业任务发生变化时，能够继续有序地正常运转；同时又要保证组织在运转过程中，能够根据变化了的情况做出相应的变更，组织应具有一定的弹性和适应性。为此，需要在组织中建立明确的指挥系统、责权关系及规章制度；同时又要求选用一些具有较好适应性的组织形式和措施，使组织在变动的环境中，具有一种内在的自动调节机制。

二、影响组织设计的因素

面对竞争日趋激烈的外部环境和不确定的市场需求变化,任何组织都会察觉到管理的日趋复杂和能力有限,这就必须把权变的组织设计观引入组织设计的思想中。所谓权变的组织设计是指以系统、动态的观点来思考和设计组织,它要求把组织看成是一个与外部环境有着密切联系的开放式组织系统。因此,权变的组织设计必须考虑战略、环境、规模、技术等一系列因素,针对不同的组织特点,设计不同的组织结构。影响组织设计的主要因素有以下方面:环境、战略、技术、组织规模和生命周期。

(一)环境的影响

环境包括一般环境和特定环境两部分:一般环境包括对组织管理目标产生间接影响的诸如经济、政治、社会文化以及技术等环境条件,这些条件最终会影响到组织现行的管理实践;特定环境包括对组织管理目标产生直接影响的诸如政府、顾客、竞争对手、供应商等具体环境条件,这些条件对每个组织而言都是不同的,并且会随一般环境条件的变化而变化。两者具有互动性。环境的复杂性和变动性决定了环境的不确定性。所谓的不确定性是指决策者由于缺乏完整的外部环境信息,以至于无法预测未来的变化而做出正确的判断和决策。当环境由简单的稳定性向复杂的变动性转移时,关于环境的信息不完整性也逐渐增强,管理决策过程中的不确定因素也大为增加,只有那种与外部环境相适应的组织结构才可能成为有效的组织结构。

(二)战略的影响

战略是指决定和影响组织活动性质及根本方向的总目标,以及实现这一总目标的路径和方法。新的组织结构如不因战略而异,就将毫无效果。具体来讲,战略发展有 4 个不同阶段,每个阶段应有与之相适应的组织结构。

第一个阶段为数量扩大阶段。即许多组织开始建立时,往往只有一个单独的工厂,只是比较单一地执行制造或销售等职能。这个阶段的组织结构很简单,有的只有一个办公室。组织面临的重要战略是如何扩大规模。

第二个阶段为地区开拓阶段。即组织随着向各地区开拓业务,为了把分布在不同地区的同行业组织有机地组合起来,就产生了协调、标准化和专业化的问题。这就要求建立一种新的组织结构即职能部门。

第三个阶段为纵向联合发展阶段。即在同一行业发展的基础上进一步向其他领域延伸扩展,如从专门销售服装用品的零售商店,扩大到销售各种用具和家具等等。这种发展战略要求建立与此相适应的职能结构。

第四个阶段为产品多样化阶段。即为了在原产品的主要市场开始衰落的时候,更好地利用和组织现有的资源、设备和技术,而转向新行业内新产品的生产和新服务的提供。这种战略的组织结构要考虑对新产品与新服务的评价和考核,考虑到对资源的分配以及部门的划分、协调等问题,要求建立与此相适应的产品型组织结构。

(三）技术的影响

技术是指把原材料等资源转化为最终产品或服务的机械力和智力转换过程。任何组织都需要通过技术将投入转换为产出，那么，组织的设计就需要因技术的变化而变化，也就要求组织结构做出相应的改变和调整。伍德沃德（Joan Woodward）等人根据制造业技术的复杂程度把技术划分为3类：单件小批量生产技术、大批量生产技术和流程生产技术。

单件小批量生产（unit production），是由定制产品（如定制服装和水力发电用涡轮机等）生产单件或小批量生产所组成；大批量生产（mass production），是由大批和大量生产的制造商组成，它们提供诸如家电和汽车之类的产品，这些产品一般可以通过专业化流水线技术生产实现规模经济；流程生产（process production）是技术中最复杂的一类，如炼油厂、发电厂和化工厂这类连续流程的生产者。

（四）组织规模的影响

组织规模是影响组织结构的最重要的因素，即大规模会提高组织复杂性程度，并连带提高专业化和规范化的程度。当组织业务呈现扩张趋势、组织员工增加、管理层次增多、组织专业化程度不断提高时，组织的复杂化程度也会不断提高，这必然给组织的协调管理带来更大的困难，而随着内外环境不确定因素的增加，管理层也愈难把握实际变化的情况并迅速做出正确决策，组织进行分权式的变革成为必要。

大型组织与小型组织在组织结构上的区别主要体现在以下几个方面：

（1）规范化程度。研究表明，大型组织可以通过制定和实施严格的规章制度，并按照一定的工作程序来控制和实现标准化作业，员工和部门的业绩也容易考核，因而组织的规范化程度也比较高；相反，小型组织可以凭借管理者的能力来对组织进行控制，组织显得比较松散而富有活力，因而规范化程度也比较低。

（2）集权化程度。在大型官僚型层级组织中，决策往往是由那些具有完全控制权的高层主管做出的，因而组织的集权化程度也比较高。事实上，为了快速响应日趋复杂的环境变化，组织规模越大就越需要分权化，而在分权化程度较高的组织中，决策更多地是在较低的层级上做出的，决策速度越快，信息反馈也就越及时。

（3）复杂化程度。大型组织的高度复杂性是显而易见的，由于横向和纵向的复杂性，大型组织经常需要建构新的部门来应对由于规模扩大所带来的新问题；同时，随着组织中部门规模的扩大，部门管理者控制力也会不断减弱，部门又会产生新的再细分压力，结果造成部门林立的臃肿格局；另外，随着员工数量的增加，在一定控制幅度条件下，管理的层级数也必然增多，这都会大大增加管理的成本，减低管理的效率。

（4）人员结构比率。"帕金森定律"认为，由于各种原因，受到激励的管理者往往会增加更多的管理者，包括建构自己的帝国大厦以巩固他们的地位。研究表明，在迅速成长的组织中，管理人员要比其他人员增幅大得多，在组织衰退过程中，管理人员要比其他人员减幅小得多；这说明，管理人员最先被聘用而最后被解聘。也有研究表明，随着组织规模的扩大，管理人员的比率是下降的而其他人员的比率则是上升的。总体而言，高层管理人员与一般员工之间的结构比率应当是均衡配置的，任何不一致都应当通过积极主动的变革来加以调整。

（五）生命周期的影响

组织的演化成长呈现出明显的生命周期特征，因此，组织结构、内部控制系统以及管理目标在各个阶段都可能是不相同的。企业的成长是一个由非正式到正式、低级到高级、简单到复杂、幼稚到成熟的阶段性发展过程。具体来讲，每个阶段都由两个时期组成：一个是组织的稳态发展时期，组织在这个时期的结构与活动都比较稳定，内外条件较为吻合；另一个是组织的变革时期，即当组织进一步发展时，就会从内部产生一些新的矛盾和问题，使组织结构与活动不相适应，此时必须通过变革使结构适应内外环境的变化，使组织保持适应性，组织的发展就是如此循环往复不断得以成长的。

综合来看，组织生命周期对于组织设计的影响有以下几个：

（1）创业阶段。起初，组织是小规模的、非官僚制的和非规范化的。高层管理者制定组织结构框架并控制整个运行系统，组织的精力放在生存和单一产品的生产和服务上。随着组织的成长，组织需要及时调整产品的结构，这就必然会产生调整组织结构和调换更具能力的高层管理者的压力。

（2）集合阶段。这是组织发展的成长期。一般情况下，组织在调换了高层主管之后便会明确新的目标和方向，此时便进入了迅速成长期，员工受到不断激励之后也开始与组织的使命保持一致；尽管某些职能部门已经建立或调整，可能也已开始程序化工作，但组织结构可能仍然欠规范合理。一个突出的矛盾是，高层主管往往居功自傲，迟迟不愿放权，组织面临的任务是如何使基层的管理者更好地开展工作，如何在放权之后协调和控制好各部门的工作。

（3）规范化阶段。组织进入成熟期之后就会出现官僚制特征。组织可能会大量增加人员，并通过建构清晰的层级制和专业化劳动分工进行规范化、程序化工作。组织的主要目标是提高内部的稳定性和扩大市场。组织往往会通过建立独立的研究和开发部门来实现创新，这又使得创新的范围受到了限制。因此，高层管理者不仅要懂得如何通过授权调动各个层级管理者的积极性，还要能够不失控制。

（4）精细阶段。成熟的组织往往显得规模巨大和官僚化，继续演化可能会使组织步入僵化的衰退期。这时，组织管理者可能会尝试跨越部门界限组建团队来提高组织的效率，阻止进一步的官僚化。如果绩效仍不明显，必须考虑更换高层管理者并进行组织重构以重塑组织的形象，否则，组织的发展将会受到很大的限制。

三、组织设计的基本步骤

根据组织设计要达到的目的，组织设计的基本程序包括工作设计、部门设计、层次设计、责权分配和整体协调5个步骤。

（一）工作设计

工作设计是指为了有效地达到组织目标与满足个人需要而进行的工作内容、工作职能和工作关系的设计。工作设计一般通过编制职务说明书的形式来实现。职务说明书用文字或表格具体说明每个工作职务的工作任务、职责与权限，以及与其他部门、其他职务的关系。其基本内容包括工作描述和任职说明两个部分，其中：工作描述一般用来表达工作内容、任务、职责、环境等；任职说明则用来表达任职者所需的资格要求，如技能、学历、经验、体能等。

随着组织规模的不断扩大，工作专门化成为工作设计的一个主要趋势，这就意味着原来由一个人完成的工作，可能细分为由多个人分工完成。在实践中，组织通常通过定期轮换工作岗位、扩大工作范围、丰富工作内容和增强工作特色等方法，来不断提高工作专门化的程度。

（二）部门设计

部门设计是指根据组织职能相似、活动相似和关系紧密的原则，按各个工作岗位的特征对其进行分类，然后将相应职务的人员聚集在一个部门内，从而构成组织的各个内部机构，以便进行有效管理。部门设计主要是解决组织的横向结构问题，其目的在于确定组织中各项任务的分配与责任的归属，以求分工合理、职责分明，有效地达到组织目标。

1. 部门设计的原则

组织在进行部门设计时，必须遵循以下几个原则：

（1）力求结构精简。组织部门的数量必须力求最少，但这是以有效实现组织目标为前提的。

（2）组织结构应具有弹性。组织中的部门数量应随业务的需要而增减，可设立临时部门或工作组来解决临时出现的问题。

（3）检查部门与业务部门分设。考核、检查业务部门的人员不应隶属于受其检查评价的部门，这样才能真正发挥检查部门的作用。

2. 部门设计的基本方式

部门设计的基本方式有产品部门化、顾客部门化、地理位置部门化、职能部门化、生产过程部门化等。

（1）产品部门化：是指按照产品或服务的要求对企业活动进行分组。其优点主要有：①目标单一，力量集中，可使产品质量和生产效率不断提高；②分工明确，易于协调和实现机械化；③ 单位独立，管理便利，易于绩效评估。

（2）顾客部门化：是指根据目标顾客的不同利益需求来划分组织的业务活动。这种方式虽然能使产品或服务更切合顾客的实际要求，但同时却降低了技术专业化的优势。

（3）地理位置部门化：是指按照地理位置的分散程度划分组织的业务活动。这种方式可以使相关部门对所负责地区有充分的了解，各项具体业务的开展更切合当地的实际需要，但是容易产生各自为政的弊端。

（4）职能部门化：是指以组织的职能为基础进行部门划分，即把具有相同职能的工作岗位放在同一个部门。该方式的优点在于责权统一，便于专业化，但往往会因责权过分集中而出现决策迟缓和本位主义现象。

（5）生产过程部门化：是指根据生产流程划分组织的业务活动。这种方式所形成的部门专业化程度高，生产效率也高，常用于组织大批产品的加工制造。

（三）层次设计

在工作设计和部门设计的基础上，必须根据组织内外部能够获取的人力资源状况，对各个职务和部门进行综合平衡，同时要根据每项工作的性质和内容，确定管理层次和管理幅度，使组织形成一个严密有序的系统。

1. 管理层次

管理层次也称组织层次，是指组织内部从高一级管理组织到低一级管理组织的各个组织等级。管理层次实际上反映的是组织内部的纵向分工关系，各个层次负担不同的管理职能。管理实践表明，理想的管理层次有 3 层，即最高管理层、中间管理层和基层管理层。

2. 管理幅度

管理幅度也称管理跨度，是指组织的一名管理者直接管理的下属人员的数量。合理的管理幅度有利于管理的控制和沟通，可以加快上情下达和下情上报的传递速度，便于管理者及时做出决策，也有利于下属贯彻上级的决策意图。

3. 管理层次与管理幅度的关系

（1）管理层次与管理幅度具有数量上的反比关系。在组织规模一定的情况下，扩大管理幅度，就会减少管理层次；反之，缩小管理幅度，就会增加管理层次。

（2）管理幅度决定管理层次。任何组织中上层领导的知识、经验、时间和精力都是有限的，所以他能够有效管辖的下属人数也必然是有限的。

（3）管理层次对管理幅度有一定的制约作用。与管理幅度相比，管理层次具有较高的稳定性。无论是何种组织，都不应该也不可能频繁地改变管理层次，这就从反方向上要求管理幅度在一定程度上服从于既定的管理层次。

（四）责权分配

责权分配是指通过有效的方式将职责与职权分配到各个层次、各个部门和各个岗位，使整个组织形成一个责任与权力有机统一的整体。在责权分配方面，最关键的问题是通过规范组织中的授权程序，正确处理集权与分权的关系，既保证部门有充分的权力，又尽可能避免滥用权力或越权行事的现象。

1. 职权与职责

职权是指由组织制度正式确定的，与一定管理职位相联系的决策、指挥、分配资源和进行奖惩的权力。每一个管理职位都具有某种特定的、内在的权力，任职者可以从该职位的等级或头衔中获得这种权力。因此，职权与组织内部的一定职位相关，而与担任者的个人特征无关。

职责是指由组织制度正式确定的，与职权相应的完成工作所承担的责任。组织中任何一个职位都必须责任相连，拥有职权但不承担责任是产生"瞎指挥"的根源。因此，当管理者向下属布置任务，委让一部分职权时，应同时授予相应的执行职责，保留最终职责。

2. 授权

授权是指组织的管理者将原来由自己执行的某一部分权力委托给下级代为执行的行

为。随着信息时代的到来，组织管理者越来越认识到把权力分散下去的重要性，而授权就是组织管理者对权力进行分配的一种主要方式。

管理者在授权时要充分考虑职位高低、下属素质、组织内外条件等因素的影响，按照责权利一致、级差授权、授权有度、有效控权的原则，合理分配职权；同时，要以适当的方式与手段进行必要的监控，以保证权力的正确运用与组织目标的实现，在工作任务完成后，要对授权效果、工作业绩进行考核和评价。

3．集权与分权

集权与分权是组织设计中的两种相反方向的权力分配方式。集权是指决策权在组织系统中较高层次的一定程度的集中；反之，分权是指决策权在组织系统中较低管理层次的一定程度的分散。

集权和分权只是一个相对的概念，在现实社会中，不同的组织可能是集权的成分多一点，也可能是分权的成分多一点，绝对的集权和绝对的分权是不存在的。因此，这里所讲的集权与分权仅仅是指在组织权力分配方面的两种倾向。

（五）整体协调

组织作为一个整体，要实现其既定目标，必须要求各部门在工作过程中形成共同协作的横向关系，使各部门的工作能够达到整体化与同步化的要求。组织进行整体协调的主要方式有以下几种：

（1）加强联系与沟通，统一认识，实现思想协调。

（2）以实现组织总目标为出发点，落实各部门的工作目标和计划，使各部门的工作保持协调一致。

（3）建立规章制度，规范工作程序，明确工作责任，严格奖惩措施，从制度上保证部门之间的协调统一。

（4）制定规范的协商机制和必要的协调机构，及时解决部门之间的矛盾和冲突，加强组织协调。

【课堂案例】合理的就是最好的——A公司的组织结构设计

A公司是一家生产脱水蔬菜的小企业，员工总数约60人，早期该公司由于没有进行合理的组织结构设计，造成了很大的成本浪费和人浮于事，企业的发展遇到了瓶颈。

该公司早期的组织结构如图4-1所示。

图4-3-1 A公司早期的组织结构

在专家的建议下，该公司对现有的组织结构进行了大幅度整改，将原来设置的如办公室、储运科、保卫科及财务科等部门按照新的职能制组织结构设置成了如图4-2所示的新部门。

```
                        总经理
          ┌──────┬──────┼──────┬──────┐
        总经办  财务科  营销部  储运部  生产部
```

图4-2　A公司新的职能制组织结构

其中：总经办负责该公司的日常办公接待以及保卫等工作；财务科则保留行使原财务科的职权；营销部负责该公司产品的销售和出口；储运部负责成品以及原料的储运；生产部主抓整个公司生产任务的落实。

按说这样一个新的组织结构设立应该相当明了，各个部门之间相互协调后公司的整体运营也应该亦步亦趋，但事实却刚好相反。据财务科统计，在新的组织结构设立后的4个月内公司整体开支同比增长了10%，即该公司每月运转开支要比原来增加2万元。而在市场不景气、出口订单减少的客观环境下，则意味着该公司每月要多做2万元的销售额才能达到原来的盈利水平，公司上下一时"丈二和尚摸不着头脑"。

其实从该公司的上述结构中，不难看出症结所在。虽然新的职能制组织结构将原来的保卫科、办公室整合成了总经办，而且也根据市场表现新设立了营销部，以前的车间变成了生产部，似乎是更加合理了。但仔细核查新明确的部门职责，可以发现对产品成本有决定因素的采购工作成了被遗忘的角落，既不属于生产部，也不属于储运部，成了名副其实的管理"真空环节"。

由于新的职能制组织结构的设立，整个企业的运转机构人员增加，但市场部在大环境影响下却一时难有所作为，这就造成了该公司4个月内企业开支增加了逾8万元，导致整个企业的信心不足。在公司处于发展阶段时，一定要有成本意识，组织结构的设置也要秉承这个原则，否则就会使开支增加，造成企业的流动资金短缺，怎么才能设置较为合理的组织结构，使企业在开支同等情况下有更好的工作效率呢？以该公司为例，其实它根本不需要很多的部门，大致采取图4-3中的组织结构即可。

```
                总经理
          ┌──────┼──────┐
        财务科  营销部  生产部
```

图4-3　大致采取的组织结构

看到这个组织结构设置，大家一定吃惊，一个公司居然没有总经办成何体统？未免也太不注重企业形象吧。不错，企业需要良好的形象，然而企业形象却不是通过增加部门和冗员来体现的。从该公司的实际出发，完全没有必要设立总经办，原因如下：

（1）该公司是以外贸出口为主的生产企业，虽然也开展了内贸，但这只是阶段的营销侧重调整，外贸仍是该公司的盈利主体。该公司的客户群相对集中，很容易掌控，完全可以将原先总经办的职责分一部分给营销部。原总经办取消后，只配一名行政秘书，工作也有条不紊。

（2）财务部当然不能动，但财务部必须担当起成本控制的责任，即对所有涉及成本的工作有权加以监督，采取成本倒算法，这样可以避免成本管理这一细节被遗忘。

（3）生产部在财务部监督下完成采购、生产以及储运、安全等工作，而且便于工作间的协调，不但物流效率增加，而且产品整体合格率上升，成本有所下降。

由于对组织结构进行了精简，该公司的企业开支甚至低于原来的水平，也就是说每个月比改进前要减少3万元支出，企业的整体工作效率也得到较大的改善。

第四节　组织文化建设

组织文化是指组织在长期的实践活动中所形成的并且为组织成员普遍认可和遵循的，具有本组织特色的价值观念、团体意识、工作作风、行为规范和思维方式的总和。

所谓组织文化建设，是指组织有意识地发扬其积极的、优良的文化，克服其消极的、劣性的文化的过程，亦即使组织文化不断优化的过程。组织是按照一定的目的和形式而构建起来的社会集合体，为了满足自身运作的要求，必须要有共同的目标、理想、追求、行为准则，以及与此相适应的机构和制度，否则组织就是一盘散沙。组织文化的任务就是努力创造这些共同的价值观念体系和行为准则。

一、组织文化的内容

组织文化包含的内容相当广泛，其中以下几项内容最能体现组织文化的根本特征。

（一）组织的价值观

组织的价值观是指组织内部管理层和全体员工对该组织的生产、经营、服务等活动，以及指导这些活动的基本观点和一般看法，它包括组织存在的意义和目的、组织中各项规章制度的必要性与作用、组织中人的行为与组织利益之间的关系等。

（二）组织精神

组织精神是指组织成员经过共同奋斗和长期培养所逐步形成的认识和看待事物的共同心理趋势、价值取向和主导意识。组织精神是现代意识与组织个性相结合的一种群体意识，往往以简洁而富有哲理的语言形式加以概括，通常以厂歌、厂训、厂规、厂徽等形式表现出来，是组织经营宗旨、价值准则、管理信条、发展规划的综合体现，是构成组织文化的基石。

（三）组织伦理

组织伦理是一种微观的道德文化，以道德规范为内容和基础。一方面，组织伦理是一种善恶评价，可通过舆论和教育方式影响员工的心理和意识；另一方面，组织伦理又是一种行为标准，可通过规章、习惯等成文或不成文的形式调解组织及员工行为。

（四）组织素养

组织素养包括组织中各层次员工的基本思想素养、科技和文化教育水平、工作能力、精力和身体状况等。其中，基本思想素养的水平越高，组织中的管理哲学、敬业精神、价值观念、道德修养的基础就越深厚，组织文化的内容也就越充实。

二、组织文化的特征

组织文化不同于一般的社会文化，它在组织管理中发挥着重要功能，其特征主要有以下几个。

（一）组织文化的意识性

大多数情况下，组织文化是一种抽象的意识范畴，它作为组织内部的一种资源，应属于组织的无形资产之列。它是组织内一种群体的意识现象，是一种意念性的行为取向和精神观念，但这种文化的意识性特征并不否认它总是可以被概括性地表述出来。

（二）组织文化的系统性

组织文化由共享价值观、团队精神、行为规范等一系列内容构成一个系统，各要素之间相互依存、相互联系。因此，组织文化具有系统性。同时，组织文化总是以一定的社会环境为基础的，是社会文化影响渗透的结果，并随社会文化的进步和发展而不断地调整。

（三）组织文化的凝聚性

组织文化总可以向人们展示某种信仰与态度，它影响着组织成员的处世哲学和世界观，而且也影响着人们的思维方式。因此，在某一特定的组织内，人们总是为自己所信奉的哲学所驱使，它起到了"黏合剂"的作用。良好的组织文化同时意味着良好的组织气氛，它能够激发组织成员的士气，有助于增强群体凝聚力。

（四）组织文化的导向性

组织文化的深层含义是，它规定了人们行为的准则与价值取向。它对人们行为的产生有着最持久最深刻的影响力。因此，组织文化具有导向性。英雄人物往往是组织价值观的人格化和组织力量的集中表现，它可以昭示组织内提倡什么样的行为，反对什么样的行为，使自己的行为与组织目标的要求相互匹配。

（五）组织文化的可塑性

某一组织，其组织文化并不是生来具有的，而是通过组织生存和发展过程中逐渐总结、培育和积累而形成的。组织文化是可以通过人为的后天努力加以培育和塑造的，而对于已形成的组织文化也并非一成不变，是会随组织内外环境的变化而加以调整的。

（六）组织文化的长期性

长期性指组织文化的塑造和重塑的过程需要相当长的时间，而且是一个极其复杂的过程，组织的共享价值观、共同精神取向和群体意识的形成不可能在短期内完成，在这一创造过程中，涉及到调节组织与其外界环境相适应的问题，也需要在组织内部的各个成员之间达成共识。

三、组织文化的结构

从结构上看,组织文化有潜层次、表层和显现层三个层次。

(一)潜层次的精神层

潜层次的精神层是组织文化的核心和主体,是组织成员共同而潜在的意识形态,包括管理哲学、敬业精神、人本主义的价值观念、道德观念等。

(二)表层的制度系统

表层的制度系统又称制度层,是指具有组织文化特色的各种规章制度、道德规范和员工行为准则的总称。表层是处于组织文化浅层次与显现层之间的中间层,是由虚体文化(如意识形态等)向实体文化转化的中介。

(三)显现层的组织文化载体

显现层的组织文化载体又称物质层,是指凝聚着组织文化抽象内容的物质体的外在显现,它既包括组织整个物质和精神的活动过程、组织行为、组织产出等外在表现形式,也包括组织的实体性设施,如劳动环境、厂容厂貌等。显现层是组织文化最直观、最易于感知的部分。

四、组织文化的功能

组织文化的功能是指组织文化发生作用的能力,也就是组织这一系统在组织文化导向下进行生产、经营、管理中的作用。但是任何事物都有两面性,组织文化也不例外,它对于组织的功能可以分为正功能和负功能。组织文化的正功能在于提高组织承诺,影响组织成员,有利于提高组织效能;同时,不能忽视的是潜在的负效应,它对于组织是有害无益的,这也可以看作组织文化的负功能。

(一)组织文化的正功能

具体来说,组织文化具有以下6种正功能:

(1)组织文化的导向功能。组织文化的导向功能,是指组织文化能对组织整体和组织每个成员的价值取向及行为取向起引导作用,使之符合组织所确定的目标。组织文化只是一种软性的理智约束,通过组织的共同价值观不断地向个人价值观渗透和内化,使组织自动生成一套自我调控机制,以一种适应性文化引导着组织的行为和活动。

(2)组织文化的约束功能。组织文化的约束功能,是指组织文化对每个组织员工的思想、心理和行为具有约束和规范的作用。组织文化的约束不是制度式的硬约束,而是一种软约束,这种软约束等于组织中弥漫的组织文化氛围、群体行为准则和道德规范。

(3)组织文化的凝聚功能。组织文化的凝聚功能,是指当一种价值观被该组织员工共同认可之后,它就会成为一种黏合剂,从各个方面把其成员团结起来,从而产生一种巨大的向心力和凝聚力。而这正是组织获得成功的主要原因,"人心齐,泰山移",凝聚在一起的员工有共同的目标和愿景,推动组织不断前进和发展。

（4）组织文化的激励功能。组织文化的激励功能，是指组织文化具有使组织成员从内心产生一种高昂情绪和发奋进取精神的效应，它能够最大限度地激发员工的积极性和首创精神。组织文化强调以人为中心的管理方法。它对人的激励不是一种外在的推动而是一种内在引导，它不是被动消极地满足人们对实现自身价值的心理需求，而是通过组织文化的塑造，使每个组织员工从内心深处为组织拼搏的献身精神。

（5）组织文化的辐射功能。组织文化的辐射功能，是指组织文化一旦形成较为固定的模式，其不仅会在组织内发挥作用，对本组织员工产生影响，而且也会通过各种渠道对社会产生影响。组织文化向社会辐射的渠道是很多的，但主要可分为利用各种宣传手段和个人交往两大类。一方面，组织文化的传播对树立组织在公众中的形象有帮助；另一方面，组织文化对社会文化的发展有很大的影响。

（6）组织文化的调适功能。组织文化的调适功能，是指组织文化可以帮助新近成员尽快适应组织，使自己的价值观和组织相匹配。在组织变革的时候，组织文化也可以帮助组织成员尽快适应变革后的局面，减少因为变革带来的压力和不适应。

【课堂讨论】日立"鹊桥"

在大多数企业，都有不成文的规矩，即禁止内部员工恋爱。其实，这种做法是不合法，也不可取的。"棒打鸳鸯"只能导致军心涣散，让员工对组织感到寒心。获得如此"待遇"的员工即便留下，也会"身在曹营心在汉"！

日本日立公司有一名叫田中的工程师，他为日立公司工作近12年了，对他来说，公司就是他的家，因为甚至连他美满的婚姻都是公司为他解决的。原来，日立公司内设了一个专门为职员架设的"鹊桥"的"婚姻介绍所"。日立公司人力资源站的管理人员说,：这样做还能起到稳定员工、增强企业凝聚力的作用。

日立"鹊桥"总部设在东京日立保险公司大厦八楼。田中刚进公司，便在同事的鼓动下，把学历、爱好、家庭背景、身高、体重等资料输入"鹊桥"电脑网络。在日立公司，当某位员工递上求偶申请书后，他（她）便有权调阅电脑档案。申请者往往利用休息日坐在沙发上慢慢地、仔细地翻阅这些档案，直到找到满意的对象为止。一旦他（她）被选中，联系人会将挑选方的一切资料寄给被选方，被选方如果同意见面，公司就安排双方约会，约会后双方都必须向联系人报告对对方的看法。

终于有一天，同在日立公司当接线员的富泽惠子从电脑上走下来，走进了田中的生活。他俩的第一次约会，是在离办公室不远的一家餐厅里共进午餐，这一顿饭吃了大约4个小时；不到一年，他们便结婚了，婚礼是由公司"月下老"办的，而来宾中70%都是田中夫妇的同事。

有了家庭的温暖，员工自然就能一心一意扑在工作上，由于这个家是公司"玉成"的，员工对公司就不仅是感恩了，而是油然而生一种"鱼水之情"。这样的管理成效是一般意义的奖金、晋升所无法比及的。

如果一个人能在公司中体味到如家庭般的气氛，他便会安心，士气在无形中自然也就增高了。

（二）组织文化的负功能

尽管组织文化存在上述种种正功能，组织文化对组织有潜在的负面作用。

1. 变革的障碍

如果组织的共同价值观与进一步提高组织效率的要求不相符合时，它就成了组织的束缚。这是在组织环境处于动态变化的情况下，最有可能出现的情况。当组织环境正在经历迅速的变革时，根深蒂固的组织文化可能就不合时宜了。因此，当组织面对稳定的环境时，行为的一致性对组织而言很有价值。但组织文化作为一种与制度相对的软约束，更加深入人心，极易形成思维定势，这样，组织有可能难以应付变化莫测的环境。当问题积累到一定程度，这种障碍可能会变成组织的致命打击。

2. 多样化的障碍

由于种族、性别、道德观等差异的存在，新聘员工与组织中大多数成员不一样，这就产生了矛盾。管理人员希望新成员能够接受组织的核心价值观，否则，这些新成员就难以适应或被组织接受。但是组织决策需要成员思维和方案的多样化，一个强势文化的组织要求成员和组织的价值观一致，这就必然导致决策的单调性，抹煞了多样化带来的优势，在这个方面组织文化成为组织多样化、成员一致化的障碍。

3. 兼并和收购的障碍

以前，管理人员在进行兼并或收购决策时，所考虑的关键因素是融资优势或产品协同性。近几年，除了考虑产品线的协同性和融资方面的因素外，**更多的则是考虑文化方面的兼容性**。如果两个组织无法成功的整合，那么组织将出现大量的冲突、矛盾乃至对抗。所以，在决定兼并和收购时，很多经理人往往会分析双方文化的相容性，如果差异极大，为了降低风险则宁可放弃兼并和收购行动。

五、组织文化建设的原则

组织文化建设需要遵循以下几个原则：

（1）立足民族传统文化，注重吸收外来先进文化。立足民族传统文化，就是从我国的国情出发，从我国企业的现状出发，同时要大胆地吸收和借鉴世界各国的先进管理思想和作优秀的组织文化。

（2）全员与专家参与相结合的原则。在贯彻全员参与的基础上，聘请专家进行指导和专门的设计，或者委托有经验的专家领导组织文化建设。

（3）普遍性与特殊性相结合的原则。人与人之间即有共同性，也有差异性，而且共同性与差异性的有机结合就形成个人的特色人格模式，组织文化建设也一样。

（4）形式与内容相结合的原则。组织文化的建设，首先应当考虑内容的建设，同时包括组织文化的一些形式。内容框架完成后，就应该付诸实施，以具体的形式来体现组织文化的内涵。

六、组织文化建设的步骤

（一）制定组织文化系统的核心内容

企业价值观和企业精神是组织文化的核心内容。

（1）企业价值观体系的确立应结合本企业自身的性质、规模、技术特点、人员构成等因素。

（2）良好的价值观应该从企业整体利益的角度来考虑问题，更好地融合全体员工的行为。

（3）一个企业的价值观应该凝聚全体员工的理想和信念，体现企业发展的方向和目标，成为鼓励员工努力工作的精神力量。

（4）企业的价值观中应包含强烈的社会责任感，使社会公众对企业产生良好的印象。

（二）进行组织文化表层的建设

这主要指组织文化的物质层和制度层的建设。组织文化的表层建设主要是从企业的硬件设施和环境因素方面入手，包括制定相应的规章制度、行为准则，设计公司旗帜、徽章、歌曲，建造一定的硬件设施等，为组织文化精神层的建设提供物质上的保证。

（三）组织文化核心观念的贯彻和渗透

组织文化核心观念可以通过以下几种方式进行贯彻和渗透：
（1）员工的选聘和教育。
（2）英雄人物的榜样作用。
（3）礼节和仪式的安排和设计。
（4）组织的宣传口号的设计传播。

第五节　组织变革

组织变革（organizational change）是指运用行为科学和相关管理方法，对组织的权利结构、组织规模、沟通渠道、角色设定、组织与其他组织之间的关系，以及对组织成员的观念、态度和行为，成员之间的合作精神等进行有目的的、系统的调整和革新，以适应组织所处的内外环境、技术特征和组织任务等方面的变化，提高组织效能。企业组织变革是适应外部环境变化而进行的，以改善和提高组织效能为根本目的的管理活动。外部环境的变化是企业组织变革的最大诱因。

一、组织变革的内容

组织变革具有互动性和系统性，组织中的任何一个因素改变，都会带来其他因素的变化。然而，就某一阶段而言，由于环境情况各不相同，变革的内容和侧重点也有所不同。综合而言，组织变革过程的主要变量因素包括人员、结构、任务和技术，具体内容如下：

(一)对人员的变革

人员的变革是指员工在态度、技能、期望、认知和行为上的改变。组织发展虽然包括各种变革,但是人是最主要的因素,人既可能是推动变革的力量也可能是反对变革的力量。变革的主要任务是组织成员之间在权力和利益等资源方面的重新分配。要想顺利实现这种分配,组织必须注重员工的参与,注重改善人际关系并提高实际沟通的质量。

(二)对结构的变革

结构的变革包括权力关系、协调机制、集权程度、职务与工作再设计等其他结构参数的变化。管理者的任务就是要对如何选择组织设计模式、如何制定工作计划、如何授予权力以及授权程度等一系列行动作出决策。现实中,固化式的结构设计往往不具有可操作性,需要随着环境条件的变化而改变,管理者应该根据实际情况灵活改变其中的某些要素组成。

(三)对技术与流程的变革

随着社会的发展,科学技术水平不断的提高,市场对企业有了更高的要求,当新技术产生时,旧技术可能被替代,如果不及时进行技术的变革,企业很可能就被发展的潮流淹没。例如,现在的电影院,从 2D 到 3D,到 REAL 3D 再到 IMAX 等等,一代一代层出不穷,技术在进步,人们的视听享受也在提升,这就是技术的进步所带来的变革。同时,技术的进步也带动了流程的发展,原来我们交电费煤气费的时候,要专门去办事大厅排长长的队,而现在只要在网上点击交费即可在两分钟内实现。

(四)制度的变革

不同的组织需要不同的制度以维持组织的系统性运行,而同一个组织在不同时间不同背景条件下,其制度形式也要与时俱进,不可一成不变。

二、组织变革的动因

实际上,每一个企业每一个组织也都是社会市场这个大系统中的一部分,处于一个动态的环境中,当环境发生变化的时候,组织就要适当的调整自身以适应这个变化。组织变革是组织的外部环境和内部环境共同作用的结果。

(一)外部环境因素

组织变革的外部环境因素主要有以下几个:

(1)整个宏观社会经济环境的变化。诸如政治、经济政策的调整、经济体制的改变以及市场需求的变化等等,都会引起组织内部深层次的调整和变革。

(2)科技进步的影响。知识经济的社会,科技的发展日新月异,新产品、新工艺、新技术、新方法层出不穷,对组织的固有运行机制构成了强有力的挑战。

(3)资源变化的影响。组织发展所依赖的环境资源对组织具有重要的支持作用,如原材料、资金、能源、人力资源、专利使用权等。组织必须要能克服对环境资源的过度依赖,同时要及时根据资源的变化顺势变革组织。

（4）竞争观念的改变。基于全球化的市场竞争将会越来越激烈，竞争的方式也将会多种多样，组织若要想适应未来竞争的要求，就必须在竞争观念上顺势调整，争得主动，才能在竞争中立于不败之地。

（二）内部环境因素

推动组织变革的内部环境因素主要有以下几个：

（1）组织机构适时调整的要求。组织机构的设置必须与组织的阶段性战略目标相一致，组织一旦需要根据环境的变化调整机构，新的组织职能必须得以充分的保障和体现。

（2）保障信息畅通的要求。随着外部不确定性因素的增多，组织决策对信息的依赖性增强，为了提高决策的效率，必须通过变革保障信息沟通渠道的畅通。

（3）克服组织低效率的要求。组织长期一贯运行极可能会出现某些低效率现象，其原因既可能是由于机构重叠、权责不明，也有可能是人浮于事、目标分歧。组织只有及时变革才能进一步制止组织效率的下降。

（4）快速决策的要求。决策的形成如果过于缓慢，组织常常会因决策的滞后或执行中的偏差而错失良机。为了提高决策效率，组织必须通过变革对决策过程中的各个环节进行梳理，以保证决策信息的真实、完整和迅速。

（5）提高组织整体管理水平的要求。组织整体管理水平的高低是竞争力的重要体现。组织在成长的每一个阶段都会出现新的发展矛盾，为了达到新的战略目标，组织必须在人员的素质、技术水平、价值观念、人际关系等各个方面都做出进一步的改善和提高。

三、组织变革的过程

组织变革是一个过程，心理学家库尔特·勒温从变革的一般特征出发，总结出组织变革过程的3个基本阶段。

第一阶段：解冻

解冻意味着组织的某些状态是不适合的，有变革的需要。一般来说，如果没有特殊的情况，组织的原有状态是很难被改变的。只有当组织面临某种危机或紧张状况时，才有可能出现变革的要求。组织的管理人员不仅自己、也动员职工去寻求新的方法。原有的状态被打破，人们从既定的行为模式、思想观念和制度中解脱出来，准备进行变革。解冻的过程总是伴随着对旧东西的批判，包括旧的结构、行为、观念和制度，包括旧的人物及其评价，包括新人的出现等。

第二阶段：改变

在认识到变革需要的基础上，改变是新的方案和措施的实施。这个阶段是以行动为特征的，即将新的观念、结构、和制度模式在组织内推行，这种实施很可能是强制性的。其实施过程应该包括这样几个方面：

第一，判定组织成员对新方式的赞成或反对情况，不同情况力量大小。

第二，分析哪些力量可以变化，在什么程度改变，哪些力量必须要改变。

第三，制定变革的策略，决定通过什么方式、在什么时间实施变革。

第四，评估变革的结果，总结经验教训。

第三阶段：再冻结

在实施变革之后，再冻结是指将新的观念、结构和制度模式固定下来，使它们稳定在新的水平上，成为组织系统中一个较为固定的部分。尽管不存在绝对固定的东西，但相对稳定于组织来说是绝对必要的，否则组织的持续活动无法得到保证。

再冻结的过程，除了组织在制度上采取措施外，另外一个重要的机制是"内在化"。所谓"内在化"，是指将一些行为模式转变为职工个人的观念或信念的过程。组织变革的措施一般是由领导人推行的，对于职工来说，它们是外在的规定。当职工认为这些规定会给他们带来好处，并愿意自觉遵守时，这些外在规则就内化为自觉的行动。只有这时，某种变革才成为不可逆转，才算告一段落。

四、组织变革的程序

通常，组织变革程序可以分为以下几个步骤。

（一）通过组织诊断，发现变革征兆

组织变革的第一步就是要对现有的组织进行全面的诊断。这种诊断必须要有针对性，要通过搜集资料的方式，对组织的职能系统、工作流程系统、决策系统以及内在关系等进行全面的诊断。组织除了要从外部信息中发现对自己有利或不利的因素之外，更主要的是能够从各种内在征兆中找出导致组织或部门绩效差的具体原因，并确立需要进行整改的具体部门和人员。

（二）分析变革因素，制定改革方案

组织诊断任务完成之后，就要对组织变革的具体因素进行分析，如职能设置是否合理、决策中的分权程度如何、员工参与改革的积极性怎样、流程中的业务衔接是否紧密、各管理层级间或职能机构间的关系是否易于协调等等。

（三）选择正确方案，实施变革计划

制定改革方案的任务完成之后，组织需要选择正确的实施方案，然后制定具体的改革计划并贯彻实施。推进改革的方式有多种，组织在选择具体方案时要考虑到难度、变革速度以及员工的可接受和参与程度等等，做到有计划、有步骤、有控制地进行。当改革出现某些偏差时，要有备用的纠偏措施及时纠正。

（四）评价变革效果，及时进行反馈

组织变革是一个包括众多复杂变量的转换过程，再好的改革计划也不能保证完全取得理想的效果。变革结束之后，管理者必须对改革的结果进行总结和评价，及时反馈新的信息。对于没有取得理想效果的改革措施，应当给予必要的分析和评价，然后再做取舍。

【课堂讨论】通用电气基于竞争环境的组织结构变革

1971年通用电气的"战略事业单位"改革，是因为它遇上了威斯汀豪斯电气公司的激烈竞争。这时候企业所面对的最大问题就是"如何战胜竞争对手，巩固市场地位"。基于这样的一个战略重点，通用电气就致力于提升企业对市场信息的反应速度和企业市场竞争策略的灵活性，于是"战略事业单位"这种"特种部队"形式的组织单元就应运而生。70年代中期，美国遭遇能源危机与通货膨胀，经济一片萧条。这种时刻并不适合继续扩大投资和再生产，"如何避免资源浪费和制定长期的发展策略"成为通用的核心问题。在这样的情况下，琼斯推行了"执行部制"的组织改革，企业最高层的领导从繁忙的日常事务里解脱出来，把精力聚焦于长期战略的制定和资源在集团内的调控，为通用电气这条商界的巨轮驶出经济衰退的浅水区指明方向。到了20世纪80年代，美国经济再度复兴加上世界经济一体化的发展，企业的经营环境日新月异，经常会出现"战略赶不上环境"的情况。在这种快速变化的经营环境下，琼斯当初的组织改革给通用电气带来的积极意义已经逐渐消失。同时，由于通用电气两次组织变革所走的方向是正好相反的——"战略事业部"的改革是放权，而"执行部"的改革是集权。这种相互制衡的结果使通用电气出现明显的官僚化倾向。为了适应环境的变化，并消除组织内部的官僚习气，韦尔奇为通用开出了著名的"扁平化"药方。

问题

（1）通用电气初次变革后，形成了何种模式的组织结构，优缺点何在？

（2）通用电气三次变革，针对何种不同环境，着重解决的问题又是怎样的。

【实训】衔纸杯传水

形式：组织组派1人主持，参与组每组派6名队员参加。

时间：15分钟。

地点：活动桌椅教室。

目的：增进队员亲近感，考验其配合协作能力。

道具：纸杯20个，矿泉水瓶3个。

程序：

（1）主持人上场宣布游戏名称——衔纸杯传水。

（2）参与组每组6名队员站成一纵队，组织组派1名队员辅助每个参与组的第一个队员倒水至衔着的纸杯内。

（3）每个队员把自己杯子中的水倒入下一个队员的纸杯中，最后一个人的纸杯内的水倒入一个矿泉水瓶内，游戏限时10分钟。

规则：

（1）游戏过程中只能用嘴触碰纸杯，手碰杯则违规，本次传递重新进行。

（2）10分钟后矿泉水瓶内水最多组获胜。

小组互动环节：

（1）主持人在游戏结束后宣布比赛结果，经过 10 分钟的游戏，一组所传递的水最多，二组其次，三组最少，三组要接受一组的惩罚。

（2）一组已课前准备好互动项目——"非常可乐"。

（3）三组队员要喝掉一整瓶一组队员"制的"非常可乐"，其中包括可乐、少许醋、酱油、茶等。

本章小结

本章主要介绍了组织职能的基本知识、组织结构、组织设计、组织文化建设和组织变革方面的知识。

1．组织的基本知识

在管理学中，组织的概念可以从静态与动态两个方面来理解：从静态方面来看，组织是指组织结构，即反映人、职位、任务，以及它们之间的特定关系的网络；从动态方面来看，组织是指组织工作，即通过组织的建立、运行和变革去配置组织资源，完成组织任务和实现组织目标的过程。

组织的功能主要有：组织力量的汇聚左右、组织力量的放大作用、个人与机构之间的交换作用。

2．组织结构

在现代社会中，常见的组织结构类型有直线制结构、职能制结构、直线职能制结构、事业部制结构、矩阵制结构和网络制结构等。

直线制结构是最简单的组织结构形式。其突出特点是，不设职能机构，组织中的各种职务按照垂直系统直线排列，全部管理职能由各级管理者担负，命令从最高层管理者经过各级管理人员逐步下达到组织末端，各级管理人员执行统一指挥的职能。

职能制结构是指在高层管理者之下按职能来划分部门，各个部门各司其职，在自己的职权范围内向下级下达指令，实行分工协作的一种组织形式。

直线职能制是指把直线制与职能制结合起来，以直线制为基础，在各级行政负责人之下设置相应的职能部门，作为该领导的参谋，实行直线部门统一指挥与职能部门参谋、指导相结合的组织形式。

事业部制结构是在公司总部下增设一层独立经营的"事业部"，实行公司统一政策、事业部独立经营的一种形式。

矩阵制结构是指将按职能划分的部门和按产品、服务或工程项目划分的项目小组结合起来而形成的一种组织结构形式。

网络制结构一般只有很精干的中心机构，以契约关系的建立和维持为基础，依靠外部机构进行制造、销售和其他的重要业务经营活动。

区域型组织结构就是以公司在世界各地生产经营活动的区域分布为基础，设立若干区域部，每个部负责该管理该区域范围内的全部经营活动与业务，每个区域部通常由一名副总裁挂帅，领导该区域部工作，并直接向总裁报告的组织结构。

学习型组织是一个能熟练地创造、获取和传递知识的组织。企业通过"组织学习"实现员工知识更新和保持企业创新能力，并使组织绩效得到提高。

3. 组织设计

组织设计是指对组织开展工作、实现目标所必需的各种资源进行安排，以便在适当的时间、适当的地点把工作所需的各方面力量有效地组合到一起的管理活动过程。

组织在进行组织设计时，须遵守以下原则：任务与目标原则、专业分工和协作的原则、有效管理幅度原则、集权与分权相结合的原则、稳定性与适应性相结合的原则。

影响组织设计的因素主要有：环境影响、战略的影响、技术的影响、组织规模的影响、生命周期的影响。

根据组织设计要达到的目的，组织设计的基本程序包括工作设计、部门设计、层次设计、责权分配和整体协调5个步骤。

4. 组织文化建设

组织文化是指组织在长期的实践活动中所形成的并且为组织成员普遍认可和遵循的，具有本组织特色的价值观念、团体意识、工作作风、行为规范和思维方式的总和。

组织文化的内容主要包括组织的价值观、组织精神、组织伦理、组织素养等。

组织文化的特征主要表现有：意识性、系统性、凝聚性、导向性、可塑性和长期性。

组织文化的建设的步骤主要有：制定组织文化系统的核心内容、进行组织文化表层的建设、组织文化核心观念的贯彻和渗透。

5. 组织变革

组织变革的内容主要有：对人员的变革、对结构的变革、对技术与流程的变革，以及制度的变革。

组织变革的动因主要有外部环境因素和内部环境因素。

组织变革的过程是：解冻、改变、再解冻。

组织变革的程序是：通过组织诊断，发现变革征兆；分析变革因素，制定改革方案；选择正确方案，实施变革计划；评价变革效果，及时进行反馈。

本章练习

一、名词解释

组织　　管理幅度　　组织结构　　直线制　　组织文化

二、单项选择

1. 管理幅度与管理层次的关系是（　）
   A．正比关系　　　　B．反比关系　　　　C．不一定　　　D．以上都对
2. 组织设计最为重要的基础工作是（　）
   A．部门划分与结构形成　　　　　B．职务设计与人员调配
   C．管理人员的素质和能力　　　　D．职务设计与分析
3. 对于管理者而言，进行授权的直接原因在于（　）
   A．使更多的人参与管理工作　　　B．充分发挥骨干人员的积极性
   C．让管理者有时间做更重要的工作　D．减少管理者自己的负担
4. 如果你是一位公司经理，当你发现公司中存在许多小团体时，你的态度是（　）
   A．立即宣布这些小团体为非法，予以取缔；
   B．深入调查，找出小团体的领导人，向他们提出警告，不要再搞小团体
   C．只要小团体的存在不影响公司的正常运行，可以对其不闻不问，听之任之
   D．正视小团体的存在，允许，鼓励其存在，对其行为加以积极引导
5. 对非正式组织的评价是（　）
   A．一无是处　　　B．有利的一面　　　C．说不清楚　　　D．以上都错
6. 事业部制的主要不足在于（　）
   A．不利于调动下层的积极性　　　B．不利于灵活调整经营战略
   C．不利于事业部之间的市场竞争　D．不利于企业发展壮大
7. 王江是一个民营企业的职员，他工作中经常接到来自上边的两个甚至冲突的命令。这一现象的根本原因可能是（　）
   A．该公司在组织设计上采取了职能型结构
   B．该公司在组织运作中出现了越级指挥问题
   C．该公司的组织层次设计过多
   D．该公司在组织运行中有意或无意地违反了统一指挥原则

三、简答题

1. 传统的组织设计原则有哪些？
2. 影响管理幅度的因素有哪些？
3. 动态的组织设计原则有哪些？
4. 简述各种组织结构的特点，优缺点及适用范围。
5. 请同学们调查学校学生组织的组织类型并画出结构图进行分析。

第五章 领导

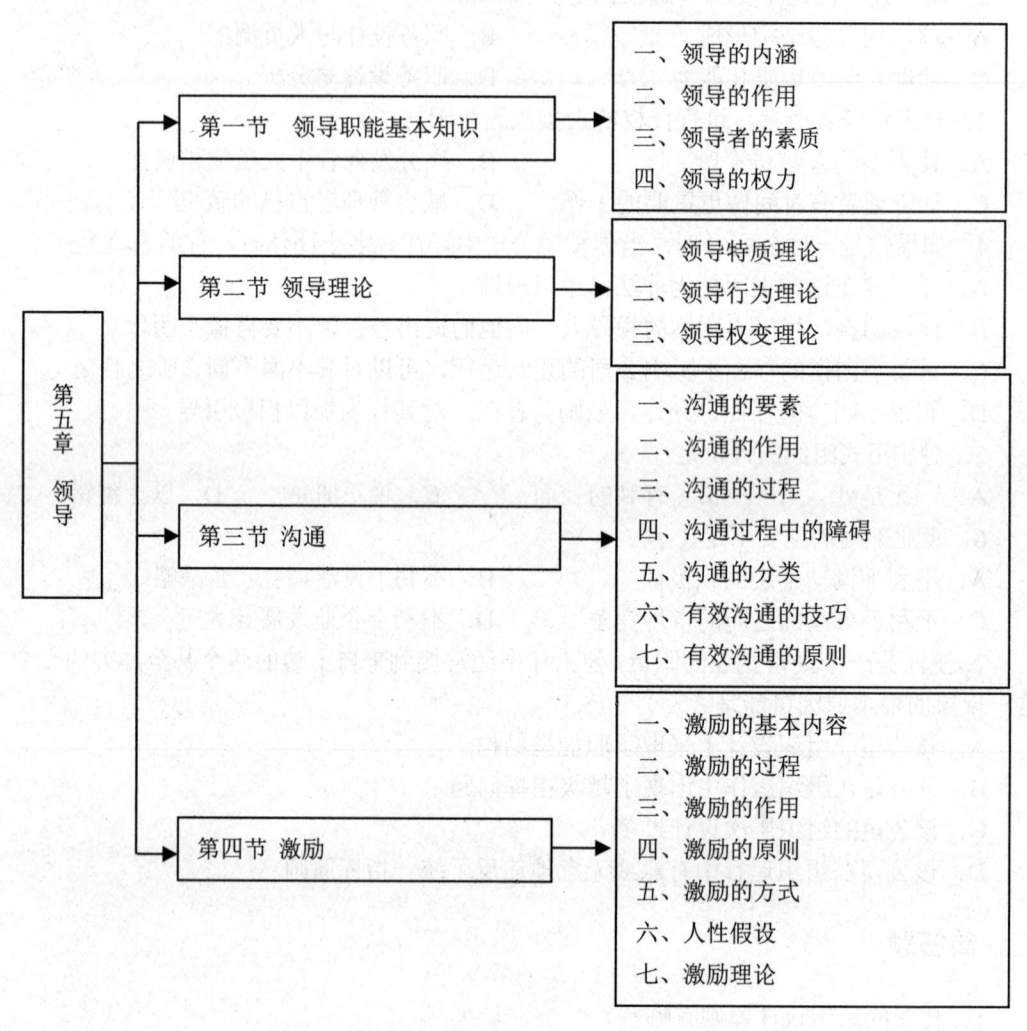

```
第五章       第一节 领导职能基本知识 ── 一、领导的内涵
                                 二、领导的作用
                                 三、领导者的素质
                                 四、领导的权力

         第二节 领导理论 ── 一、领导特质理论
                          二、领导行为理论
                          三、领导权变理论

         第三节 沟通 ── 一、沟通的要素
                       二、沟通的作用
                       三、沟通的过程
                       四、沟通过程中的障碍
                       五、沟通的分类
                       六、有效沟通的技巧
                       七、有效沟通的原则

         第四节 激励 ── 一、激励的基本内容
                       二、激励的过程
                       三、激励的作用
                       四、激励的原则
                       五、激励的方式
                       六、人性假设
                       七、激励理论
```

本章结构图

【知识目标】

- ➢ 了解领导的含义及作用；
- ➢ 了解领导者的素质；
- ➢ 理解主要领导理论并掌握领导行为理论、领导权变理论等；
- ➢ 理解沟通的概念、类型；
- ➢ 掌握激励的相关理论。

【能力目标】

> 能够应用相关领导理论,分析管理工作中的问题,采取有效的领导方式;
> 能使用相关沟通技巧提升沟通水平;
> 学习相关激励方式的运用。

【案例导读】走马上任后的工作

20世纪80年代,3位名牌大学的大学生毕业后各奔前程,少有来往。某天在党校学习时不期而遇,想不到由于工作的需要,他们都被推上了领导岗位,分别在3个局担任局长工作。B约A、C两位老同学下星期回到家一叙。老同学聚会自然而然地谈起了各自走马上任后的情况。

A说他上任后做的第一件事,是分头召集机关处室负责人的座谈会,通过这种座谈形式让大家了解自己,也使自己熟悉各处室负责人,从而对局内的整个情况有个大概了解。B与A的情况不同。他选择的第一件事是与局领导班子的其他成员逐个谈心,向他们了解局里的情况,同时也谈了自己新上任的一些想法,借以沟通思想使彼此有所了解,为今后顺利开展工作打下了基础。

C走马上任后的第一件事,是通过多种渠道采取各种形式广泛地开展调查研究。在较短的时间内基本上掌握了该局的历史、现状以及当前面临的问题,同时与上下左右沟通了思想,建立了感情密切了相互之间的联系。A与B两人对C的做法很感兴趣。C接着说,他上任后的第二件事,是要求全局各处室群策群力拿出"两制一规范"的方案。所谓"两制"就是岗位责任制、奖惩制;所谓"一规范"就是职位分类规范。C亲自挂帅抓这项工作,他与各处室领导密切配合、分工合作、出主意想办法,制定了岗位责任制、奖惩制职位分类规范,使大家明确局机关是为基层服务的。通过"两制一规范"的制定,使局机关全体成员各司其职、各负其责,减少了扯皮现象,克服了官僚主义,提高了工作效率,做到优胜劣汰、奖罚分明。这样逐步建立起一支素质好、技术过硬、清正廉洁、效率高、有实绩的干部队伍。C上任后的第三件事,是提议创办一张(快讯)小报。他与大家一起讨论办报方针和信息输入、信息输出渠道等事宜,通过讨论使小报编辑人员明确这是一张信息快报,要求编辑人员把从国外书报杂志中看到的有关新技术、新知识、新书目及时传递,其中涉及到经济、科技、规划、管理等新动向的信息要及时反映给局领导。

C谈完后三个老同学展开了热烈的讨论。

问题

A、B、C三位局长上任后A、B两人通过接触领导、C通过各种形式广泛调查研究,开始各自上任后的第一件事,你认为哪种方式最好?

第一节 领导职能基本知识

领导就是指挥、带领、引导和激励部下为实现组织目标而努力的过程,是管理的一项基本职能。到底"什么是领导?"国外的学者提出了各种不同的意见。如美国学者拉尔夫·M·斯托格迪尔(Ralph M Stogdill)1950年提出,领导是对组织内群体或个人施加影响的活动过程。美国管理学者乔治·R·特里(George R.Terry)1960年提出,领导是影响人们自动为达到群体目标而努力的一种行为。美国学者约翰尼·L·罗伯茨(Johnnie L. Roberts)等认为,领导是在某种条件下,经由意见交流的过程所产生的一种为了达到某种目标的影响力。美国管理学者基思·戴维斯(Keith Davis)则认为,领导是一种说服他人热心于一定目标的能力。

从管理职能的角度出发,所谓领导就是指挥、带领、引导和鼓励部下为实现目标而努力的过程。

一、领导的内涵

领导的内涵主要包含以下4个方面:

(1)领导的本质是影响力。影响力泛指一切能够改变团体或个人的行为力量。领导过程既是领导者运用职权进行指挥的过程,又是领导者凭个人的人格魅力和影响力,吸引、指导和激励下属去实现组织目标的过程。

(2)领导和被领导关系之所以产生,是因为权力在领导者和被领导者之间的分配是不平等的。就是说,领导者拥有相对强大的权力,可以影响组织中其他成员的行为;而组织中的其他成员却没有这样的权力,或者说,其所拥有的权力并不足以改变其被领导的地位。

(3)领导者一定要有下属或追随者,即被领导者。领导者必须与团体其他成员构成领导和被领导关系。

(4)领导具有目的性。就是说,领导影响下属是为了达到这样的效果:使下属心甘情愿并满怀热情地为实现群体的目标而努力,与下属共同达成组织或群体的目标。

【课堂讨论】三只鹦鹉

一个人去买鹦鹉,看到一只鹦鹉前标:此鹦鹉会两门语言,售价二百元。另一只鹦鹉前则标道:此鹦鹉会四门语言,售价四百元。该买哪只呢?两只都毛色光鲜,非常灵活可爱。这人转啊转,拿不定主意。结果突然发现一只老掉了牙的鹦鹉,毛色暗淡散乱,标价八百元。这人赶紧将老板叫来:这只鹦鹉是不是会说八门语言?店主说:不。这人奇怪了:那为什么又老又丑,又没有能力,会值这个数呢?店主回答:因为另外两只鹦鹉叫这只鹦鹉老板。

二、领导的作用

一般来说,领导的作用主要体现在以下几方面。

(一)指挥作用

在组织的集体活动中,领导者可以通过引导、指挥、指导或先导活动,帮助组织成员最大限度地实现组织目标。在此过程中,领导者不是站在组织成员的后面去推动、督促,而是作为带头人来引导他们前进,鼓舞他们去奋力实现组织目标。领导者只有站在群众的前面,用自己的行为带领人们为实现组织目标而努力,才能真正起到指挥引导的作用。

(二)协调作用

在组织实现其既定目标的过程中,人与人之间、部门与部门之间发生各种矛盾、冲突及在行动上出现偏离目标的情况是不可避免的。领导者的重要任务就是协调各方面的关系和活动,保证各个方面都朝着既定的目标前进。

(三)激励作用

组织是由具有不同需求、欲望、个性、情趣和态度的个人所组成的,因而组织成员的个人目标与组织目标不可能完全一致。领导的任务就是把组织目标和个人目标结合起来,引导组织成员满腔热情、全力以赴地为实现组织目标作出贡献。因此,领导的作用在很大程度上表现为调动组织中每个成员的积极性,使其以高昂的士气自觉地为实现组织目标而努力。

(四)沟通作用

领导者是组织的各级首脑和联络者,在信息传递方面发挥着重要作用;是信息的传递者、监听者、发言人和谈判者,在管理的各个层次中起到上情下达的作用,以保证管理活动的顺利进行。在领导过程中,领导者的具体沟通形式包括信息的传输、交换与反馈,人际交往,关系融通和感情交流等。

【知识链接】

美国西南航空公司的领导方式

美国西南航空公司,创建于1971年,当时只有少量顾客,几只包袋和一小群焦急不安的员工,现在已成为美国第六大航空公司,拥有1.8万名员工,服务范围已横跨美国22个州的45个大城市。

1. 总裁用爱心管理公司

现任公司总裁和董事长的赫伯·凯勒,是一位传奇式的创办人,他用爱心(Luv)建立了这家公司。Luv说明了公司总部设在达拉斯的友爱机场,Luv也是他们在纽约上市股票的标志,又是西南航空公司的精神。这种精神从公司总部一直感染到公司的门卫、地勤人员。

当踏进西南航空公司总部大门时,你就会感受到一种特殊的气氛。一个巨大的、敞顶的三层楼高的门厅内,展示着公司历史上值得纪念的事件。当你穿越欢迎区域,进入把办公室分列两侧的长走廊时,你就会沉浸在公司为员工举行庆祝活动的气氛中——令人激动地布置着有数百幅配有镜架的图案,镶嵌着成千上万张员工的照片,歌颂内容有公司主办的晚会和集体活动、垒球队、社区节目以及万圣节、复活节。早期

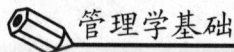

员工们的一些艺术品,连墙面到油画也巧妙地穿插在无数图案中。

2. 公司处处是欢乐和奖品

你到处可以看到奖品。饰板上用签条标明心中的英雄奖、基蒂霍克奖、精神胜利奖、总统奖和幽默奖(这张奖状当然是倒挂着的),并骄傲地写上了受奖人的名字。你甚至还可以看到"当月顾客奖"。

当员工们轻松地迈步穿越大厅过道,前往自己的工作岗位,到处洋溢着微笑和欢乐,谈论着"好得不能再好的服务"、"男女英雄"和"爱心"等。公司制定的"三句话训示"挂满了整个建筑物,最后一行写着:"总之,员工们在公司内部将得到同样的关心、尊敬和爱护,也正是公司盼望他们能和外面的每一顾客共同分享。"好讲挖苦话的人也许会想:是不是走进了好莱坞摄影棚里?不!不!这是西南航空公司。

这里有西南航空公司保持热火朝天的爱心精神的具体事例:在总部办公室内,每月作一次空气过滤,饮用水不断循环流动,纯净得和瓶装水一样。

节日比赛丰富多彩。情人节那天有最高级的服装,复活节有装饰考究的节日彩蛋,还有女帽竞赛,当然还有万圣节竞赛。每年一度规模盛大的万圣节到来时,他们把总部大楼全部开放,让员工们的家属及附近小学生们都参加"恶作剧或给点心"游戏。

公司专为后勤人员设立"心中的英雄"奖,其获得者可以把本部门的名称油漆在指定的飞机上作为荣誉,为期一年。

3. 透明式的管理

如果你要见总裁,只要他在办公室,你可以直接进去,不用通报,也没有人会对你说:"不,你不能见他。"

每年举行两次"新员工午餐会",领导们和新员工们直接见面,保持公开联系。领导向新员工们提些问题,例如:"你认为公司应该为你做的事情都做到了吗?""我们怎样做才能做得更好些?""我们怎样才能把西南航空公司办得更好些?"员工们的每项建议,在30天内必能得到答复。一些关键的数据,包括每月载客人数、公司季度财务报表等员工都能知道。

"一线座谈会"是一个全日性的会议,专为那些在公司里已工作了十年以上的员工而设的。会上副总裁们对自己管辖的部门先作概括介绍,然后公开讨论。题目有:"你对西南航空公司感到怎样?""我们应该怎样使你不断前进并保持动力和热情?""我能回答你一些什么问题?"

4. 领导是朋友又是亲人

当你看到一张赫伯和员工们一起拍的照片时,他从不站在主要地方,总是在群众当中。赫伯要每个员工知道他不过是众员工之一,是企业合伙人之一。

上层经理们每季度必须有一天参加第一线实际工作,担任定票员、售票员或行李搬运工等。"行走一英里计划"安排员工们每年一天去其他营业区工作,以了解不同营业区的情况。旅游鼓励了所有员工参加这项活动。

为让员工们对学习公司财务情况更感兴趣,西南航空公司每12周给每位员工寄去一份"测验卡",其中有一系列财务上的问句。答案可在同一周的员工手册上找到。凡填写测验卡并寄回全部答案的员工都登记在册,有可能得到免费旅游。

> 这种爱心精神在西南航空公司内部闪闪发光，正是依靠这种爱心精神，当整个行业在赤字中跋涉时，他们连续22年有利润，创造了全行业个人生产率的最高记录。

三、领导者的素质

领导者素质，是指在先天禀赋的生理和心理基础上，经过后天的学习和实践锻炼而形成的在领导工作中经常起作用的那些基础条件和内在要素的总和。在领导科学理论的研究中，人们一般把领导者的素质分为政治素质、思想素质、道德素质、文化素质、业务素质、身体素质和心理素质，以及领导和管理能力等。

（一）政治思想素质

政治思想素质是领导者在政治上和思想上应当具备的基本素质。政治素质是领导者社会属性的体现，它决定着领导者所从事的领导活动的性质。领导者应学会运用马克思主义的立场、观点和方法分析问题，认识问题，指导自己的领导实践活动；能够把握正确的政治方向，坚持正确的政治理想和信念，时刻关心国际社会的风云变幻，关心社会主义事业的发展进程，关心党和国家的前途命运；坚持全心全意为人民服务，不谋私利，廉洁奉公；献身改革开放和现代化事业，艰苦奋斗，在困难、压力面前具有顽强的进取心和坚韧性，能够百折不挠，奋发进取。

（二）道德品质素质

道德品质素质是对领导者道德风范和个人品质的要求，主要内容有：大公无私、公道正派的高尚情操；坚持真理、修正错误的无畏勇气；勤政为民、任劳任怨的服务态度；热爱集体、乐于助人的团队精神；忠诚老实、讲究信用的诚信品德；尊重他人、谦逊容人的宽宏气度；好学上进、积极开拓的创新精神。领导者应该自重、自省、自警、自励，模范遵守党和政府对公民提出的关于社会公德、家庭美德、职业道德方面的各种规范与要求。

（三）文化知识素质

文化知识素质是指领导者从事领导工作必备的知识储量和知识结构，主要内容有：掌握广泛的人文社会科学和自然科学知识，先进的科学技术知识；掌握与领导工作密切相关的政治、经济、法律以及组织领导和管理方面的知识；掌握必要的专业知识，力求成为业务上的内行。

（四）心理身体素质

心理素质是指领导者的心理过程和个性特征方面表现出来的根本特点，是领导者进行领导活动的心理基础，它对领导者行为起调节作用。领导者的心理素质主要包括：强烈的事业心和责任心；积极的自尊心和自信心；顽强的意志；良好的性格和气质等。身体素质是指领导者其他素质赖以存在和发挥作用的物质载体。在身体素质方面，领导者需要具备健康意识、健康知识、健康能力和健康体魄。

(五)领导能力素质

一个领导者的领导能力决定了他的领导工作的效果，决定他是否能够胜任领导工作。能力素质是领导者素质在行动层次上所释放的能量总和，它决定了领导者行为的质量和效果。优秀的领导者必须具备高超的领导能力素质，它事关领导活动的成败。领导能力素质是一个综合的整体，这其中包括领导者的先天条件和后天的积累。以前人们普遍认为命由天定，领导者都是上天造就的，而后人们逐渐认识到领导者也有后天培养的，正所谓"时势造英雄"。作为一个优秀的领导者都具备敏感的觉察能力，能够对组织的面临的环境变化作出及时的反应。他必须善于获取和发现信息，这是领导能力中不能缺少的一部分，掌握信息来应变复杂的领导环境。众所周知，领导能力最重要的还有对组织的协调，保证组织内部的协调统一。通过领导者高超的领导能力，来使组织获得更高的整合力，焕发组织的巨大凝聚力。

【课堂讨论】李离的表率

春秋晋国有一名叫李离的狱官，他在审理一件案子时，由于听从了下属的一面之辞，致使一个人冤死。真相大白后，李离准备以死赎罪，晋文公说：官有贵贱，罚有轻重，况且这件案子主要错在下面的办事人员，又不是你的罪过。李离说："我平常没有跟下面的人说我们一起来当这个官，拿的俸禄也没有与下面的人一起分享。现在犯了错误，如果将责任推到下面的办事人员身上，我又怎么做得出来"。他拒绝听从晋文公的劝说，伏剑而死。

分析：正人先正己，做事先做人。管理者要想管好下属必须以身作则。示范的力量是惊人的。不但要象先人李离那样勇于替下属承担责任，而且要事事为先、严格要求自己，做到"己所不欲，勿施于人"。一旦通过表率树立起在员工中的威望，将会上下同心，大大提高团队的整体战斗力。得人心者得天下，做下属敬佩的领导将使管理事半功倍。

【知识链接】

领导与管理的区别与联系

领导与管理二者既相互联系，又相互区别。

从共性上看，二者都是在组织内部通过影响他人的活动，来实现组织目标的过程；二者的基本权力都是来自于组织的岗位设置。

领导与管理的区别主要表现在以下两个方面：

（1）领导是管理的一个方面，属于管理活动的范畴。

（2）二者的着重点有所不同。领导活动是与人的因素密切关联的，侧重于对人的指挥和激励，更强调领导者的影响力、艺术性和非程序化管理；而管理活动更强调管理者的职责以及管理工作的科学性和规范性。

四、领导的权力

权力是领导的基本标志,也是实现领导的手段。从某种意义上说,权力是一种稀缺资源,拥有权力就意味着可以对一定的人力、物力、财力等进行支配和控制。

(一)权力观

所谓权力观,是指人们对权力的基本看法或根本观点,是世界观、人生观和价值观在权力问题上的集中反映。树立什么样的权力观,直接关系到一个领导者如何看待和使用权力的问题,直接关系到一个领导者事业的成败与组织的兴衰。管理者们必须坚定理想和信念,树立正确的世界观、人生观、价值观;树立正确的权力观、利益观、幸福观,增强自律意识,自觉接受监督;坚持原则,防微杜渐,真正过好权力关。

(二)权力的分类

约翰 R.P.弗兰奇和伯兰特 H.雷文(1959年),把权力分为职位权力和个人权力两大类。共有五种来源或基础:奖赏权力、强制权力、合法权力、专家权力和人格权力。

1. 职位权力

职位权力又称职权。权力是指一个人影响决策的能力;职位权力是一种基于掌握职权的人在组织中所居职位的合法权力。职权是与职务相伴随的,是权力的一部分,它只授予在职者。事实上,职位权力被正式、合法地授予后,便往往会在其周围衍生出一些隐性的权力,而且这种权力会对组织战略的执行产生很大的影响。

一般来说,职权可以并且应当向下授权给下属管理人员,授予下属管理人员一定的权力,并规定他们在限定范围内行使这种权力。因此,职权是与一定的职位相关的,而与担任该职位的个人特征或特性无关,也就是说,职权与任职者无直接关系。职位权力分为:奖赏权力、强制权力、合法权力。

(1)奖赏权力。奖赏权是指提供奖金、提薪、表扬、升职和其他任何令人愉悦的东西的权力,是基于被影响者执行命令或达到工作要求而给其进行奖励的一种权力。奖赏权是强制权的相对物。下属认识到服从上司的意愿会带来积极的奖励。这些奖励可以是金钱(提高报酬)或非金钱奖励(工作做得好而受表扬)。奖赏权力的反面是强制权力。一个能给他人施以他们认为有价值的奖赏的人,就对这些人拥有一种权力。奖赏的内容可以是被奖赏者看重的任何东西,如金钱、职务的晋升、良好的工作评价、有趣的任务、满意的工作环境等等。

(2)强制权力。强制权是指通过精神、感情或物质上的威胁,强迫下属服从的一种权力。强制权是建立在惧怕之上的权力,下属认识到不服从上司的意愿会导致惩罚强制的权力,它依赖于惧怕的力量,是由一些手段的使用或威胁来支撑。作为管理者,也有强制的权力,如安排给下属做一项他不喜欢的工作,甚至令员工停职、降级直至解雇。

强制与奖赏实际上是一对相辅相成的权力,他们的共同点都是建立在下属的意识基础上的。如果上司能使下属丧失对下属认为是某一有益的东西,或者强加给下属一种他不想要的东西，上司就会对下属拥有强制的权力。同样，如果上司能给予下属一种有益的东西，或者驱除他所不想要的东西，那上司就拥有奖赏的权力。

（3）合法权力。合法权也称为法定权。所谓法定权，是指组织内各管理职位所固有的正式的、制度化的权力。法定权是代表一定阶级意志的法律所赋予某个人或团体对特定资源的支配权。

合法权力是组织章程或规则所授予的，代表一个人在正式层级中占据某一职位所相应得到的一种权力。合法的权力远比强制和奖赏权力广泛，它包含着组织成员对某一职位权力的接受。

这3种权力都是与职位有关的权力，统称为制度权，亦称行政性权力。这种权力是由上级和组织所赋予的，并由法律、制度明文规定。制度权不依任职者的变动而变动，有职者就有制度权，无职者就无制度权。

2. 个人权力

个人权力分为：专家权力和人格权力。

（1）专家权力。专家权是指由个人的特殊技能或某些专业知识而产生的权力。具有专家权的人是具有某些专门知识、特殊技能或知识的人。具有一种或更多种这样的能力就会赢得同事和下属的尊重和服从。专家权力是来自专长、特殊技能或知识的一种影响力。随着科学技术知识的突飞猛进，专家权力在组织中越来越显示出重要作用。

（2）人格权力。人格权又称感召权，是与个人的品质、魅力、经历、背景等相关的权力，也被称为个人的影响力。人格权是指合法权之外的、由领导者本人的个性特征等因素产生的影响力。它是合法权的重要补充。如领导者拥有优良的品质、出色的成就、高超的社交能力以及感染力等，因下属对其敬佩、倾慕、拥戴而形成或增强领导者的影响力、感召力。

专家权力和人格权力都与组织的职位无关，因此，也称为非职位权力。这种权力是由于领导者自身的某些特殊条件才具有的。这种来自个人的权力通常是在组织成员自愿接受的情况下产生影响力的，因而易于赢得组织成员发自内心的长时期的敬重和服从。

第二节 领导理论

有关领导的理论很多，随着管理理论的发展，领导理论大致有四种理论学派：早期的特质理论和行为理论、近期的权变理论以及当前的领导风格理论。按照时间的顺序，在20世纪40年代末，也就是领导理论出现的初期，研究者主要从事的是领导的特制理论的研究，其核心观点是：领导能力是天生的；从20世纪40年代末至60末，主要进行的是领导行为理论的研究，其核心观点是：领导效能与领导行为、领导风格有关；从20世纪60年代末至20世纪80年代初，出现领导权变理论，其核心观点是：有效的领导受不同情景的影响；从20世纪80年代初至今，大量出现了领导风格理论的研究，其主要观点是：有效的领导需要提供愿景、鼓舞和注重行动。

一、领导特质理论

个人品质或特征是决定领导效果的关键因素。领导特质理论是指研究领导者应当具有哪些人格特质的领导理论。领导特质理论着重研究领导者的人格特质,以便发现、培养和使用合格的领导者。根据领导者的这些人格特质及其来源的不同,领导特质理论分为传统特质理论和现代特质理论。

传统特质理论认为领导者的素质是与生俱来的,他们总是具备一些与众不同的特点。如充满智慧、具有领袖的魅力、超群的记忆、过人的精力、明确的人生目标、坚韧不拔的勇气和毅力、正直和自信等。这一特质理论研究的出发点是:领导效率的高低主要取决于领导者的特质,那些成功的领导者也一定有某些共同点。只要找出成功的领导者应具备的特点,再考察某个组织中的领导者是否具备这些特点,就能断定他是不是一个优秀的领导者。这种理论认为有效的领导者可以从领导者个人的性格中识别。

【知识链接】

斯托格第的领导者品格理论

斯托格第(R. M. Stogdill)通过调查,总结出领导者的品格,主要包括以下几个:
(1)5种身体特征:包括精力、外貌、身高、年龄、体重。
(2)2种社会特征:包括社会经济地位、学历。
(3)4种智力特征:包括果断性、说话流利、知识广博、判断分析能力。
(4)16种个性特征:包括适应性、进取心、热心、自信、独立性、外向、机警、支配、有主见、急性、慢性、见解独到、情绪稳定、作风民主、不随波逐流、智慧。
(5)6种与工作有关的特征:包括责任感、坚持、首创性、毅力、事业心、对人的关心。
(6)9种社会特征:包括能力、合作、声誉、人际关系、老练程度、正直、诚实、权力的需要、与人共事的技巧。

【知识链接】

吉赛利的8种个性特征和5种激励特征

美国管理学家吉赛利(Edwin E. Ghiselli)在其《管理才能探索》一书中,研究的8种个性特征和5种激励特征是:

1. 个性特征
(1)才智:语言与文辞方面的才能;
(2)首创精神:开拓新方向、创新的愿望;
(3)督察能力:指导别人的能力;
(4)自信心:自我评价较高;
(5)适应性:为下属所亲近;
(6)决断能力;
(7)性别(男性或女性);

（8）成熟程度。
2. 激励特征
（1）对工作稳定的需求；
（2）对金钱奖励的需求；
（3）对指挥别人的权力需求；
（4）对自我实现的需求；
（5）对事业成就的需求。

吉赛利的这些性格的研究，由于具有严密的科学性而受到尊重。他的研究结果指出了这些个性特征的相对重要性。表 5-1 为他研究的总结。

表 5-1　领导个性特征价值表

重要程度	重要性价值	个人特征
非常重要	100	督察能力
	76	事业心、成就欲
	64	才智
	63	自我实现欲
	62	自信
	61	决断能力
中等重要	54	对安全保障的需要少
	47	与属下关系亲近
	34	首创精神
	20	不要高额金钱报酬
	10	权力需要高
	5	成熟程度
最不重要	0	性别

注：重要性价值中 100＝最重要，0＝没有作用。

现代领导理论认为，领导是一个动态过程，是一种发展变化的行为过程。领导者的特性和品质并非与生俱来的，而是在具体实践中逐渐形成的，是可以训练和培养造就的。从实践来看，一个人的某些特点对于其能否成为一个有效的领导者，确实具有相当重要的作用，这也正是特质理论的生命力所在。哈佛大学科特教授的研究认为，领导者素质主要来源于以下几个方面：

（1）确实有若干素质是与生俱来的。它们是一些基本的智力水平和人际交往能力，比如身体情况、人的精力、最低限度的智力水平。

（2）某些个性是个人在其早年生活经历中逐步形成的，如个人价值观、进取心、技能和能力。

（3）只有一些非常专业的知识技能，需要教育制度培养。

（4）大部分是个人在工作过程中逐步形成的。

二、领导行为理论

领导行为理论指试图根据个体的行为倾向来解释领导的领导理论。领导行为理论认为：一个领导者能否成功，最重要的不是领导者个人的性格特性，而是领导者采用什么领导方式，形成怎样的领导作风，领导者具体怎么做。

（一）领导方式理论

领导方式是领导者在实施其职能的过程中所表现出来的特点和倾向。20世纪30年代，美国心理学家和行为学家库尔特·勒温、诺那德·利比特、诺尔弗·怀特等共同研究，确定出以下3种极端的领导方式。

1. 专制型领导方式

专制式亦称为专权式或独裁式，这类领导者是由个人独立作出决策，然后命令更改予以执行，并要求下属不容置疑地遵从其命令。这种领导的权力完全来自于职位，没有权威可言。该领导行为的主要特点是：

（1）个人独断专行，从不考虑别人的意见，组织的各种决策完全由领导者本人独自作出。

（2）除了工作命令外，从不把更多的消息告诉下级，下属没有任何参与决策的机会，只能奉命行事。

（3）领导者预先安排一切工作内容、程序和方法，下属只能服从。

（4）主要靠行政命令、纪律约束、训斥惩罚来维护领导者的权威，很少或只有偶尔的奖励。

（5）领导者与下属保持相当的心理距离。

2. 民主型领导方式

这种方式的领导者讲求民主，在决策前与下属员工民主协商，并广泛采纳各方面的意见，在布置任务时以协商的态度面对下属，在执行时给下属以充分的自由发挥空间。这种方式的优点是能够最大限度地调动下属的积极性和主动性，使上下级关系融洽，增强广大员工的凝聚力。这种领导的权力来自于领导者个人的人格魅力和权威，是一种最佳的领导方式。在民主式领导风格下，领导者在采取行动方案或作出决策之前会主动听取下级意见，或者让下属参与决策制定。民主式领导行为的主要特征是：

（1）领导者在作出决策之前通常都要同下属磋商，得不到下属的一致同意不会擅自采取行动。

（2）分配工作时，会照顾到组织每个成员的能力、兴趣和爱好。

（3）对下属工作的安排并不具体，个人有相当大的工作自由度，有较多的选择性与灵活性。

（4）主要运用个人的权力和威信，而不是靠职位权力和命令使人服从。

（5）领导者积极参加团体活动，与下属间没有人和心理上的距离。

3. 放任型领导方式

这种领导方式是领导者把一切权力下放给下属，对决策和实施放任不管，从决策到执行都由下属自行决定，对下属既没有指导，也没有约束。这种方式的领导者只是个摆设，既没有权威也没有责任心，或是能力不强，或是不愿意当领导，实际生活中很少有典型的放任型领导。

在实际工作中，很少有领导完全表现出某一种风格，大多数领导者的领导方式往往介于这3种类型之间。

【知识链接】

曹参的无为而治

公元前194年，西汉政府废除了诸侯国设相国的法令，改命曹参为齐国丞相。曹参不耻下问，为了把齐国建设好，他听闻胶西有位盖公，精研黄老学说，于是厚礼请教盖公如何治理齐国。盖公提出四字管理方针——"无为而治"，无为而治是道家的基本思想，也是其修行的基本方法。无为而治的思想首先是由老子提出来的，老子认为天地万物都是由道化生的，而且天地万物的运动变化也遵循道的规律。老子在《道德经》第二十五章呼说："人法地，地法天，天法道，道法自然。"曹参当齐国丞相九年，齐国安定，被公众称为贤明的丞相。

公元前193年，萧何辞世，曹参得到西汉中央政府的任命，接替萧何担任国家"营理"。为了彻头彻尾地落实"无为而治"的思想，曹参做了几件典型的事情：一是嘱咐后任齐国丞相："以齐狱市为寄，慎勿扰也。"二是一概遵循萧何制定的法度，按部就班，不做任何变革。三是招募甄选质朴而不善文辞的厚道人任总理的下属官吏，解聘或淘汰舞文弄墨追求名利的员工。三是请来劝说的官吏与宾客喝酒，阻止他们干涉自己的"无为而治"。四是与官吏们同欢同乐，打成一片。五是曹参见别人有细小的过失，总是隐瞒遮盖，隐恶扬善。曹参总是给出限定条件，要求下属官吏群体自己做出决策。允许下属在监督者给定的条件下执行职能。曹参对下属采取关怀的情感表现与关系程度方式。这种关怀是取得领导者与被领导者相互信任以及尊重员工们的想法、意愿与感觉的基础上体现出来的工作任务关系深度。

曹参的自由放任式领导风格，使皇帝汉惠帝内心产生不满情绪，认为曹参不管理国家事务。让任中大夫的曹参的儿子去劝告一下曹参，曹参不但不听劝，还打了儿子200板子。汉惠帝召曹参入宫，责备他说："与窗胡治乎？乃者我使谏君也。"参免冠谢曰："陛下自察圣武孰与高帝？"上曰："朕乃安敢望先帝乎！"曰："陛下观臣能孰与萧何贤？"上曰："君似不及也。"参曰："陛下言之是也。且高帝与萧何定天下，法令既明，今陛下垂拱，参等守职，遵而勿失，不亦可乎？"惠帝曰："善。君休矣！"其意为："你为什么要处罚你的儿子，他是受我的命令去劝说你的。"曹参脱帽谢罪说："请陛下自己仔细考虑一下，在圣明英武上您和汉高祖刘邦谁强？"汉惠帝说："我怎么敢跟先帝相比呢！我不及父亲的十分之一。"曹参又说："陛下看我和文终侯萧何谁更贤能？"惠帝说："你好像不如文终侯萧何。"曹参说："陛下说的这番话非常正确。

> 高帝刘邦与文终侯萧何平定了天下，法令已经明确，如今陛下垂衣拱手，我等谨守各自的职责，遵循原有的法度而不随意更改，不就行了吗？"
>
> 最高权力者汉惠帝终于提升了认知能力，了解了曹参的管理模式是"无为而治"，以"无为而治"为基础，给予民众休养生息，做到不扰民、不劳民，从而达到"国家大治"。汉惠帝认同了这种管理模式与方法，欣赏曹参自由放任式的领导风格，赞许了相国，让曹参好好休息。
>
> 曹参作为汉朝总理，极力主张清净无为的管理方式，这完全合于道家的学说。西汉百姓在遭受秦朝的残酷统治以后，曹参给予他们休养生息的时间与机会，所以天下人都称颂他的美德。

（二）领导行为四分图理论

20 世纪 40 年代末期，俄亥俄州立大学的研究人员弗莱希曼及其同事对领导者行为进行了全面的研究，提出领导行为方式的"定规维度"和"关怀维度"。其中，定规维度表示为了达到组织目标，领导者界定和构造自己与下属角色的倾向程度；关怀维度表示领导者信任和尊重下属的看法与情感的程度。

该理论认为，根据这两个维度，领导方式可以分成 4 个基本类型，即高关怀—高定规、高关怀—低定规、低关怀—高定规和低关怀—低定规，如图 5-1 所示。

	低 定规维度 高
高关怀维度	高关怀低定规 | 高关怀高定规
低	低关怀低定规 | 低关怀高定规

图 5-1 领导行为四分图

大量研究发现，在两个维度方面皆高的领导者（高—高型领导者），常常比其他 3 种类型的领导者更能使下属达到高绩效和高满意度。

（三）管理方格理论

管理方格理论是美国管理学家罗伯特·布莱克和简·穆顿于 1964 年提出来的，他们认为领导主要通过处理人与工作的关系来体现。管理方格理论通过"99 方格图"来描述领导风格，如图 5-2 所示。其中，纵坐标表示领导者对人的关心程度，横坐标表示领导者对工作的关心程度；纵、横两个方向又分为 9 格，表示不同的关心程度；纵、横 9 格交叉构成 81 个方格。

由图 5-2 所示可知，管理方格中有 5 种典型的领导方式，现简要分析如下：

（1）贫乏型（1.1）。领导者对人与工作皆不关心，放任自流，既对完成工作不利，又不能处理好与下属的关系。

（2）专制型（9.1）。领导者只注重工作效率，不关心下属的个人因素，不利于调动下属的积极性，进而影响工作效率。

（3）俱乐部型（1.9）。领导只关心下属，而不关心工作本身，尽管营造出宽松的工作环境及和谐的人际关系，但很少协调下属为完成工作而努力。

（4）团队型（9.9）。领导者高度关心工作，同时也高度关心人。领导者通过调动每个员工的工作积极性，团结他们自觉自愿地为实现组织目标而团结协作，在完成工作任务的同时也实现其价值。

（5）中间型（5.5）。领导者对工作和人都是一般程度的关心，在完成工作任务和维持一定的团队士气中寻求平衡。

在上述几种典型的领导方式中，领导者可根据以下方法选择合适的领导方式：在不低于5.5型的水平上，根据生产任务与环境等情况，在一定时期内，在关心工作与关心人之间做出适当的倾斜，实行一种动态的平衡，并努力向9.9型靠拢。

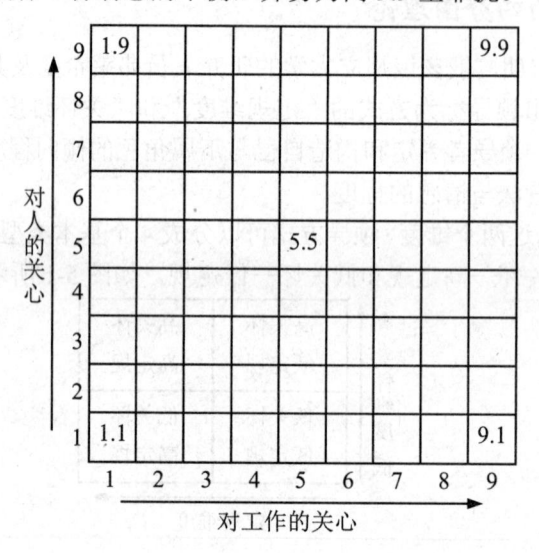

图 5-2 管理方格图

三、领导权变理论

领导权变理论运用权变模型弥补了先前理论的不足，并将各种领导理论的研究成果综合在一起。领导权变理论认为，针对不同的情境，需要选择不同的领导方式。领导权变理论中影响较大的有菲德勒的领导权变模型、路径—目标理论、领导者参与模型、领导生命周期理论。

（一）菲德勒模型

菲德勒模型是由美国管理学家菲德勒于1967年提出来的。菲德勒权变领导模型指出，有效的群体绩效取决于以下两个因素的合理匹配：与下属相互作用的领导者的领导风格；情境对领导者的控制和影响程度。领导者应首先摸清自己及下属的领导风格，并争取为自己或下属建立最适合各自风格的情境，以实现最佳的领导绩效，即让工作适应管理者。菲德勒经过研究，提出了"最不愿与之共事者"（LPC，least preferred coworker）这种领导风格诊断工具，用以测量个体是任务取向型还是关系趋向型。

1. 确定领导者风格

菲德勒认为,影响领导成功的关键因素之一是领导者的基本领导风格。为此,他设计了最难共事者(LPC)问卷来测定领导者的领导风格,通过问卷询问领导者对最不愿与自己合作的同事的评价。如果领导者对这种同事的评价大多用敌意的词语,则该领导者趋向于任务导向型的领导方式(低 LPC);如果评价大多用善意的词语,则该领导者趋向于关系导向型的领导方式(高 LPC)。

2. 确定情境

在 LPC 问卷的基础上,菲德勒列出 3 个评价领导有效性的情境因素,即职位权力、任务结构和上下级关系。

(1)职位权力。职位权力反映了领导者所处的职位所具有的权威和权力的大小,包括领导者的法定权、奖赏权、强制权等的大小。领导者的职位权力越大,群体成员遵从其指导的程度越高,领导环境也就越好;反之,则越差。

(2)任务结构。任务结构是指任务的明确程度和被领导者对这些任务的负责程度。这些任务越明确,而且被领导者的责任心越强,则领导环境越好;反之,则越差。

(3)上下级关系。上下级关系是指下级乐于追随上级的程度。下级对上级越尊重,并且乐于追随,则上下级关系越好,领导环境也就越好;反之,则越差。

3. 领导者与情境的匹配

菲德勒指出,当个体的 LPC 分数与 3 种情境因素的评估分数相匹配时,会达到最佳的领导效果。菲德勒模型如图 5-3 所示。

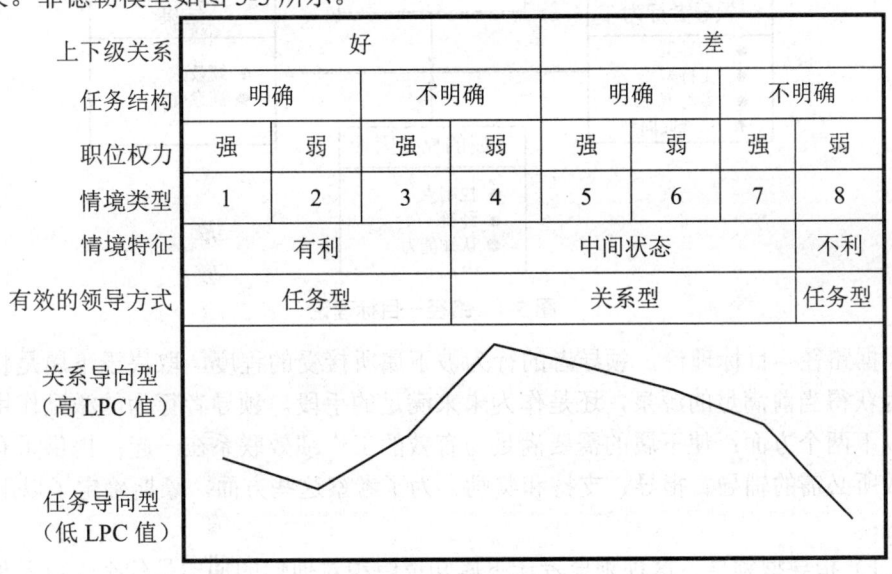

上下级关系	好	好	好	好	差	差	差	差
任务结构	明确	明确	不明确	不明确	明确	明确	不明确	不明确
职位权力	强	弱	强	弱	强	弱	强	弱
情境类型	1	2	3	4	5	6	7	8
情境特征	有利	有利	有利	有利	中间状态	中间状态	中间状态	不利
有效的领导方式	任务型	任务型	任务型	任务型	关系型	关系型	关系型	任务型

图 5-3 菲德勒模型

菲德勒将 3 种情境因素组合成 8 种不同的环境条件,并根据关于领导情境的 8 种分类和关于领导方式类型的两种分类(高 LPC 值领导方式和低 LPC 值领导方式),对 1200 个工作群体进行了抽样调查,最后得出以下结论:任务取向的领导者在非常有利的情境和非常不利的情境下工作得更好。也就是说,在对领导者最有利和最不利的情况下(如 1、2、

3、8),采用低 LPC 值领导方式,即任务导向型的领导方式比较有效;在对领导者中等有力的情况下(如 4、5、6、7),采用高 LPC 值领导方式,即关系导向型的领导方式比较有效。

将菲德勒的观点应用于实践的关键在于寻求领导者与情景之间的匹配。个体的 LPC 分数,决定了他最适合于何种情境类型,而情境类型则通过对 3 种情境变量(上下级之间的关系、任务结构、职位权力)的评估来确定。按照菲德勒的观点,个体的领导风格是稳定不变的,因此提高领导者的有效性实际上只有两条途径:替换领导者以适应情境或改变情境以适应领导者。

(二)路径—目标理论

路径—目标理论是由多伦多大学组织行为学教授罗伯特·豪斯提出来的。该理论的核心是,领导者的工作是帮助下属达到他们的目标,领导者要提供必要的指导和支持,以确保下属各自的目标与群体或组织的目标相一致。领导者要阐明对下属工作任务的要求,帮助下属排除实现目标的障碍,使之能顺利达成目标,并在实现目标的过程中满足下属的需要和成长发展的机会。领导者在这两方面发挥的作用越大,越能提高下属对目标价值的认识,激发积极性。为了达到组织目标,领导者必须采用不同类型的领导行为以适应特殊环境的客观需要。路径—目标理论模型如图 5-4 所示。

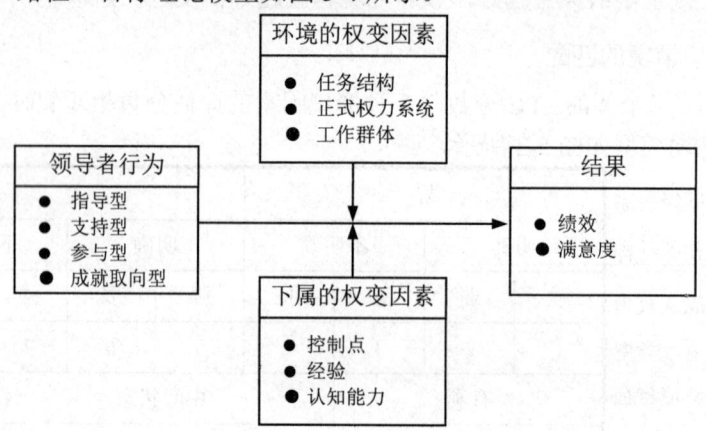

图 5-4 路径—目标理论

根据路径—目标理论,领导者的行为被下属所接受的程度,取决于下属是将这种行为视为获得当前满足的源泉,还是作为未来满足的手段。领导者行为的激励作用主要表现在以下两个方面:使下属的需要满足与有效的工作绩效联系在一起;提供了有效的工作绩效所必需的辅导、指导、支持和奖励。为了考察这些方面,豪斯确定了以下 4 种领导行为:

(1)指导型领导。这种领导者让下属知道组织对他们的期望是什么,以及他们完成工作的时间安排,并对如何完成任务给予具体指导。

(2)支持型领导。领导者十分友善,表现出对下属需要的关怀。当下属受挫或不满时,这类领导行为对下属的业绩能产生很大的影响。

(3)参与型领导。领导者与下属共同磋商,并在决策之前充分考虑他们的建议。

（4）成就取向型领导。领导者设定富有挑战性的目标，并期望下属发挥出自己的最佳水平。

在现实中究竟采用哪种领导方式，还要根据环境与下属的权变因素、领导活动结果等因素，以权变观念选择恰当的领导方式。

路径—目标理论认为，没有一个在任何情况下都能引发下属员工的工作动机和满足感的领导模式。领导方式的选用，要同权变因素恰当地配合考虑。豪斯提出的权变因素有下面两个方面：

一方面是下属员工的个性特点。当下属感到他的能力很低时，他则很可能接受指导型的领导；而当下属感到自己的能力很强时，指导型的领导对下属的满足感和工作动机就不会有积极的影响；当下属是内控型的人时，他认为自己的能力和意志能控制事物的发展，则较喜欢参与式的领导方式；否则，他会喜欢指令性的领导。另外，下属的特殊需求和动机也会影响他们对不同领导类型的接受和满意程度。

另一方面是情境即工作环境特点。其中包括上下级关系、任务结构、职位权力等。当任务结构模糊不清，下属无所适从时，他们希望有"高结构"型的领导，帮助他们作出明确的规定和安排，否则就会不满意。当面对常规性的工作，目标和达到目标的路径都很明确时，下属就喜欢"高关怀"型领导。因此，根据路径—目标理论，领导者必须分析下属面对的客观环境，选择一个适当的领导方式。

路径—目标理论的基本原则就是将领导行为与权变因素结合起来考虑，在研究组织中的领导行为的过程中，不仅要考虑不同的领导类型，而且要注意影响领导有效性的员工及情境权变因素。

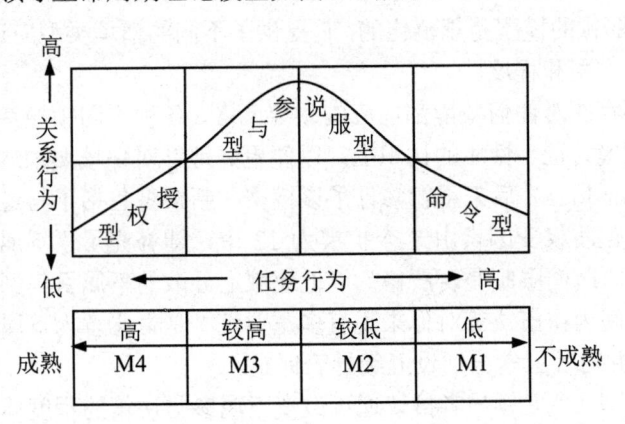

（三）领导生命周期理论

领导生命周期理论（situational leadership theory，SLT）是由科曼首先提出，后由保罗·赫西和肯尼斯·布兰查德予以发展的领导生命周期理论，也称情景领导理论，这是一个重视下属的权变理论。领导生命周期理论模型如图5-5所示。

图5-5 领导生命周期理论

该理论指出，有效的领导行为应该把任务行为、关系行为和被领导者的成熟度结合起来考虑。所谓成熟度，是指个体对自己的直接行为负责任的能力和意愿，它包括工作成熟度和心理成熟度。其中，工作成熟度是指下属完成任务时具有的相关技能和技术知识水平；心理成熟度是指下属的自信心和自尊心。任务行为、关系行为与成熟度之间是一种曲线关系。随着下属由不成熟走向成熟，领导者要不断改变自己的领导风格，领导生命也随之呈现出周期性的变化。

图5-5中横坐标的上半部分表示以关心工作为主的任务行为，下半部分表示被领导者的成熟度（从M1到M4表示下属由不成熟到成熟）；纵坐标表示以关心人为主的关系行为。将任务行为和关系行为这两个维度细化，可以组合成以下4种具体的领导方式。

（1）命令型领导（高任务-低关系）。适用于下属成熟度很低的情形，即下属既无能力也不愿意承担责任。此时，领导者以单向沟通的方式，明确地给下属规定工作任务和工作规程。

（2）说服型领导（高任务-高关系）。适用于下属成熟度中等偏低（较低）的情形，即下属愿意承担责任但缺乏应有的能力。此时，大多数工作仍是由领导者决定的，下属的工作仍需要领导者给予指导、鼓励和支持。

（3）参与型领导（低任务-高关系）。适用于下属成熟度中等偏高（较高）的情形，即下属有能力但不愿意承担责任。此时，领导者与下属共同制定决策，领导者的主要角色是为下属提供便利的条件，并通过双向沟通与下属交流信息。

（4）授权型领导（低任务-低关系）。适用于下属成熟度很高的情形，即下属有能力而且愿意承担责任。此时，领导者给下属以自行处理问题的权力，让下属"自行其是"，自己只起监督作用。

（四）领导者参与模型

1973年，美国管理学家维克多·弗罗姆和菲利普·耶顿提出了领导者参与模型。该模型将领导行为与下属参与决策联系在一起，认为有效的领导者应根据不同的情况让员工不同程度地参与决策，领导方式主要取决于下属参与决策的程度。由于认识任务结构的要求随常规活动和非常规活动而变化，研究者认为领导者的行为必须加以调整，以适应这些任务结构。弗罗姆和耶顿的模型是规范化的，它提供了不同的情境类型应遵循的一系列原则，以确定参与决策的类型和程度。

弗罗姆认为不存在对任何环境都适应的领导风格，各种不同领导者在进行决策时都应将精力集中在对环境特征、性质的认识上，以便更好地针对环境要求选择领导风格。他和亚瑟·加哥（Arthur Jogo）后来重新修订了该模型，新模型包括了与过去相同的5种可供选择的领导风格，但将权变因素由7个扩展为12个，即补充了"下属是否拥有充分信息作出高质量决策""时间限制是否严格""把地域上分散的下属召集到一起的代价是否太高""在最短的时间内作出决策对你来说有多重要""是否愿意为下属的发展提供最大的机会"5个因素，并对各因素分别设五级量表评定。

领导者参与模型认为，领导者抗议通过改变下属参与决策的程度体现自己的领导风格，根据下属参与决策的程度不同，把领导方式分为3类6种，即独裁专制型两种、协商型两种、群体决策型两种，如表5-2所示。

表 5-2 领导方式的 3 类 6 种

类型	领导风格（决策方式）	下属参与程度
独裁专制型	1、领导者运用手头现有的资料，自行解决问题作出决策	最低
	2、领导者向下级取得必要资料，然后自行决定解决问题的方法。向下级索要资料时，可以说明情况，也可以不说明；在决策过程中，下级只向上级提供资料，不提供解决问题的方案	较低
协商型	3、以个别接触方式，让下级了解问题，听取他们的意见和建议，然后由领导者作出决定；决定可以反映下级的意见，也可以不反映	较高
	4、让下级集体了解问题，并听取集体的意见和建议，然后由领导作出决定，决定可以反映下属的意见，也可以不反映	较高
群体决策型	5、领导找个别下级研究问题，找出彼此都同意的解决方案	较低
	6、让下级集体了解问题。并且与领导共同提出和评价可供选择的决策方案．努力就决策方案的选择达成一致；讨论过程中领导仅作为组织者而不用自己的思想去影响群体，并愿意接受和落实任何一个集体支持的方案	最高

领导者参与模型与菲德勒模型的区别是：菲德勒模型认为领导者的领导风格是固定不变的，因而主张改变情境以配合领导者本身的特点；而领导者参与模型则认为领导者的行为并不是机械的，应根据环境的需要随时变动。

第三节 沟通

沟通在管理中起着不可忽视的作用。通过沟通可以实现企业与外部的交流；完成组织者与被组织者的信息传递；搭建领导者与下属间的感情纽带，管理者要对人们施加影响，就更离不开有效的沟通。

沟通是人与人之间、人与群体之间思想与感情的传递和反馈的过程，以求思想达成一致和感情的通畅。沟通是为了一个设定的目标，把信息、思想和情感，在个人或群体间传递，并且达成共同协议的过程。要进行沟通，就必须具备三个基本要素：一是要有信息发送者和信息接受者；二是要有信息内容；三是有传递信息的渠道或方法。

【课堂讨论】

约斯塔福德航空公司是美国西北部一个发展迅速的航空公司。在一段时期内其总部发生了一系列的传闻：公司总经理波利想出卖自己的股票，但又想保住自己总经理的职务。他为公司制定了两个战略方案：一个是把航空公司的附属单位卖掉；另一个是利用现有的基础重新振兴发展。他自己曾对两个方案的利弊进行了认真的分析，并委托副总经理本查明提出一个参考的意见。

本查明为此起草了一份备忘录，随后叫秘书比利打印。比利打印完后即到职工咖啡厅去了。在喝咖啡时比利碰到了另一副总经理肯尼特，并把这秘密告诉了他：我得到了一个爆炸性的新闻，他们正准备成立另一个公司。虽说不会裁员，但我们应早有准备。这些话恰巧被在附近的办公室汤姆听见了，他马上把这个新闻告诉了上司杰姆森，杰姆森认为事态严重，有必要向人事副总经理约翰汇报，于是约翰也加入了他们的联合阵线，要求公司承诺不裁员。第二天，比利正在打印两份备忘录。备忘录又被路过办公室的探听消息的摩罗看见了。摩罗随即跑到办公室说："我真不敢相信公司会做出这样的事情。我们要被卖给联合航空公司了，而且要大量削减职工呢！"这消息传来传去，3天后又传回到总经理波利的耳朵里。波利也接到了许多极不友好，甚至是敌意的电话和信件。人们纷纷指责他企图违背诺言而大批解雇工人，有的人也表示为与别的公司联合而感到高兴。而波利则被弄得迷惑不解。最后波利左思右想，终于知道事情是怎么一回事了：比利太爱造谣言，搬弄是非，这次趁着向员工解释清楚的同时，一定要把比利给解雇了，以安定军心。

问题

总经理波利怎样才能使问题澄清？

这个例子中发生的事是否具有一定的现实性？原因何在？

你是否也经常充当一个小道消息的传递者，你认为好吗？

一、沟通的要素

沟通过程是指沟通主体对沟通客体进行有目的、有计划、有组织的思想、观念、信息交流，使沟通成为双向互动的过程。综合来看，沟通过程应包括5个要素，即沟通环境、沟通主体、沟通渠道、沟通介体、沟通客体，如图5-6所示。

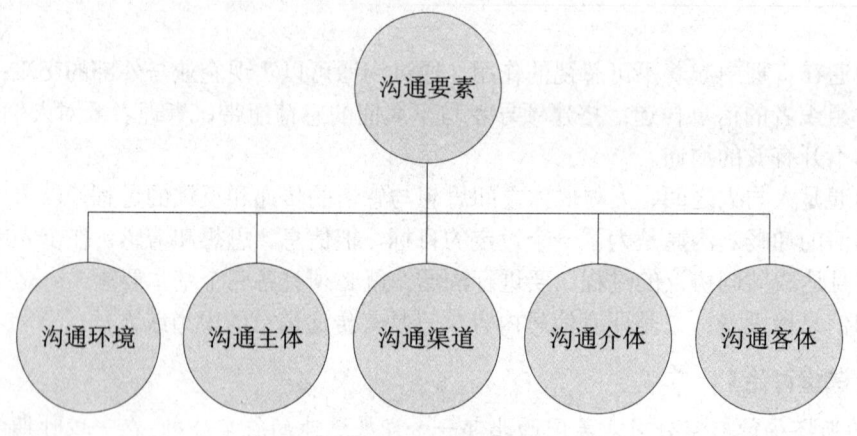

图5-6 沟通过程的五要素

（1）沟通环境既包括与个体间接联系的社会整体环境（政治制度、经济制度、政治观点、道德风尚、群体结构），又包括与个体直接联系的区域环境（学习、工作、单位或家庭等），对个体直接施加影响的社会情境及小型的人际群落。

（2）沟通主体是指有目的地对沟通客体施加影响的个人和团体，诸如党、团、行政组织、家庭、社会文化团体及社会成员等。沟通主体可以选择和决定沟通客体、沟通介体、沟通环境和沟通渠道，在沟通过程中处于主导地位。

（3）沟通渠道即沟通介体从沟通主体传达给沟通客体的途径。沟通渠道不仅能使正确的思想观念尽可能全、准、快地传达给沟通客体，而且还能广泛、及时、准确地收集客体的思想动态和反馈的信息，因而沟通渠道是实施沟通过程，提高沟通功效的重要一环。沟通渠道很多，诸如谈心、座谈等。

（4）沟通介体即沟通主体用以影响、作用于沟通客体的中介，包括沟通内容和沟通方法，是沟通主体与客体间的联系，保证沟通过程的正常开展。

（5）沟通客体即沟通对象，包括个体沟通对象和团体沟通对象；团体的沟通对象还有正式群体和非正式群体的区分。沟通对象是沟通过程的出发点和落脚点，因而在沟通过程中具有积极的能动作用。

二、沟通的作用

沟通不仅与人们的日常生活密切相关，在管理起着很重要的作用。美国著名未来学家奈斯比特说："未来竞争是管理的竞争，竞争的焦点在于每个社会组织内部成员之间及其与外部组织的有效沟通之上。"管理的核心就是沟通。具体来说，沟通主要有以下几个作用：

（1）沟通有助于改进个人以及群众作出的决策。任何决策都会涉及到干什么、怎么干、何时干等问题。每当遇到这些急需解决的问题，管理者就需要从广泛的企业内部的沟通中获取大量的信息情报，然后进行决策，或建议有关人员作出决策，以迅速解决问题，下属人员也可以主动与上级管理人员沟通，提出自己的建议，供领导者作出决策时参考，或经过沟通，取得上级领导的认可，自行决策。企业内部的沟通为各个部门和人员进行决策提供了信息，增强了判断能力。

（2）沟通促使企业员工协调有效地工作。企业中各个部门和各个职务是相互依存的，依存性越大，对协调的需要越高，而协调只有通过沟通才能实现。没有适当的沟通，管理者对下属的指导道也不会充分；下属就可能对分配给他们的任务和要求他们完成的工作有错误的理解，使工作任务不能正确圆满地完成，导致企业在效益方面的损失。

（3）沟通有利于领导者激励下属，建立良好的人际关系和组织氛围，提高员工的士气。除了技术性和协调性的信息外，企业员工还需要鼓励性的信息。它可以使领导者了解员工的需要，关心员工的疾苦，在决策中就会考虑员工的要求，以提高他们的工作热情。人一般都会要求对自己的工作能力有一个恰当的评价。如果领导的表扬、认可或者满意能够通过各种渠道及时传递给员工，就会造成某种工作激励。同时，企业内部良好的人际关系更离不开沟通。思想上和感情上的沟通可以增进彼此的了解，消除误解、隔阂和猜忌，即使不能达到完全理解，至少也可取得谅解，使企业有和谐的组织氛围，所谓"大家心往一处想，劲往一处使"就是有效沟通的结果。

三、沟通的过程

沟通就是传递信息的过程。在这个过程中至少存在着一个发送者和一个接受者，即发出信息一方和接受信息一方。信息在二者之间的传递过程，一般经历7个步骤：

第一步：发送信息者明确要进行沟通的信息内容，即信息发送者发出信息是由于某种原因希望接受者了解某些事。因此首先要明确信息内容。

第二步：把信息译成一种双方都了解的符号（编码），如语言、文字、手势等。要发送的信息只有经过编码，才能使信息通过。

第三步：通过某种手段传递给对方，如口头交谈、书面文件、电话等。信息的传递主要是以语言为主要形式来展开的，在相互沟通中，存在着文件、会议、电话、面谈等多种具体形式。

第四步：接受者对收到的信息进行译码，即了解和研究所收到的信息的内容和含义。这个译码过程关系到接受者是否能正确理解信息，搞得不好，信息就会被解。

第五步：接受者把所收到的或所理解的信息再反馈到发送者那里，供发送者核查。发送者和接受者对信息的理解和接受程度，受到专业水平、工作经验及环境等多种因素的影响，对同一个信息，不同的人会有不同的看法。为了查核和纠正可能发生的某些偏差，就要借助于反馈。

第六步：发送者根据反馈回来的信息再发出信息，肯定原有的信息传递，或指出已发生的某些偏差并加以纠正。

第七步：接受者按所接收到的信息采取行动，或作出自己的反应。信息传递的目的是发送者要看到接受者采取发送者所希望的正确行动，如果这个目的达不到，则说明信息不灵，沟通发生了问题。 第四步和第五步有时并不发生。

一般来说，由于沟通过程中存在着许多干扰和扭曲信息传递的因素（通常把这些因素称为噪音），这使得沟通的效率大为降低。因此，发送者了解信息被理解的程度也是十分必要的。沟通过程图中的反馈，构成了信息的双向沟通。沟通的过程如图 5-7 所示。

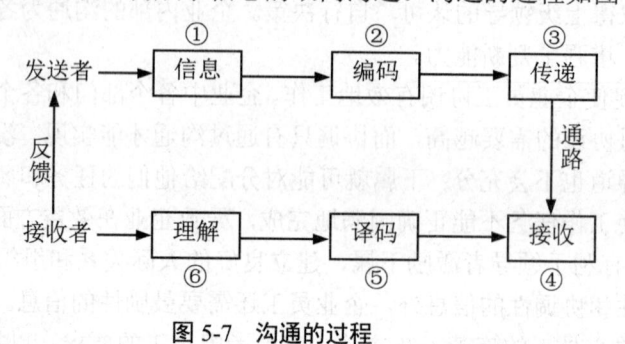

图 5-7 沟通的过程

四、沟通过程中的障碍

在人们沟通信息的过程中，常常会受到各种因素的影响和干扰，使沟通受到阻碍。常见的沟通障碍有语义、过滤、选择性知觉、情绪、文化等。

（一）语义

同一个词汇对于不同的人来说会有不同的理解。年龄、教育程度和文化背景等因素，极大地影响着人们的语言风格，影响着人们对于词汇的理解和界定。即使是同一个组织中的不同部门，甚至也会有其独特的"行话"。技术人员惯用的某一个术语，在销售人员听来或许就是完全不相干的其他的含义。认为所有的听者对于你所用的词汇会有同样的理解，这是一厢情愿的想法。

【课堂讨论】秀才买材

有一个秀才去买材，他对卖材的人说："荷薪者过来！"卖材的人听不懂"荷薪者"（担材的人）三个字，但是听得懂"过来"两个字，于是把材担到秀才前面。秀才问他"其价如何？"卖材的人听不太懂这句话，但是听得懂"价"这个字，于是就告诉秀才价钱。秀才接着说"外实而内虚，烟多而焰少，请损之。（你的木材外表是干的，里头却是湿的，燃烧起来，会浓烟多而火焰小，请减些价钱吧。）"卖材的人因为听不懂秀才的话，于是担着材就走了。

启示对方听得懂的语言进行沟通，是沟通成功的保障。如果一个销售人员完全从技术的角度向消费者讲解产品的好处，效果一定不会好。

（二）过滤

过滤指的是人们对于信息的故意操纵。组织的层次越多，信息被过滤的可能性越大。另外，组织的奖励制度对于信息过滤行为会起到很大的影响。奖励越注重形式和外表，人们就越会有意识地按照上级的偏好来调整和改变信息。

（三）选择性知觉

选择性知觉是指信息的接收者会挑内容来听或看。沟通过程中，接收者会根据自己的需要、动机、经验、背景及其他个人特质，去选择地看或听所传达给他的信息。

（四）情绪

情绪对于信息的发出和接收均具有很大的影响。极端的情绪使人们无法进行客观而理性的思维，从而会口不择言、语无伦次，自己都不知道自己所言何物。就信息的接收者而言，情绪也会影响到他对信息的理解。一个人在高兴或痛苦的时候，会对同样的信息做出截然不同的理解。

【知识链接】

高僧消气

古时候有一个妇人，特别喜欢为一些琐碎的小事生气。她也知道自己这样不好，便去求一位高僧为自己谈禅说道，开阔心胸。

高僧听了她的讲述，一言不发地把她领到一座禅房中，落锁而去。

妇人气得跳脚大骂。骂了许久，高僧也不理会。妇人又开始哀求，高僧仍置若罔闻。妇人终于沉默了。高僧来到门外，问她："你还生气吗？"

妇人说："我只为我自己生气，我怎么会到这地方来受这份罪。"

"连自己都不原谅的人怎么能心如止水？"高僧拂袖而去。

过了一会儿，高僧又问她："不生气了？"

"不生气了。"妇人说。

"为什么？"

> "气也没有办法呀！"
> "你的气并未消失，还压在心里，爆发后将会更加剧烈。"高僧又离开了。
> 高僧第三次来到门前，妇人告诉他："我不生气了，因为不值得气。"
> "还知道值不值得，可见心中还有衡量，还是有气根。"高僧笑道。
> 当高僧的身影迎着夕阳立在门外时，妇人问高僧："大师，什么是气？"
> 高僧将手中的茶水倾洒于地。妇人视之良久，顿悟。叩谢而去。
> 何苦要气？气便是别人吐出而你却接到口里的那种东西，你吞下便会反胃，你不看他时，他便会消散了。
> 气是有别人的过错来惩罚自己的愚蠢行为。
> 夕阳如金，皎月如银，人生的福祉和快乐尚且享受不尽，哪里还有时间去气呢？

（五）文化

文化差异会影响到管理者的沟通方式，如西方的管理者更偏重于正式的沟通，而在东方文化中，非正式的、私下的沟通可能就会占较高的比重。这些差异要是不能得到很好的认识和认真的考虑，就极有可能成为沟通的障碍。

五、沟通的分类

（一）按沟通的方式分

按沟通的方式分，沟通可分为口头沟通、书面沟通和非语言沟通。

1. 口头沟通

口头沟通是指采用口头语言进行信息传递的沟通，如交谈、会议、演说、电话等。口头沟通的优点是快速传递和快速反馈。在这种方式下，信息可以在最短的时间里被传送，并在最短的时间里得到对方的回复。如果接收者对信息有所疑问，迅速反馈可使发送者及时检查其中不够明确的地方并进行改正。但是，当信息经过多人传递时，口头沟通的主要缺点便会暴露出来。信息传递经过的人越多，信息失真的潜在可能性就越大。

2. 书面沟通

书面沟通是指采用书面文字的形式进行沟通，如通过备忘录、报告、信函、文件、通知、电子邮件等进行沟通。书面沟通比较正式，传达的信息准确性高，信息权威性强，而且可以长期保存，接收者可以反复阅读。此外，书面语言比口头语言考虑得更加全面，因此书面沟通显得更为周密、逻辑性强、条理清楚。但书面沟通也存在以下不足：① 沟通时间比较长，缺乏亲近感；② 沟通双方的应变性较差，难以得到及时反馈。

3. 非语言沟通

非语言沟通是指不通过口头或语言文字发送信息的沟通方式。非语言沟通主要通过身体动作、说话的语音语调、面部表情，以及发送者和接收者之间的身体距离等来传递信息。身体语言是对语言沟通的补充，并常常使语言沟通复杂化。某种身体姿态或动作本身并不具有明确固定的含义，但当它和语言结合起来时，就使得发送者的信息更为全面了。

值得注意的是，任何口头沟通的过程中都包含有非语言信息。研究者曾发现，在口头交流中，信息的 55%来自于面部表情和身体姿态，38%来自于语调，而仅有 7%来自于真正的词汇。

（二）按沟通的渠道分

按沟通的渠道分，沟通可分为正式沟通和非正式沟通。

1. 正式沟通

正式沟通是指通过组织正式结构或层级系统，由组织内部明确的规章制度所规定的渠道进行的信息传递与交流。例如，组织之间的信函往来，组织内部的文件传达，上下级之间的定期信息交换，以及组织正式颁布法令、规章、公告等都属于正式沟通。正式沟通包括上行沟通、下行沟通、横向沟通和斜向沟通，如图 5-8 所示。

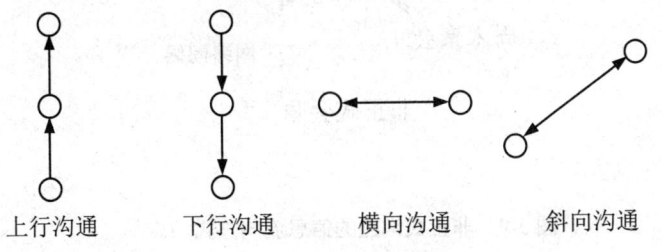

图 5-8 正式沟通

（1）上行沟通：这是一种自下而上的沟通，是指信息从组织内部较低层次开始，按照组织的上下隶属关系和等级序列，向较高的组织层次传递的沟通过程。

（2）下行沟通：这是一种自上而下的沟通，是指信息从组织内部较高层次开始，按照组织的上下隶属关系和等级序列，向较低的组织层次传递的沟通过程。

（3）横向沟通：是指发生在组织内部同级层次成员之间的信息沟通，以谋求相互之间的了解和工作上的协作配合。

（4）斜向沟通：是指发生在组织内部既不属于同一隶属序列，又不属于同一等级之间的信息沟通。

2. 非正式沟通

非正式沟通是指通过正式组织途径以外的信息流通程序进行的信息传递与交流。非正式沟通具有传递速度快等优点，但同时又难以控制，而且传递的信息不确切、容易失真，可能导致"小团体"的产生，从而影响组织的凝聚力。非正式沟通的信息流向方式如图 5-9 所示。

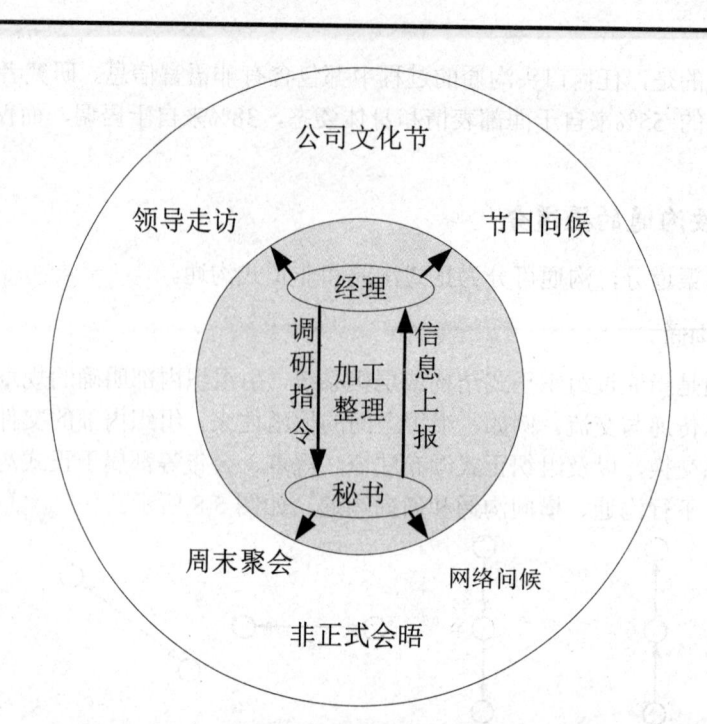

图 5-9 非正式沟通的信息流向方式

(三) 按沟通信息是否反馈分

按沟通信息是否反馈分,沟通可分为单向沟通和双向沟通。

1. 单向沟通

单向沟通是指一方发出信息,另一方只接收信息,不反馈意见。单向沟通一般适用于以下情况:

(1) 沟通的信息内容简单,并要求迅速传递。

(2) 下属易于接受和理解解决问题的方案。

(3) 下属没有了解问题的足够信息,反馈不仅无助于澄清事实,反而容易导致沟通障碍。

(4) 情况紧急而又必须坚决执行的工作和任务。

2. 双向沟通

双向沟通是指接收者接到信息后,再把自己的意见反馈给发送者。双向沟通一般适用于以下情况:

(1) 沟通时间充裕,沟通的内容复杂。

(2) 下属对解决方案的接受程度非常重要。

(3) 上级希望下属能对管理中的问题提供有价值的信息和建议。

单向沟通和双向沟通的比较如表 5-3 所示。

表 5-3 单向沟通和双向沟通的比较

因　素	结　果
时间	双向沟通比单向沟通需要更多的时间
对信息理解的准确程度	在双向沟通中，接收者理解信息和发送者意图的准确程度更高
接收者和发送者的置信程度	在双向沟通中，接收者和发送者都比较相信自己对信息的理解
满意度	接收者比较满意双向沟通，发送者比较满意单向沟通
沟通障碍	由于与问题无关的信息较易进入沟通过程，双向沟通的障碍要比单向沟通多得多

六、有效沟通的技巧

有效沟通是一项非常困难和复杂的行为，因此，无论信息发送者还是信息接收者，都需要通过一些技巧来实现有效沟通。

（一）信息发送者的沟通技巧

信息发送者要想具备高超的传递信息的技能，就必须掌握以下沟通技巧。

1．发出清晰和完整的信息

当信息接收者容易理解和领会信息的含义时，信息是清晰的；当它包含了发送者和接收者达成共识所需的全部信息时，信息是完整的。为了使信息既清晰又完整，发送者就必须考虑接收者如何理解信息，如何对信息进行校正以消除误会和混淆。

2．将信息编译成接收者易于理解的传输符号

发送者发出的信息是否能被接收者所理解，很大程度上取决于发送者所用的语言是否通俗易懂。因此，发送者在进行信息编码时，必须使用接收者能够理解的符号或语言。鉴于接收者的能力各不相同，发送者使用的语言也应因人而异。

3．选择适当的沟通方式

沟通双方要根据时间限制、所需记录形式等条件选择合适的沟通方式。此外，信息的性质对选择沟通方式也有一定影响。例如，如果信息是私人性的，而且容易引起误解，则面对面的沟通可能是最好的。

4．避免信息被过滤和曲解

当信息发送者错误地认为接收者不需要或不想接收该信息时，就会保留部分信息，从而导致信息过滤。信息在经过层层过滤之后，意思会发生改变，这时信息曲解就发生了。此时，发送者应当向接收者发送尽量完整、准确的信息，以利于接收者做出正确的反馈。

5．有效利用反馈

反馈对于有效沟通来说是很必要的。当发送者发出信息时，应该在信息中建立一个反馈机制，既可以提出反馈的要求，也可以向接收者表明自己希望何时或通过何种方式知道

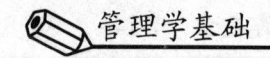

信息已被收到或理解。例如，发送者通过写信、便条或发传真进行沟通时，可以要求接收者通过信件、便条、传真或电话的方式回复。

6. 掌握说的技巧

信息发送者在使用语言沟通时，应注意以下几点：

（1）换位思考。既要表达自己的思想，又要从对方的角度出发，顾及对方的需求，保护对方的自我意识。

（2）从积极的角度入手，避免使用消极、否定的语气和字眼。

（3）使用礼貌友善的语言。要真诚地赞美对方，处处表示对其尊重，做到专业而不僵硬、友善而不虚伪、自信而不骄傲。

（4）回避忌讳的话题。保守别人的秘密，不揭别人的隐私和伤疤，特别要注意国家、民族、宗教等方面的禁忌。

（5）善用肢体语言，如眼神、表情、手势、动作等。

（6）运用幽默。幽默的语言可消除隔阂、排除尴尬、活跃气氛、拉近心理距离。

（二）信息接收者的沟通技巧

信息接收者要想具备高超的接收信息的技能，可以从以下几个方面进行考虑。

1. 集中注意力

信息接收者在接收信息时，无论多忙，都要集中注意力。例如，当和别人讨论方案时，应该将注意力放在方案上，而不是马上要举行的会议上；同样，当接收者阅读书面材料时，应该集中注意力理解所读的东西，而不是分散精力考虑其他的事情。

2. 积极倾听

信息接收者要想成为好的倾听者，需要注意以下几点：

（1）不要随便打断别人的讲话，这样讲话者才不会被打段思路，而接收者也不会因为接收的信息不完整而得出错误结论。

（2）要与讲话者保持目光接触，并适时地运用身体语言使讲话者知道他在认真听，这样也有助于接收者关注于所听的事情。

（3）在接收信息以后，要针对模糊不清或混淆的地方提出疑问。

（4）要善于用自己的语言解释、重复信息内容，指出讲话者认为重要的、复杂的或者可以换一种解释的地方，这些反馈要素对有效的沟通是很重要的。

3. 移情

移情沟通是以理解为目的的沟通，要求听者站在说话者的角度思考问题，理解他们的思维模式和感受。在沟通过程中，移情有助于信息接收者在情感和理智上充分而深入地理解对方，透过别人的大脑与内心来获悉真相，从而进行深入的沟通。

七、有效沟通的原则

沟通作为特殊性质的管理行为过程，不但必须遵循一定的沟通原理，以保证沟通的顺利进行；而且还应当遵循作为管理性质的沟通行为过程的一些管理原则，才能充分保证实现其管理的目标和目的。

（一）沟通的公开性原则

沟通的公开性原则，是指在同一个企业沟通过程中、沟通的方式、方法和渠道及其沟通的内容要求必须公开。即应当对参与沟通的个人和团队、部门都全面公开。而不能对某些沟通成员公开，对另一些沟通人员不公开。只有所有的沟通成员都十分清楚地知道自己应该参与沟通的详细过程要求，沟通成员间才能遵循规则，产生正确完整的沟通行为。这是对企业中绝大多数的无须保密的企业沟通行为而言。

（二）沟通的简捷性原则

沟通的简捷性原则主要包括以下内容：

一层意思，是指沟通的具体方式、方法设计应当尽量简单明了，以便于所有沟通成员掌握和运用。如果不注意具体沟通方式、方法的简捷性，将降低沟通的效率。

另一层意思是指沟通应当采用最短沟通渠道或路径进行沟通。如能面谈就无须叫人转告；可设立总经理信箱以取代基层员工将信息通过中层管理者向上层层传递。渠道简捷性的目的在于提高信息传递速度，通过减少渠道环节降低信息损耗或变形的可能性。许多管理者违反这条沟通原则——他们在进行管理时，采用的不是最近的沟通渠道，沟通的最终效果虽然达到了，但浪费了更多时间和精力。在沟通信息时效性紧急的情形下，有可能延误时机，给企业造成巨大损失。沟通的简捷性也包括沟通内容的编码简捷性及解码简捷性，防止将简单的管理信息人为地复杂化，致使沟通双方无法准确互相理解。总之、沟通的简捷性要求体现在沟通的各个方面，即体现在沟通的整个沟通模式里面。因此、沟通的简捷性应该是企业沟通总体模式的简捷性。

（三）沟通的明确性原则

沟通的明确性是指沟通在公开性的基础上，必须将沟通的各项事宜，如渠道的结构、沟通的时间要求、地点要求、内容要求、频率要求等等，进行明确、清晰的告示，要尽量避免含糊不清。其目的在于使全体沟通成员准确理解企业所期望的沟通要求，明白他们在沟通中所担当的角色，即他们所应当履行的沟通职责和义务，从而最大限度地排除沟通成员对沟通要求的模糊和误解，保证沟通能够顺畅高效地进行，顺利达到沟通的预期目标。

明确性原则要求企业管理者与被管理者修炼和提高准确分辨、总结、表达、传递管理信息的能力。管理信息的沟通尽量做到言简意赅、深入浅出，便于信息接受者准确把握自己所传递信息的真实内在意义。如领导讲话，切忌夸夸其谈、空洞冗长、言之无物，或者说东道四西，讲的内容没有重点、缺乏条理，沟通了半天，下属无法抓住其用意，对于企业资源是种浪费。又如对领导反映情况或对下属下达工作指令，不可反复、罗嗦，而应简单扼要、明了清晰。显然，如果沟通违反了明确性原则，沟通的效果就不能令人满意。

（四）沟通的适度性原则

沟通的适度性原则，是指沟通的渠道设置及沟通频率不能太多，也不能太少；而应当根据企业具体业务与管理的需要，适度适当，以能达到管理目的为基准。有些管理者往往会容易产生这样两种心理：不放心下属是在按照自己的要求工作，所以自己过于经常去现场查看或查问下属的工作进展情形，导致不必要的忧虑和管理资源浪费，这是沟通过于频繁的情形；或者又过于相信下属会按照自己指令开展工作，因此对下属的工作进展很少过问，造成管理失控，给企业带来损失，这又变成了沟通过于稀少的毛病。

沟通过多与过少，渠道设置太多或太少，均会影响企业人员进行沟通的效率、效益。太多时形成沟通成本太高，企业资源浪费；太少时又使得必要的沟通缺乏渠道和机会，信息交流受到人为限制，管理的质量和强度受到影响，严重时影响企业生存发展的大局。因此，适当地把握住适度性原则，对企业经营管理有其现实的重要性。

（五）沟通的针对性原则

沟通的针对性原则是指，所有沟通的活动与过程设计，都是为了解决企业管理中的某些具体问题，支持、维护企业正常高效运行而设置，每一项沟通活动都有其明确合理的针对性。具体到企业沟通模式里面的具体沟通渠道、方式、内容等等的设计，也必须具有明确的针对性。凡是无助于企业完成管理任务的沟通设计，无论其表面看来多么好和有吸引力，都应该毫不犹豫地抛弃；而对于那些明显有益于企业经营管理，少了就会产生不利影响的沟通设计，则应该将其加入和融入企业的总体沟通模式。

（六）沟通的同步性原则

沟通的同步性原则是指，在沟通过程中，沟通的双方或多方应当全部进入沟通系统和沟通角色，沟通必须是双向的交流过程，而不应当是单向或其中一方信息处于封闭或半封闭状态。也就是说，成功的沟通必须是在沟通主体之间互动的，双方处于平等交流地位的沟通，而不是一方强迫另一方接受自己的信息，或人为地拒绝接受对方的信息，即双方均应当对沟通同时具有适当、及时、同步的反应、互相理解，充分把握住了对方所传达信息的意义。

（七）沟通的完整性原则

同步性原则强调的是沟通的互动性。而沟通的完整性原则强调的是沟通过程的完整无缺。企业在设置沟通模式时，必须注意使每一个沟通行为过程均要素齐全，环节齐全，尤其是不能缺少必要的反馈过程。只有沟通的过程完整无缺，管理信息的流动才能畅通无阻、沟通的职能才能够充分实现。沟通过程本身不完整、沟通必然受阻。在企业管理实践中、沟通多多少少会出现一些过程不完整情形：

（1）没有信息发送者，或信息发送者不明，信息没人发送，自然没有人能接受。
（2）没有传递的沟通渠道，信息发送者不知道有什么渠道可以向接受者发送信息。
（3）接受者不明，到底信息应该发给谁，没有明确方向。
（4）有渠道，有发送者，有接受者，但没有设定具体沟通方式，如本来应该通过电话沟通的，他却采用信件沟通，原因是企业没有规定他打个电话就行了。

（八）沟通的连续性原则

沟通的连续性原则是指，大多数沟通行为过程，尤其是例行日常沟通活动，并非一次沟通就可以一劳永逸地完成沟通工作任务，而是要通过反反复复多次的沟通，才能较好地履行和完成沟通的工作职责。连续性是企业管理工作本身所具有的客观属性，作为管理的信息化表现、沟通自然也具有这一客观属性。

连续性原则要求企业在进行沟通时注意以下三大方面。一是沟通在时间上的连续性；二是沟通在方式、方法、渠道等，即沟通模式上的连续性；三是沟通内容上的连续性。时间上的连续性要求企业沟通行为要持续地进行。而沟通模式上的连续性则要求企业一方面要慎重选择适合企业沟通的高效简捷模式，另一方面要求企业在要使用和改变企业沟通模式时考虑到人们的习惯，尽量使其具备操作上的连续性。内容上的连续性与模式上的连续性均是从提高沟通的熟练与效率角度出发考虑问题。

（九）沟通的效率性原则

沟通的效率体现在沟通的各个要素与环节。如：编码有编码的效率，发送有发送的效率，渠道有渠道的效率，接受有接受的效率，解码也有解码的效率，就连噪音也有其效率——噪音高，必然影响沟通达到更高效率；噪音低，在客观上有利于提高沟通效率。

第四节　激励

所谓激励，就是企业根据职位评价和绩效考评结果，设计科学的薪酬管理系统，以一定的行为规范和惩罚性措施，借助信息沟通，来激发、引导和规范企业员工的行为，以有效实现企业及其员工个人目标的系统活动。

一、激励的基本内容

激励主要包含以下几方面的内容：

（1）激励的出发点是满足组织成员的各种需要，即通过系统的设计适当的外部奖酬形式和工作环境，来满足企业员工的外在性需要和内在性需要。

（2）科学的激励工作需要奖励和惩罚并举，既要对员工表现出来的符合企业期望的行为进行奖励，又要对不符合企业期望的行为进行惩罚。

（3）激励贯穿于企业员工工作的全过程，包括对员工个人需要的了解、个性的把握、行为过程的控制和行为结果的评价等。因此，激励工作需要耐心。

（4）信息沟通贯穿于激励工作的始末，从对激励制度的宣传、企业员工个人的了解，到对员工行为过程的控制和对员工行为结果的评价等，都依赖于一定的信息沟通。企业组织中信息沟通是否通畅，是否及时、准确、全面，直接影响着激励制度的运用效果和激励工作的成本。

（5）激励的最终目的是在实现组织预期目标的同时，也能让组织成员实现其个人目标，即达到组织目标和员工个人目标在客观上的统一。

二、激励的过程

激励的目标是使组织中的成员充分发挥出其潜在的能力。心理学研究表明，人的行为具有目的性，而目的源于一定的动机，动机又产生于需要。由需要引发动机，动机支配行为并指向预定目标，是人类行为的一般模式。激励就是在此基础上，通过激发需要使其产生动机，然后诱导动机使其产生行为，最后强化行为使其最终实现组织或个人目标。激励的过程如图 5-10 所示。

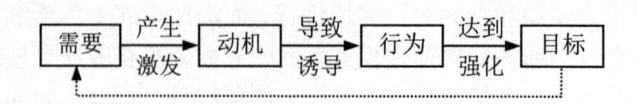

需要 →产生激发→ 动机 →导致诱导→ 行为 →达到强化→ 目标

图 5-10 激励的过程

（一）需要

需要是指人们对某种事物的追求或欲望，是一切行为的最初原动力。在管理过程中运用激励的方法，正是利用需要对行为的原动力作用，通过提供外部诱因，满足员工的需要，进而激发员工的工作积极性。

（二）动机

动机是在需要的基础上产生的，引起和维持人的行为，并将其导向一定目标的心理机制。需要作为一种潜在的心理状态，并不能直接引起行为。只有当需要指向特定目标，并与某种客观事物建立起具体的心理联系时，才能由潜在状态转为激发状态，成为引发人们采取行动的内在力量。

（三）行为

行为就是人们在动机下所采取的行动。动机对行为的功能表现在以下 3 个方面：① 始发功能，即推动行为的原动力；② 选择功能，即它决定了个体的行为方向；③ 维持和协调功能，行为目标达成时，相应的动机就会更加强化，使行为持续下去或产生更强烈的行为，趋向更高的目标，相反，则降低行为的积极性，或停止行为。

三、激励的作用

对一个企业来说，科学的激励制度至少具有以下几个方面的作用：

（1）吸引优秀的人才到企业来。在发达国家的许多企业中，特别是那些竞争力强、实力雄厚的企业，通过各种优惠政策、丰厚的福利待遇、快捷的晋升途径来吸引企业需要的人才。

（2）开发员工的潜在能力，促进在职员工充分的发挥其才能和智慧。美国哈佛大学的威廉·詹姆斯（W.James）教授在对员工激励的研究中发现，按时计酬的分配制度仅能让员工发挥 20%～30%的能力，如果受到充分激励的话，员工的能力可以发挥出 80%～90%，两种情况之间 60%的差距就是有效激励的结果。管理学家的研究表明，员工的工作绩效是员工能力和受激励程度的函数，即绩效＝F（能力×激励）。如果把激励制度对员工创造性、革新精神和主动提高自身素质的意愿的影响考虑进去的话，激励对工作绩效的影响就更大了。

（3）留住优秀人才。每一个组织都需要三个方面的绩效：直接的成果、价值的实现和未来的人力发展。缺少任何一方面的绩效，组织注定非垮不可。因此，每一位管理者都必须在这3个方面均有贡献。在3方面的贡献中，对"未来的人力发展"的贡献就是来自激励工作。

（4）造就良性的竞争环境。科学的激励制度保含有一种竞争精神，它的运行能够创造出一种良性的竞争环境，进而形成良性的竞争机制。在具有竞争性的环境中，组织成员就会收到环境的压力，这种压力将转变为员工努力工作的动力。

四、激励的原则

管理者在采取激励措施时需坚持以下原则。

（一）正激励与负激励相结合的原则

正激励和负激励各自针对不同的行为，而这两种行为在组织中都是常见的，所以，正激励和负激励都是必要而有效的。只有将两者结合运用，才能树立正面的榜样和反面的典型，在组织内部形成一种好的风气。但鉴于负激励容易使员工产生受挫心理，应该慎用。管理者在坚持正激励与负激励相结合的同时，应坚持以正激励为主。

（二）物质激励与精神激励相结合的原则

物质需要是人类最基本的需要，也是最低层次的需要，所以，物质激励是一种基本的激励形式。随着生产力水平和人的素质的提高，人们的精神需求增强，激励的形式就应该更加强调精神激励。总之，物质激励是基础，精神激励是根本，管理者应在两者结合的基础上，使以物质激励为主逐步过渡到以精神激励为主。

（三）按需激励原则

激励的起点是满足员工的需要，但员工的需要存在着个体差异性和动态性，因人而异，因时而异，并且只有满足最迫切需要的措施，其激励强度才能达到最大。因此，管理者在进行激励时，只有进行深入的调查研究，不断了解员工需要和需要结构的变化趋势，然后采取有针对性的激励措施，才能收到实效。

（四）民主公正原则

管理者在进行激励时，如果奖罚不公，不仅收不到预期的效果，而且会适得其反。因此，管理者必须坚持民主公正的原则。公正的一个主要表现就是在物质激励上要贯彻按劳分配原则，使员工多劳多得、少劳少得，这样才能激励员工勤奋劳动，积极竞争；民主是公正的保证，也是激励的基本要求。在制定激励制度和奖惩方案的过程中重视员工的参与和监督，可以有效防止不正之风，最大限度地确保公正。

（五）内激励与外激励相结合的原则

人的行为既受到内因的驱动，又受到外因的影响；内因的作用是根本的，外因必须通过内因而起作用。这就要求管理者善于将外激励与内激励相结合，并且以内激励为主；要着眼于激发员工的高层次需要和深层次动机，使其内心深处焕发出工作的热情和动力。

（六）目标结合原则

在激励机制中，设置组织目标时应该注意以下两点：目标必须体现组织的整体要求，否则激励就会偏离正确的方向；目标必须能够满足员工的个人需要，否则无法达到满意的激励强度。只有将组织目标与个人目标相结合，使组织目标包含较多的个人目标，使个人目标的实现离不开为实现组织目标所做的努力，才能收到良好的激励效果。

（七）明确性原则

激励的明确性原则包括三层含义：其一，明确。激励的目的是需要做什么和必须怎么做；其二，公开。特别是分配奖金等大量员工关注的问题时，更为重要。其三，直观。实施物质奖励和精神奖励时都需要直观地表达它们的指标，总结和授予奖励和惩罚的方式。直观性与激励影响的心理效应成正比。

（八）时效性原则

要把握激励的时机，"雪中送炭"和"雨后送伞"的效果是不一样的。激励越及时，越有利于将人们的激情推向高潮，使其创造力连续有效地发挥出来。

五、激励的方式

不同的激励类型对行为过程会产生程度不同的影响，所以激励方式的选择是做好激励工作的一项先决条件。

（一）物质激励与精神激励

虽然二者的目标是一致的，但是它们的作用对象却是不同的。前者作用于人的生理方面，是对人物质需要的满足，后者作用于人的心理方面，是对人精神需要的满足。随着人们物质生活水平的不断提高，人们对精神与情感的需求越来越迫切。比如期望得到爱、得到尊重、得到认可、得到赞美、得到理解等。

（二）正激励与负激励

所谓正激励就是当一个人的行为符合组织的需要时，通过奖赏的方式来鼓励这种行为，以达到持续和发扬这种行为的目的；所谓负激励就是当一个人的行为不符合组织的需要时，通过制裁的方式来抑制这种行为，以达到减少或消除这种行为的目的。

正激励与负激励作为激励的两种不同类型，目的都是要对人的行为进行强化，不同之处在于二者的取向相反。正激励起正强化的作用，是对行为的肯定；负激励起负强化的作用，是对行为的否定。

（三）内激励与外激励

所谓内激励是指由内酬引发的、源自于工作人员内心的激励；所谓外激励是指由外酬引发的、与工作任务本身无直接关系的激励。

内酬是指工作任务本身的刺激，即在工作进行过程中所获得的满足感，它与工作任务是同步的。追求成长、锻炼自己、获得认可、自我实现、乐在其中等内酬所引发的内激励，会产生一种持久性的作用。

外酬是指工作任务完成之后或在工作场所以外所获得的满足感，它与工作任务不是同步的。如果一项又脏又累、谁都不愿干的工作有一个人干了，那可能是因为完成这项任务，将会得到一定的外酬——奖金及其他额外补贴，一旦外酬消失，他的积极性可能就不存在了。所以，由外酬引发的外激励是难以持久的。

六、人性假设

管理现代化的一个极为重要的问题，就是如何科学的管理人，以充分调动人的生产、工作积极性的问题。而对人的科学管理，其理论和实践，都必然地要建立在对人的科学认识的基础之上。因此，管理心理学中的人性理论问题，是管理科学中的一个十分重要的基本理论问题。

（一）"经济人"假设

"经济人"也被称作"唯利人"或"实利人"。这种人性观产生于早期管理学阶段，当时，管理学者开始从经济的角度寻求人的工作的最主要的动机，不再把人看作完全被动的"工具人"。麦克雷戈1965年提出了两种对立的人性假设，即X理论和Y理论，其中X理论就是对"经济人"假设的管理工作的理论概括，其内容要点有：

（1）大多数人天生是懒惰的，他们都尽量地逃避工作。

（2）多数人是没有雄心大志的，不愿意负任何责任，而心甘情愿地受别人指挥。

（3）多数人的个人目标与管理目标是相互矛盾的，必须采取强制的、惩罚的办法，才能迫使他们为达到组织目标而工作。

（4）多数人干工作是为了满足自己的生理的和安全的需要，因此，只有金钱和其他物质利益才能激励他们努力工作。

（5）人大致可分为两类，大多数人具有上述特性，属被管理者；少数人能够自己鼓励自己，能够克制感情冲动而成为管理者。

"经济人"的人性假设的一个显著特点，就是注意反映人的经济需求，认为人的经济需求是客观的、基本的，是人劳动工作的根本性动机。这些认识具有很高的科学性。"经济人"的人性假设理论的理论缺陷在于，它以享乐主义为其哲学基础，其实质是把人看成"自然人"、"生物人"，无视和抹杀了人的社会性。在这种人性理论指导下产生的管理措施，不可能真正地、持久地调动人的生产工作的积极主动性，激发人的劳动热情和创造精神。

（二）"社会人"假设

"社会人"的人性假设理论认为，工人不是机械的、被动的动物，对工人的劳动积极性产生影响的也绝不只是"工资"、"奖金"等经济报酬，工人还有一系列社会的心理的需求。如工人对尊重、对良好的人际关系的需求等。因而，满足工人的社会性需求，往往更能激励工人的劳动积极性。在"社会人"的人性假设理论影响下产生的管理思想及其管理措施，主要有以下4个特点：

（1）管理人员不能只注意完成生产任务，而应把注意的重点放在关心人、满足人的需要上。

（2）管理人员不能只注意指挥、监督、计划、控制和组织，而更应该重视职工之间的关系，培养和形成职工的归属感和整体感。

（3）在实行奖励时，提倡集体的奖励制度，而不主张个人奖励制度。

（4）管理人员的职能也应有所改变，他们不应只限于制订计划、组织工序、检验产品等，而应在职工与上级之间起联络人的作用。一方面，要倾听职工的需求和了解职工的思想感情，另一方面要向上级反映职工的呼声。

"社会人"的人性理论较之"经济人"的人性理论，无疑是又前进和深入了一大步，它不仅看到了人具有满足自然性的需要；并且进一步认识到人还有被尊重的需要、社交的需要等其他一些社会需要，后一类需要比前一类需要层次更高。

（三）"自我实现人"假设

"自我实现人"的人性假设理论，其代表人物是美国心理学家马斯洛。"自我实现人"的人性假设理论是建立在马斯洛的"需要层次理论"基础之上的。

麦克雷戈总结和概括了马斯洛等人的"自我实现人"的人性假设理论，提出了一种与X理论相对立的理论——Y理论。这种理论认为：

（1）一般人都是勤奋的，如果环境条件有利的话，人们工作起来就像游戏和休息一样自然。

（2）控制和处罚不是实现组织目标的唯一方法，人们在执行工作任务中能够自我指导和自我控制。

（3）在正常情况下，一般人不仅乐于接受任务，而且会主动地寻求责任。

（4）人群中存在着广泛的高度的想象力、智谋和解决组织问题的创造性。

（5）在现代工业的条件下，一般人的潜力只利用了一部分，人们中间蕴藏着极大的潜力。

（四）"复杂人"假设

随着管理心理学的不断成熟，学者发现，人类的需要和动机并非那样简单，而是复杂多变的。不同的情境、不同的年龄，人的需要也是不同的。"复杂人"的人性假设理论，就是在这些认识的基础上提出的。"复杂人"的人性假设理论的基本内容主要有以下几点：

（1）人的需要是多种多样的，随着人的自身发展和社会生活条件的变化而发生变化，并且需要的层次也不断改组，因人而异。

（2）人在同一时期内有各种需要和动机，它们发生相互作用，并结合成一个统一的整体，形成复杂的动机模式。

（3）一个人在不同单位或同一单位的不同部门工作，会产生不同的需要。例：一个人在工作单位可以表现出很不合群，而在业余时间和非正式团体中却可以满足交往的需要。

（4）人可以依据自己的动机、能力和工作性质，来适应各种不同的管理方式。但是，没有一种万能的管理方式，适用于各种人。

七、激励理论

（一）需要层次理论

需要层次理论是由美国心理学家马斯洛于 20 世纪 40 年代提出的。该理论认为，人们的需要可以从低到高划分为 5 个层次，即生理需要、安全需要、社交需要、尊重需要与自我实现需要。前两个层次的需要属于物质需要，后 3 个层次的需要属于精神需要，5 个层次的需要呈金字塔形分布，如图 5-11 所示。

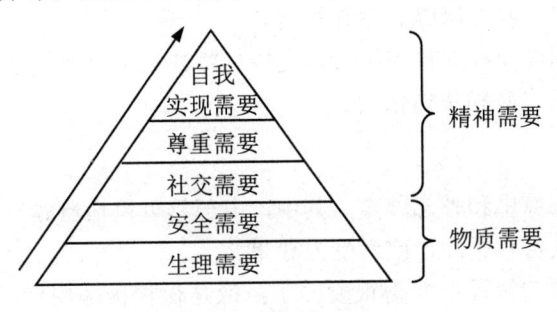

图 5-11　需要层次理论

1. 生理需要

生理需要是指人类生存最基本的需要，如衣、食、住、行的需要等。这些需要得不到满足，其他需要都不能起到激励作用。

未满足生理需要的特征：什么都不想，只想让自己活下去，思考能力、道德观明显变得脆弱。例：当一个人极需要食物时，会不择手段地抢夺食物。假设人为报酬而工作，则应以生理需要来激励下属。

激励措施：增加工资、改善劳动条件、给予更多的业余时间和工间休息、提高福利待遇。

2. 安全需要

安全需要是指保护自己免受身体和情感伤害，以及不受丧失职业、财务等威胁的需要。这种需要在社会生活中的表现是多方面的，包括生命安全、劳动安全、职业有保障、心理安全等。

缺乏安全感的特征：感到自己受到身边事物的威胁，觉得这世界是不公平或是危险的。因为觉得一切事物都是危险的而变的紧张、彷徨不安、认为一切事物都是"恶"的。例：一个孩子，在学校被同学欺负、受到老师不公平的对待，而开始变得不相信这社会，变得不敢表现自己、不敢拥有社交生活（因为他认为社交是危险的），而借此来保护自身安全；一个成人，工作不顺利、薪水微薄、养不起家人，而变得自暴自弃，每天利用喝酒，吸烟来寻找短暂的安逸感。

激励措施：强调规章制度、职业保障、福利待遇，并保护员工不致失业，提供医疗保险、失业保险和退休福利，避免员工收到双重指令而混乱。

3. 社交需要

社交需要是指人们希望与人交往，与同事和睦相处、关系融洽的需要，包括社交欲和归属感。社交欲说明人需要获得别人的同情、安慰和支持，需要友谊和爱情，孤家寡人、离群独居是痛苦的；归属感说明人渴望有所归属，希望成为某个群体中的一员。

缺乏社交需要的特征：因为没有感受到身边人的关怀，而认为自己没有价值活在这世界上。例如：一个没有受到父母关怀的青少年，认为自己在家庭中没有价值，所以在学校交朋友，无视道德观和理性地积极地寻找朋友或是同类。例：青少年为了让自己融入社交圈中，帮别人做牛做马，甚至吸烟、恶作剧等。

激励措施：提供同事间社交往来机会，支持与赞许员工寻找及建立和谐温馨的人际关系，开展有组织的体育比赛和集体聚会。

4. 尊重需要

尊重需要包括内部尊重和外部尊重，其中，内部尊重包括自尊、自主和成就感；外部尊重包括获得地位、认可和关注，或者受人尊重。

无法满足尊重需要的特征：变得很爱面子，或是很积极地用行动来让别人认同自己，也很容易被虚荣所吸引。例：利用暴力来证明自己的强悍；努力读书让自己成为医生、律师来证明自己在这社会的存在和价值；富豪为了自己名利而赚钱，或是捐款。

激励措施：公开奖励和表扬，强调工作任务的艰巨性以及成功所需要的高超技巧，颁发荣誉奖章、在公司刊物发表文章表扬、优秀员工光荣榜。

5. 自我实现需要

自我实现需要是指个人成长与发展、发挥自身潜能、实现理想的需要。这种需要一般表现在两个方面：一是胜任感方面，有这种需要的人力图控制事物或环境，而不是等待事物被动地发生与发展；二是成就感方面，对有这种需要的人来说，工作的乐趣在于成果和成功，他们需要知道自己工作的结果，成功后的喜悦远比任何薪酬都重要。

缺乏自我实现需要的特征：觉得自己的生活被空虚感给推动着，要自己去做一些身为一个"人"应该在这世上做的事，极需要有让他能更充实自己的事物，尤其是让一个人深刻的体验到自己没有白活在这世界上的事物。也开始认为，价值观、道德观胜过金钱、爱人、尊重和社会的偏见。例：一个真心为了帮助他人而捐款的人；一位武术家、运动家把自己的体能练到极致，让自己成为世界一流或是单纯只为了超越自己。一位企业家，真心认为自己所经营的事业能为这社会带来价值，而为了比昨天更好而工作。

激励措施：设计工作时运用复杂情况的适应策略，给有特长的人委派特别任务，在设计工作和执行计划时为下级留有余地。

需要层次理论理论表明，不同层次的需要是同时存在的，但人们通常先追求较低层次的需要，然后才会进一步追求较高层次的需要。在同一时期同时存在的需要中，总有一种需要占主导和支配地位，这种需要称为优势需要，人的激励状态取决于优势需要是否得到满足。任何一种满足了的低层次需要并不因为高层次需要的发展而消失，只是不再成为主要的激励因素。

（二）双因素理论

双因素理论是由美国心理学家赫茨伯格于20世纪50年代后期提出来的。该理论认为，激发人的动机的因素有两类，即保健因素和激励因素。

1. 保健因素

保健因素又称维持因素，是指与工作环境和条件相关的因素，包括公司政策、管理措施、监督、人际关系、物质工作条件、工资、福利等。这些因素不能直接起到激励员工的作用，却带有保持员工的积极性、维持工作现状、预防员工产生不满情绪的作用。当员工得不到这些方面的满足时，会产生不满，从而影响工作；但当员工得到这些方面的满足时，只是消除了不满，却不会调动其工作积极性。

2. 激励因素

激励因素是指那些能调动员工工作积极性、激发其工作热情、能从根本上激励员工的因素，包括工作成就感、工作挑战性、工作中得到的认可与赞美、工作的发展前途、个人成才与晋升的机会等。当员工得不到这些方面的满足时，会缺乏工作积极性，但不会产生明显的不满情绪；而当员工得到这些方面的满足时，会对工作产生浓厚的兴趣，工作积极性也大大提高。

（三）期望值理论

期望值理论是由美国心理学家弗鲁姆于20世纪60年代提出来的。该理论认为，人们对某项工作的积极性的高低，取决于他对这项工作能满足其需要的程度及实现可能性大小的评价。即激励力量的大小，取决于效价与期望值的乘积，用公式表示为：

$$M = V \cdot E$$

式中：M表示激励力量，是指激励作用的大小；V表示效价，是指激励的方式对满足个人需要的价值的大小；E表示期望值，是指采取某种行动实现目标的可能性大小。

从上式中可以看出，激励力量依赖于效价和期望值这两个因素。效价和期望值越高，激励力量就越大。因此，要想收到预期的激励效果，不仅要使激励手段的效价足够高，而且要使激励对象有足够的信心去获得这种满足。需要注意的是，效价的高低不是由管理者决定的，而是由被激励者的需要决定的。管理者的重要任务之一就是要准确地把握员工对需要的价值评价，从而采取合适的激励方式。

（四）公平理论

公平理论是由美国心理学家、管理学家亚当斯于20世纪60年代提出来的。该理论侧重于研究工资报酬分配的合理性、公平性及其对员工工作积极性的影响。

公平理论的基本观点是，当一个人做出了成绩并取得报酬以后，他不仅关心自己所得报酬的绝对量，而且关心自己所得报酬的相对量。每个人都会把自己的报酬与投入之比，同他人的报酬与投入之比或本人过去的报酬与投入之比进行横向和纵向的比较，以此来判断报酬的分配是否公平，从而决定下一步的行动。

当一个人通过比较，发现自己所获的报酬与投入之比等于或大于他人的报酬与投入之比或本人过去的报酬与投入之比时，他就会获得公平的感受；否则，就会有不公平的感受。

当员工获得公平的感受时，就会心情舒畅，工作努力；当有不公平的感受时，就会出现心理上的紧张与不安，并设法去消除这种不公。

一般来说，当员工感到不公平时，有可能采取以下措施来求得平衡：① 曲解自己或他人的付出或所得；② 采取某种行为使他人的付出或所得发生改变；③ 采取某种行为改变自己的付出或所得；④ 选择另外一个参照对象进行比较；⑤ 辞去工作。总之，当员工感到不公平时，工作的积极性往往会下降。

（五）强化理论

强化理论是由美国心理学家和行为学家斯金纳提出的。这里的强化是指一种行为的肯定或否定的后果，它在一定程度上决定该行为是否会重复发生。

强化理论认为，人的行为会根据外部环境的刺激而产生调节。如果这种刺激对他有利，则这种行为就会重复出现；若对他不利，则这种行为就会减弱直至消失。因此，管理者可以通过不断改变环境的刺激因素来达到改变员工行为的目的。通常情况下，强化的手段有以下3种。

1. 正强化

正强化是指奖励那些符合组织目标或为达到组织目标作出贡献的行为，以便使这些行为得到进一步加强。正强化的刺激物不仅包括奖金等物质奖励，还包括表扬、提升、改善工作关系等精神奖励。例如，企业用分发奖金的形式表示对员工努力进行安全生产的行为的肯定，从而增强员工进一步按照安全规程进行安全生产的行为。

2. 负强化

负强化是指惩罚那些不符合组织目标的行为，以使这些行为削弱直至消失，从而保证组织目标的实现不受干扰。负强化的刺激物有减少奖酬、罚款、批评、降级等。例如，企业通报批评不遵守安全规程的工人，从而使工人认真按照操作规程进行安全作业。实际上，不进行正强化也是一种负强化。

3. 消退

消退是指对行为不施以任何刺激，任其发生频率逐渐降低，以至自然消退。实践证明，某种行为长期得不到肯定或否定的反映，行为者就会轻视该行为的意义，以致丧失继续行为的兴趣。例如，企业曾对员工加班加点完成生产任务给予奖励，后经研究认为这样不利于员工的身体健康和企业的长远发展，因此不再发给奖酬，从而使加班加点的员工逐渐减少。

【知识链接】

巴斯夫公司激励员工的五项原则

如何有效地生产粮食是人类一直面临的重大问题。据估计，全世界每年竟有 1/3 的粮食因受到病虫和杂草危害而遭受损失。120 年前，于德国路德维希港创立的巴斯夫公司，就是一直为发现和生产各种农业化学品而孜孜不倦地工作的。目前，巴斯夫公司经营着世界最大的化工厂,并在35个国家中拥有300多家分公司和合资经营企业及各种工厂,拥有雇员13万人。

巴斯夫公司之所以能够在百年经营中兴旺不衰,在很大程度上归功于它在长期的发展中确立的激励员工的5项基本原则。具体地讲,这5项基本原则是:

1. 职工分配的工作要适合他们的工作能力和工作量

不同的人有不同的工作能力,不同的工作也同样要求有不同工作能力的人。企业家的任务在于尽可能地保证所分配的工作适合每一位职员的兴趣和工作能力。巴斯夫公司采取4种方法做好这方面的工作。(1)数名高级经理人员共同接见每一位新雇员,以对他的兴趣、工作能力有确切的了解;(2)除公司定期评价工作表现外,公司内部应有正确的工作说明和要求规范;(3)利用电子数据库贮存了有关工作要求和职工能力的资料和数据;(4)利用"委任状",由高级经理人员小组向董事会推荐提升到领导职务的候选人。

2. 论功行赏

每位职工都对公司的一切成就做出了自己的贡献,这些贡献与许多因素有关,如和职工的教育水平、工作经验、工作成绩等有关,但最主要的因素是职工的个人表现。巴斯夫公司的原则是:职工的工资收入必须看他的工作表现而定。他们认为,一个公平的薪酬制度是高度刺激劳动力的先决条件,工作表现得越好,报酬也就越高。因此,为了激发个人的工作表现,工资差异是必要的。另外,公司还根据职工表现提供不同的福利,例如膳食补助金、住房、公司股票等等。

3. 通过基本和高级的训练计划,提高职工的工作能力,并且从公司内部选拔有资格担任领导工作的人才

除了适当的工资和薪酬之外,巴斯夫公司还提供广泛的训练计划,由专门的部门负责管理,为公司人员提供本公司和其他公司的课程。公司的组织结构十分明确,职工们可以获得关于升职的可能途径的资料,而且每个人都了解自己在哪个岗位。该公司习惯于从公司内部选拔经理人员,这就保护了有才能的职工,因此,他们保持很高的积极性,而且明白有真正的升职机会。

4. 不断改善工作环境和安全条件

一个适宜的工作环境,对刺激劳动力十分重要。如果工作环境适宜,职工们感到舒适,就会有更佳的工作表现。因此,巴斯夫公司在工厂附近设立各种专用汽车设施,并设立弹性的工作时间。公司内有11家食堂和饭店,每年提供400万顿膳食。每个工作地点都保持清洁,并为体力劳动者设盥洗室。这些深得公司雇员的好感。

巴斯夫公司建立了一大批保证安全的标准设施,由专门的部门负责,例如:医务部、消防队、工厂高级警卫等。他们都明白预防胜于补救。因此,全部劳动力都要定时给予安全指导,还提供必要的防护设施。公司经常提供各种安全设施,并日夜测量环境污染和噪声。各大楼中每一层都有一名经过专门安全训练的职工轮流值班,负责安全。意外事故发生率最低的那些车间,会得到安全奖。所有这些措施,使公司内意外事故发生率降到很低的水平,使职工有一种安全感。1984年,巴斯夫公司在环境保护方面耗费了7亿马克的资金,相当于公司销售净额的3.5%。

5. 实行抱合作态度的领导方法

> 巴斯夫公司领导认为，在处理人事关系中，激励劳动力的最主要原则之一是抱合作态度的领导方法。上级领导应像自己也被领导一样，积极投入工作，并在相互尊重的气氛中合作。巴斯夫公司给领导者规定的任务是商定工作指标、委派工作、收集情报、检查工作、解决矛盾、评定下属职工和提高他们的工作水平。
>
> 在巴斯夫公司，如果上级领导人委派了工作，就亲自检查，职工本身也自行检查中期工作和最终工作结果。在解决矛盾和纠纷时，只有当各单位自行解决矛盾的尝试失败后，才由更上一级的领导人解决。
>
> 巴斯夫公司要求每一位领导人的主要任务就是根据所交付的工作任务、工作能力和表现评价下属职工，同时应让职员都感觉到自己在为企业完成任务的过程中所起的作用。如果巴斯夫公司刺激劳动力的整个范畴简单的表达出来，那就是"多赞扬，少责备"。他们认为，一个人工作做得越多，犯错误的机会也就越多，如果不允许别人犯错误，甚至惩罚犯错误的人，那么雇员就会尽量少做工作，避免犯错误。在这种情况下，最"优秀"的雇员当然是什么事情也不做的人了。
>
> 巴斯夫公司的多年经验表明，抱合作态度的领导方法，由于能使雇员更积极地投入工作和参与决策，因此，这是一个为达到更高生产率而刺激劳动力的优越途径。该公司由于贯彻了上述5项基本原则，近10年来销售额增长了5倍。

【实训】授权的艺术

形式：组织组派一人主持，参与组每组8名队员。
时间：45分钟。
地点：室外空地。
目的：
（1）让学生观察主管的授权方式；
（2）总结授权中通常犯的错误及其改善方法。
道具：
（1）120米长的绳子一条；
（2）眼罩4个。
程序：
（1）主持人上场宣布游戏名称——授权的艺术。
（2）首先各参与组选8名参与者。
（3）要求每组选出1位总经理、1位总经理秘书、1位部门经理，1位部门经理秘书，四位操作人员。
（4）主持人把总经理及总经理秘书带到一个看不见的角落而后给他说明要完成的任务——总经理要让秘书给部门经理传达一项任务，该任务就是由操作人员在戴着眼罩的情况下，把一条20米长的绳子做成一个正方形，绳子要用尽。

规则：

（1）全过程总经理不得直接指挥，一定是通过秘书将指令传给部门经理，由部门经理指挥操作人员完成任务。

（2）部门经理有不明白的地方也可以通过自己的秘书请示总经理。

（3）部门经理在指挥的过程中要与操作人员保持5米以上的距离。

（4）用时最短者获胜。

小组互动环节：

（1）主持人宣布游戏结果，一组用时10分30秒，二组用时12分10秒，三组用时13分，一组获胜。

（2）一组选择三组进行互动环节，三组全体组员参加互动游戏名称——卡通跳。

（3）卡通跳分为男式和女式，相同的都是跳起时大腿和膝盖要并拢，小腿要分开，就像漫画中的姿势。不同在于：男式的向上跳时左右脚前后分开，双手自然前后摆，同时嘴里要发出"哟吼"的声音；女式的向上跳起时左右小腿要向两旁分开，双手食指和中指在胸前做"V"的姿势，同时嘴里要发出"耶"的声音。

本章小结

本章主要介绍了领导职能的基础知识、领导的有关理论，以及沟通、激励等领导艺术。

1. 领导的基础知识

领导是指领导者依靠其影响力，指挥、带领、引导和鼓励被领导者或追随者，实现组织目标的活动和艺术。

领导职能对组织的作用主要表现在以下4个方面：① 指挥作用；② 激励作用；③ 协调作用；④ 沟通作用。

领导者的权力主要来自于职位权力和个人权力两个方面。其中，职位权力主要包括法定权、奖赏权和强制权；个人权力主要包括专家权和感召权。

2. 领导的理论

领导特质理论认为，一个领导者只要具备了某些优秀的个人特征或素质，就能有效地发挥其领导作用。根据各方观点的不同，该理论可分为传统领导特质理论和现代领导特质理论。

具有代表性的领导行为理论主要有领导方式理论、领导行为四分图理论和管理方格理论。其中，领导方式理论确定出3种极端的领导方式，即专制型领导方式、民主型领导方式和放任型领导方式；领导行为四分图理论认为，根据定规维度和关怀维度，领导者可以分成4个基本类型，即高关怀-高定规、高关怀-低定规、低关怀-高定规和低关怀-低定规；管理方格中有5种典型的领导方式，即贫乏型（1.1）、专制型（9.1）、俱乐部型（1.9）、团队型（9.9）和中间型（5.5）。

著名的领导权变理论有领导行为连续统一体理论、菲德勒模型、领导生命周期理论和路径—目标理论等。其中，领导行为连续统一体理论列举了 7 种具有代表性的领导方式；菲德勒模型将确定领导者风格与情境分类联系在一起，并将领导效果作为二者的函数进行预测；领导行为周期理论指出，有效的领导行为应该把任务行为、关系行为和被领导者的成熟度结合起来考虑；路径—目标理论的核心在于，领导者的工作是帮助下属达到他们的目标，并提供必要的指导和支持，以确保他们各自的目标与群体或组织的总体目标一致。

3．领导艺术

领导艺术是指领导者在其知识、经验、才能和气质等因素的基础上形成的，巧妙地运用各种领导条件、领导原则和领导方法的基本技能。

一般认为，领导艺术具有以下特点：① 经验性；② 随机性；③ 多样性；④ 创造性。领导艺术的内容大体上可以分为以下 3 类：① 把其视为职能的艺术，包括决策艺术、授权艺术和用人艺术；② 把其视为提高工作有效性的艺术；③ 处理好各种关系的艺术。

本章习题

一、名词解释

领导　　领导生命周期　　沟通　　正式沟通　　非正式沟通

二、单项选择

1．根据领导生命周期理论，参与型领导方式适用于（　　）。
  A．高工作低关系的情况　　　　B．高工作高关系的情况
  C．低工作低关系的情况　　　　D．低工作高关系的情况

2．根据领导者运用职权的方式不同，可以将领导方式分为专制、民主和放任三种类型。其中"民主式"的领导方式的主要优点是（　　）。
  A．纪律严格，管理规范，赏罚分明
  B．组织成员具有高度的独立自主性
  C．按规章管理，领导者不运用权力
  D．员工关系融洽，工作积极主动，富有创造性

3．按照领导生命周期理论，对于已经相当成熟的中年骨干职工，领导风格宜采取（　　）。
  A．命令型　　　B．说服型　　　C．参与型　　　D．授权型

4．企业引入奖金机制的目的是发挥奖金的激励作用，但是目前，许多企业的奖金已经成为工资的一部分，奖金变成了保健因素。这说明（　　）。
  A．双因素理论在中国不怎么适用
  B．保健和激励因素的具体内容在不同国家是不一样的
  C．防止激励因素向保健因素转化是管理者的重要责任

D．将奖金设立为激励因素本身就是错误的

5．做为一种信息沟通方式，听广播或看电视属于（　　）。

　　A．正式沟通　　　B．小道消息　　　C．单向沟通　　　D．双向沟通

6．比较马斯洛的需要层次理论和赫兹伯格的双因素理论，马斯洛提出的5种需求中，属于保健因素的是（　　）。

　　A．生理和自尊的需要　　　　　　B．生理、安全和自我实现的需要

　　C．生理、安全和社交的需要　　　D．安全和自我实现的需要

7．根据勒温的领导风格理论，导致员工在工作中的满意度最低的领导行为是（　　）。

　　A．放任式领导　　　　　　　　　B．独裁或专制式领导

　　C．成就取向型领导　　　　　　　D．推销式领导

8．针对当前形形色色的管理现象，某公司的一位老处长深有感触地说："有的人拥有磨盘大的权力，还拣不起一粒芝麻，而有的人仅有芝麻大的权力却能够推动磨盘。"这句话反映的情况表明（　　）。

　　A．个人性权力所产生的影响力有时会大于职务性权力所产生的影响力

　　B．个人性权力所产生的影响力并不比职务性权力所产生的影响力小

　　C．非正式组织越来越盛行，并且正在发挥越来越大的作用

　　D．这里所描述的只是一种偶然的现象，并不具有任何实际意义

三、简答题

1．论马斯洛的层次需要论对我们工作的实际意义。

2．期望理论是否符合我国实际？举例说明。

3．各组设计合理的奖学金制度并说明理论基础。

4．你认为在实际工作中采用哪种领导作风更为有效 为什么？

5．信息沟通的障碍主要来自哪些方面？

第六章　控制

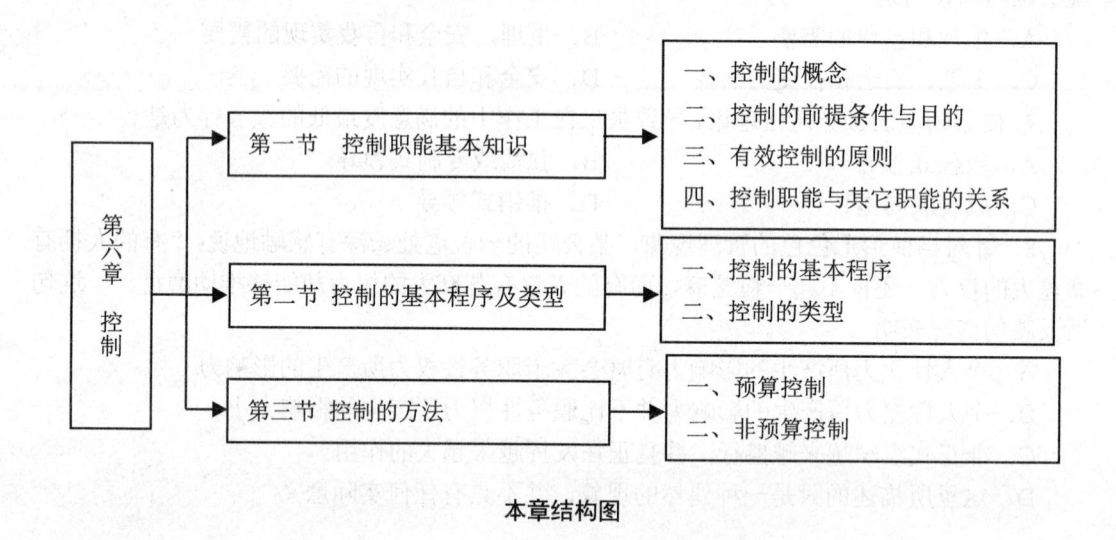

```
                    ┌─ 第一节　控制职能基本知识 ─┬─ 一、控制的概念
                    │                              ├─ 二、控制的前提条件与目的
                    │                              ├─ 三、有效控制的原则
                    │                              └─ 四、控制职能与其它职能的关系
第六章               │
  控   ──────────── ┼─ 第二节　控制的基本程序及类型 ─┬─ 一、控制的基本程序
  制                 │                              └─ 二、控制的类型
                    │
                    └─ 第三节　控制的方法 ─┬─ 一、预算控制
                                            └─ 二、非预算控制
```

本章结构图

【学习目标】

- 了解控制职能的含义；
- 理解控制的不同类型；
- 掌握控制的基本程序；
- 掌握基本控制方法的运用；
- 理解控制与其他管理职能的关。

【能力目标】

- 能简单运用控制方法针对不同对象实施控制；
- 能够依据标准进行评价与改进；
- 能掌握有效控制的基本原则。

【案例导读】

某天深夜，总经理偶然发现加油站员工在值班期间违规睡觉。第二天他便把企管部经理叫到办公室批评了一顿，责怪企管部监督不力，制度执行不严。企管部经理感觉很委屈：相关公司制度企管部已经认真制定完成，向公司各个部门交代也很清楚，并且企管部也在认真监督检查各部门的执行情况，但是不可能面面俱到。深夜里发生这种事，企管部也没有办法避免;况且加油站作为企管部的平级部门,企管部经理无权直接指挥加油站经理,发生这种事情,也就不应该由企管部承担责任,而应由加油站经理负责。

该公司组织手册中规定:总经理负责全面主持公司的管理和业务;企管部经理作为公司综合管理部门负责人,主管公司规章制度的组织修订、监督执行以及对公司各部门的考核奖惩;加油站作为公司下属业务部门,等级上与企管部平级,其经理作为该业务部门负责人,负责实施该部门的业务运作和管理。

问题

(1) 在这件事情里,到底谁应该负责任,应负什么责任?
(2) 怎样做才能避免此类事件的发生?

第一节 控制职能基本知识

一、控制的概念

"控制"作为一个专门术语,是由美国数学家诺伯特·维纳在 1948 年创立的一门科学理论。所谓控制,按照既定的目标和标准对组织活动进行监督、检查,发现偏差时,采取纠正措施,使工作能够按照原定的计划进行,或适当调整计划以达到预期的目的。简而言之,控制就是使结果与计划标准相一致的过程。这里的标准可以是规章、制度,也可以是计划、政策、目标,甚至可以抽象为组织的基本宗旨,因此其包括的内容是非常丰富的。

通常,可以从以下几个方面来理解控制的概念:

(1) 控制具有一定的目的性,为达成某种或某些目标而实施。

(2) 控制是为了达到某个或某些目的而进行的过程,且是一种动态的过程,是使组织依循既定的目标前进的过程。

(3) 控制不是某个事件或某种状况,而是散布在组织作业中的一连串行动,是组织活动过程的一部分,与组织活动结合在一起,使组织活动发挥其应有的功能,并监督着组织活动过程的持续进行。

(4) 控制深受组织内部和外部环境的影响,环境影响组织控制目标的制定与实施。

(5) 组织中的每一个员工既是控制的主体又是控制的客体,既对其所负责的作业实施控制,又受到他人的控制和监督。

(6) 组织内部会形成一种控制精神和控制观念,直接影响组织的控制效率与效果。

管理的控制职能是对组织内部的管理活动及其绩效进行衡量和校正,以确保组织计划的完成,从而实现组织的目标。控制与管理的计划、组织和领导等职能是紧密联系的,计划的有效实施,组织的良性运行,成员行为的合理引导,这些都有赖于控制机能的有效发挥。控制工作是各个层次管理部门的主要职能,特别是负责执行计划的主管人员的主要职责。

在管理工作中,人们借助计划工作确立目标,借助组织工作来调配资源,构建分工协作网络，借助领导和激励来指挥和激发员工的士气和工作积极性。但是，这些活动并非一定保证实际工作按计划进行和组织目标的真正实现。因此，控制便显得尤为重要，控制是管理职能链条上的最终环节。它与计划、组织、领导工作紧密结合在一起，构成一个相对封闭的循环。使组织的整个管理过程有效运转，循环往复。

二、控制的前提条件与目的

（一）控制的前提条件

控制的前提条件主要有计划前提、组织结构前提和信息沟通网络前提。

1．计划前提

要制定一套科学的、切实可行的计划。控制的基本目的是防止工作出现偏差，需要将实际工作的进展与预先设定的标准进行比较，因此控制之前必须制定相应的评价标准，即计划。计划不仅为实际工作提供了行动路线，也为后续的控制工作奠定了基础。在制定计划时不仅要考虑其实施问题，还要考虑后续控制工作的需要。计划越明确、全面，完整，控制越容易，效果越好。

2．组织结构前提

要有专司控制职能的组织机构，即控制机构。在开展控制工作之前应明确界定负责评价和纠正偏差工作的机构、岗位和个人。这样不仅明确职责也清楚相互之间的监督关系。

3．信息沟通网络前提

应建立起相对完善的信息沟通网络。控制工作本身是一个信息交流的过程，控制者需要不断收集相关信息，以及时判断实际工作的进展。

（二）控制的目的

任何组织都需要控制。控制为组织在适应环境变化、限制偏差积累、处理组织内部复杂局面和人员的能力与责任匹配方面提供了有效的途径。控制的这 4 项基本功能也是控制的目的所在。

1．有效的控制可以保证组织计划与外部环境相适应

组织计划不可能是一成不变的，因为任何目标和计划都是在特定的时间、特定的环境条件下制定的，一旦环境发生了变化，需要构建有效的控制系统帮助管理者预测和确定这些变化，并对由此带来的机会和威胁做出反应。

2．有效的控制可以限制实施组织计划时偏差的积累

小的差错和失误并不会立即给组织带来严重的损害，然而时间一长，小的差错就会得以积累、放大，并最终变得非常严重。工作中出现偏差在很大程度上是不可完全避免的，关键是要能够及时地获取偏差信息，及时地采取有效的矫正措施。组织的各项工作都是由管理者来执行的，管理人员在执行工作的过程中，由于个人能力的限制或个人动机、个性

等原因，可能会犯各种各样的错误，所以需要有一个控制系统来减少这些错误，并对已经发生的错误和失误及时纠正以避免失误可能带来的严重后果，做到防微杜渐。

【知识链接】

蝴蝶效应

1979年12月，洛伦兹在华盛顿的美国科学促进会的一次讲演中提出：一只蝴蝶在巴西扇动翅膀，有可能会在美国的德克萨斯引起一场龙卷风。他的演讲和结论给人们留下了极其深刻的印象。此后，所谓"蝴蝶效应"之说就不胫而走，名声远扬了。

"蝴蝶效应"之所以令人着迷、令人激动、发人深省，不但在于其大胆的想象力和迷人的美学色彩，更在于其深刻的科学内涵和内在的哲学魅力。

从科学的角度来看，"蝴蝶效应"反映了混沌运动的一个重要特征：系统的长期行为对初始条件的敏感依赖性。

经典动力学的传统观点认为：系统的长期行为对初始条件是不敏感的，即初始条件的微小变化对未来状态所造成的差别也是很微小的。可混沌理论向传统观点提出了挑战。混沌理论认为在混沌系统中，初始条件的十分微小的变化经过不断放大，对其未来状态会造成极其巨大的差别。我们可以用在西方流传的一首民谣对此作形象的说明。这首民谣说：

丢失一个钉子，坏了一只蹄铁；
坏了一只蹄铁，折了一匹战马；
折了一匹战马，伤了一位骑士；
伤了一位骑士，输了一场战斗；
输了一场战斗，亡了一个帝国。

马蹄铁上一个钉子是否会丢失，本是初始条件的十分微小的变化，但其"长期"效应却是一个帝国存与亡的根本差别。这就是军事和政治领域中的所谓"蝴蝶效应"。

有点不可思议，但确实能够造成这样的恶果。一个明智的领导人一定要防微杜渐，看似一些极微小的事情却有可能造成集体内部的分崩离析，那时岂不是悔之晚矣？

横过深谷的吊桥，常从一根细线拴个小石头开始。

3. 有效的控制可以保证计划与组织各部门的利益相协调

组织的总体目标是由各部门的目标组成的，管理者在进行总目标的分解和落实的过程中，还必须对各部门及其活动进行大量的协调工作，以避免本位主义，保证各部门都能服从全局的需要。如果没有一个有效的管理控制体系，就可能出现各自为政的局面，各部门的发展就可能偏离总体目标和计划，严重的会造成系统的混乱，使有限的人力、物力、财力资源不能合理分配和有效使用。

4. 有效的控制可以协调计划与组织人员素质、能力、责任的匹配

由于组织成员是在不同的时空进行工作的，他们的认识能力不同，对计划要求的理解可能发生差异；即使每个员工都能完全正确地理解计划的要求，但由于工作能力的差异，他们的实际工作结果也可能在质和量上与计划要求不符。某个环节可能产生的这种偏离计

划的现象，会对整个企业活动造成冲击。因此，加强对这些成员的工作控制是非常必要的。

为了保证控制职能的发挥，有 3 个基本前提是要充分考虑的。

第一，控制要有计划。一是控制要以计划为依据，即控制之前必须先有计划，否则就没有衡量的标准。二是控制工作本身也必须有计划地进行。

第二，控制要有组织。一要有专门控制职能的组织机构，即明确由哪个部门或个人来负责控制工作。二要做好控制中的组织、协调工作，何人负责、如何配合、时间的选择、场合的确定等都应有所研究。

第三，控制要有反馈。控制工作中的一个重要步骤就是要将计划执行情况及时反馈给管理者，以便管理者对已达到的目标水平与预期目标进行比较分析。因此，必须设计和维护畅通的信息的反馈渠道。信息反馈渠道的设计要抓住两点：确定与控制工作有关的人员在信息传递中的任务与责任；事先规定好信息的传递程序、收集方法和时间要求等事项。

三、有效控制的原则

在管理学中的有效控制，就是以比较少的人力、财力和物力，较少的精力与时间使组织的各项活动处于控制状态。一旦组织的某项活动出现偏差，则能及时纠正偏差，而且能使偏差所导致的损失降低到最低限度。

（一）有效控制的类别

（1）适时控制：企业经营活动中产生的偏差只有及时采取措施加以纠正，才能避免偏差的扩大，或防止偏差对企业不利影响的扩散。及时纠偏，要求管理人员及时掌握能够反映偏差产生及其严重程度的信息。

（2）适度控制：指控制的范围、程度和频度要恰到好处。适度控制要注意以下几个方面的问题：防止控制过多或控制不足；处理好全面控制与重点控制的关系；使花费一定费用的控制得到足够的控制收益。

（3）客观控制：控制工作应该针对企业的实际状况，采取必要的纠偏措施，或促进企业活动沿着原先的轨道继续前进。客观的控制源于对企业经营活动状况及其变化的客观了解和评价。

（4）弹性控制：有效的控制系统应在遇到突发的、无力抗拒的变化情况下仍能发挥作用，维持企业的运营。弹性控制通常与控制的标准有关。一般地说，弹性控制要求企业制定弹性的计划和弹性的衡量标准。

（二）有效控制的基本原则

管理的成效取决于有效的控制，实行有效的控制除了必要的前提和遵循基本进程外，还必须注意以下几个基本原则：

（1）标准性原则：目标推行进程的管理控制是通过人来实现的，即使是最好的领导者和管理人员也不可避免地要受自身个性及经验等主观因素的影响，因而管理中由于人的主观因素造成的偏差是不可避免的，有时是难以发现和纠正的。但是这仅仅是问题的一个方面。另一方面是人具有能动性，因此，可以主动纠正偏差，可以凭借客观的、精确的考评标准来衡量目标或计划的执行情况，从而补偿人的主观因素的局限。这就是标准性原则。

（2）适时性原则：一个完善的控制系统，要求在实施有效的控制时，一旦发生偏差，必须能够迅速发现并及时纠正。甚至是在未出现偏差之前，就能预测偏差的产生，从而防患于未然。这就是控制的适时性原则。

控制的适时性可以使管理人员尽可能早地发现甚至预测到偏差的产生，及时进行纠正，从而可以把各方面的损失降到最低限度。这就要求企业依靠现代化的信息管理系统，及时把重要可靠的信息传递给有关人员，使其随时掌握工作的进展情况，尽早获得实际绩效与计划或标准之间的偏差信息，以便及时采取措施进行控制。

【课堂讨论】老虎与牛虻

有一天，老虎遇到一只牛虻。"不要在我眼皮底下打扰我觅食，否则我要吃掉你。"老虎生气地喝道。"嘻嘻，只要你够得着就来吃呀。"牛虻嘲笑老虎，并且爬在老虎鼻子上吸血。老虎用爪子来抓，牛虻又飞到老虎背上，钻进虎皮中吸血。老虎恼怒地用钢鞭一样的尾巴驱赶牛虻，牛虻越钻越深，老虎躺在地上打滚妄图压死牛虻。牛虻又引来一大群同伙，群起而攻之，没过多久老虎便奄奄一息了。

千万不要看不起小事物，比起老虎，牛虻微不足道，却能致其于死地。其实，管理中最大的敌人就是自己不屑一顾的小缺点。很多时候，企业之所以失败是因为管理者轻小重大的思想滋长了这些小毛病、小缺点，而这些小毛病、小缺点恰恰是我们最应该警惕的。

（3）关键性原则：有效控制要求组织在建立控制系统时，从影响组织经营成果的众多因素中选择若干关键环节作为重点控制对象，并据此在相关环节上建立预警系统或控制点。坚持控制的关键性原则，可以适当扩大管理幅度，从而达到既降低成本，又改善信息沟通的效果，使控制工作更加卓有成效。

【课堂讨论】袋鼠与笼子

一天动物园管理员发现袋鼠从笼子里跑出来了，于是开会讨论，一致认为是笼子的高度过低。所以他们决定将笼子的高度由原来的10米加高到20米。结果第二天他们发现袋鼠还是跑到外面来，所以他们又决定再将高度加高到30米。

没想到隔天居然又看到袋鼠全跑到外面，于是管理员们大为紧张，决定一不做二不休，将笼子的高度加高到100米。

一天长颈鹿和几只袋鼠们在闲聊，"你们看，这些人会不会再继续加高你们的笼子？"长颈鹿问。"很难说。"袋鼠说："如果他们再继续忘记关门的话！"

管理心得：事有"本末""轻重""缓急"，关门是本，加高笼子是末，舍本而逐末，当然就不得要领了。管理是什么？管理就是先分析事情的主要矛盾和次要矛盾，认清事情的"本末""轻重""缓急"，然后从重要的方面下手。

（4）灵活性原则：要使控制工作在执行中遇到意外情况时仍然有效，控制系统本身能适应主客观条件的变化，持续地发挥其作用。

（5）全局性原则：在进行控制工作时，必须具有全局观念，必须从组织的整体利益出发来实施控制，才能确保目标的实现。

（6）客观性原则：在控制工作中，坚持实事求是，一切从实际出发来认识问题，而不能只凭个人的主观经验或直觉判断来采取行动。控制过程中所采取的技术方法和手段必须能正确地反映组织运行在时空上的变化程度与分布状况，准确地判断和评价组织各部门、各环节的工作与计划要求的相符或背离的程度。

（7）经济性原则：控制是一项需要投入大量的人力、物力和财力的活动，耗费较大。行使控制职能的时候，必须考虑控制的经济性。

【知识链接】

不要忘记你的原始目标

有一家公司，准备淘汰一批落后的设备。董事会决定：这些设备不能扔，找个地方放起来。于是专门为这批设备修建了一间仓库。这时董事会中有人说："防火防盗不是小事，找个看门人。"于是找了个看门人看管仓库。

这时问题出现了：看门人没有约束，玩忽职守怎么办？于是又派了两个人过去，成立了计划部，一个人负责下达任务，一个人负责制订计划。

董事会中有人说："我们必须随时了解工作的绩效。"于是又派了两个人过去，成立了监督部，一个人负责绩效考核，一个人负责写总结报告。董事会中又有人说："不能搞平均主义，收入应拉开差距。"全体董事都认为这是对的，于是又派了两个人过去，成立了财务部，一个人负责计算工时，一个人负责发放工资。

接着问题又出现了：管理没有层次，出了岔子谁负责？于是又派了四个人过去，成立了管理部，一个人负责计划部工作，一个人负责监督部工作，一个人负责财务部工作，一个总经理，管理部总经理对董事会负责。

年终时，董事会一致认为：去年仓库的管理成本为35万，这个数字太大了，一周内必须想出解决办法。于是，一周之后，看门人被解雇了。

故事的哲理

（1）很多时候，人们都可能本末倒置，把原始的目的忘得一干二净。

（2）管理并非越严谨就越好，只有基于经济性原则的控制，管理完善才是有意义的。

（三）有效控制的技巧

（1）采用积极而有效的控制艺术。控制是上级主管部门对下级工作的控制。上级在下级心目中的形象、工作能力等直接影响到下级对控制的态度与看法，因而必须注意控制艺术。

（2）不带偏见的控制态度与做法。在控制过程中，一定要坚持客观公平而不能带有偏见。

（3）利用人际关系实施控制。在企业的诸多人际关系中，有一些由于感情、偏好、亲戚、同学与战友等自发形成的良好关系。因此，要实施有效控制就要注意利用这种关系。

（4）鼓励成员参与制定目标。通过参与，一方面他了解到制定这一目标的必要性，因而在态度上容易产生认同感，另一方面作为自己制定的目标，他必然会努力去实现它并接受监督与控制。

（5）运用"事实控制"。在制定纠正措施时，必须根据偏差及其产生的后果的实际情况进行分析，坚持从实际出发。

四、控制职能与其他职能的关系

（一）控制职能与计划职能的关系

他们是唇齿相依的关系，没有控制的计划是"水中月"，没有计划的控制是"无头蝇"。计划为控制提供衡量的标准，没有计划，控制就没有依据；计划和控制的效果分别依赖于对方。一切有效的控制方法首先就是计划方法，如预算、政策、程序、规划等。计划工作本身也必须有一定的控制。计划与控制是企业管理的首要职能，它统一指导企业的各项经营生产活动。

（二）控制职能与组织职能的关系

1. 组织环境的多变性，离不开控制工作

现代组织所面临的环境多数是复杂多变的，在组织目标的实现过程中，组织内外的环境因素随时都有可能发生变化，甚至是重大的变化。为了使组织目标适应变化后的环境，组织必须通过控制来及时了解环境变化的程度和原因，从而对原定的组织目标采取有效的修正措施，组织必须通过控制准确把握计划与实际发生差异的程度和原因，从而进行有效的调整和修正。

2. 组织环境的复杂性，离不开控制工作

现代组织的规模和内部结构日益呈现出复杂性，每一个组织要实现自己的目标，就必须从事大量的组织活动，而每一项活动都需要做很多的协调工作。为了使各个部门的活动能够紧紧地围绕组织目标展开，保证每一项具体活动的顺利进行，组织必须对各个部门及其各项活动进行大量的控制工作。

3. 组织管理的失误，需要控制调整、修正

组织在从事管理过程中，不可避免地会发生一些错误，出现一些失误。控制是组织发现错误、纠正错误的有效手段。通过对实际活动的反馈，管理者可以及时发现偏差，通过对偏差的原因分析，管理者可能采取适当的措施对偏差加以纠正，因此控制是改进工作、推动工作不断前进的有效职能和基本保证。

（三）控制职能与领导职能的关系

管理是通过他人完成任务，实现组织目标，领导则是在计划和组织的基础上对使用物质资源的人员进行指挥；因此管理者要建立控制系统，以使自己及时掌握他人完成任务的情况和进度。同时，控制系统又能告诉管理者工作的进展是否符合原定目标，是否需做出相应的调整和改变。离开了控制，领导就可能流于形式，收不到实效。

第二节 控制的基本程序及类型

一、控制的基本程序

虽然控制的对象和要求各不相同,但控制工作的过程基本是一致的,大致可分为3个基本步骤:第一步是为应完成的任务制定标准;第二步是对照这些标准来衡量实际绩效;第三步,如果绩效与标准不相符合,则应采取纠正偏差的行动。控制的基本程序如图6-1所示。

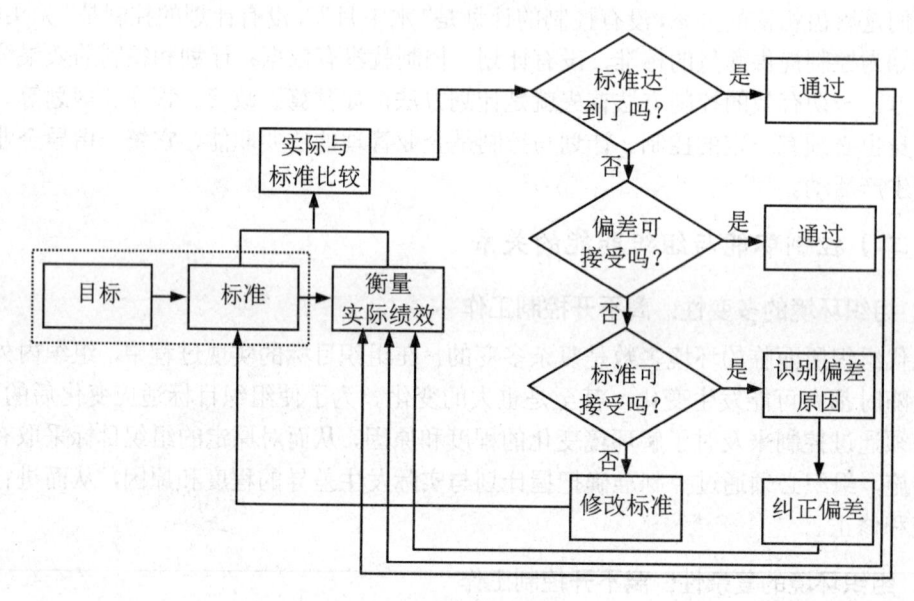

图6-1 控制的基本程序

(一) 确定控制标准

标准是组织检查和衡量工作及其结果(包括阶段结果与最终结果)的规范。只有制定明确、科学的控制标准,控制过程才有正确的依据。

1. 控制标准的种类

管理控制中所用的标准主要有以下 5 种:

(1) 时间标准。主要是反映工作时间进度的各种标准,如完工日期、时间定额等。

(2) 成本标准。主要是反映各种工作与活动所支出的费用的标准,如产品成本、质量成本等。

(3) 质量标准。主要是规定工作的范围、水平及质量要求等。

(4) 数量标准。主要是从定量的方面规定工作和活动所应达到的水平和完成的时间等。

(5) 无形标准。主要是为难以量化的工作所制定的标准,如员工的行为准则、组织的思想政治工作等。

2. 控制标准的要求

组织在制定控制标准时，必须使标准达到以下要求：

（1）目标性。标准要紧密围绕着决策目标制定，不能背离组织目标。

（2）科学性。标准既要符合实际又要超越现状，高低适中。

（3）稳定性。标准要具有相对的稳定性，对于已不适用的标准，需要在适当的时机予以调整。

（4）普遍适用性。标准要以多数人的平均水平为基础。

（5）公平性。要求在标准面前人人平等，奖罚分明。

（6）准确性。标准的表述要科学准确，不能产生歧义。

【课堂讨论】撞钟的标准

有一个小和尚担任撞钟一职，半年下来，觉得无聊之极，"做一天和尚撞一天钟"而已。有一天，主持宣布调他到后院劈柴挑水，原因是他不能胜任撞钟一职。小和尚很不服气地问："我撞的钟难道不准时、不响亮？"老主持耐心地告诉他："你撞的钟虽然很准时、也很响亮，但钟声空泛、疲软，没有感召力。钟声是要唤醒沉迷的众生，因此，撞出的钟声不仅要洪亮，而且要圆润、浑厚、深沉、悠远。"

分析：本故事中的主持犯了一个常识性管理错误，"做一天和尚撞一天钟"是由于主持没有提前公布工作标准造成的。如果小和尚进入寺院的当天就明白撞钟的标准和重要性，我想他也不会因怠工而被撤职。工作标准是员工的行为指南和考核依据。缺乏工作标准，往往导致员工的努力方向与公司整体发展方向不统一，造成大量的人力和物力资源浪费。因为缺乏参照物，时间久了员工容易形成自满情绪，导致工作懈怠。制定工作标准尽量做到数字化，要与考核联系起来，注意可操作性。

3. 制定控制标准的方法

控制的对象不同，建立标准的方法也不一样。一般来说，企业可以使用的建立标准的方法有以下3种。

（1）利用统计的方法制定标准。这种方法主要是以分析反映组织在各个历史时期状况的数据为基础来为未来活动建立标准。利用此种方法建立控制标准具有简单易行的好处，但是，据此制定的工作标准可能低于同行业的卓越水平，甚至低于平均水平。为了克服这种局限性，组织在根据历史性统计数据制定控制标准时，应该充分考虑行业的平均水平，并研究竞争对手的经验，使标准更具客观性。

（2）根据评估建立标准。这种方法主要是依据管理人员的经验、判断和评估来建立标准，特别适用于那些缺乏统计资料的工作。利用这种方法来建立控制标准时，要注意利用各方面管理人员的知识和经验，综合多人的意见，确定出一个相对合理的标准。

（3）制定工程标准。严格地说，工程标准也是一种用统计方法制定的控制标准，不过它不是对历史性统计资料的分析，而是通过对工作情况进行客观的定量分析得到的。例如，机器的产出标准、工人操作标准、劳动时间定额等都是通过这种方法制定的。

（二）衡量工作成效

衡量工作成效就是根据控制标准衡量和检查工作情况，并对计划执行的现状和阶段性成果进行如实反映和客观评价。从本质上说，衡量工作成效实际上就是信息的收集、处理与传递过程。

1. 衡量工作成效的方法

衡量工作成效的方法主要有以下几种。

（1）亲自观察。亲自观察是指由控制主体亲临工作现场，通过观察及与工作人员的现场交谈来了解工作进展及其存在的问题。高层管理者在采用这种方法时，要注意采用低调的观察方式，尽量不要干预下属的工作。此外，管理者还要注意工作方法和控制艺术，不要夹带个人情感，以免员工产生抵触情绪。

（2）调查研究。调查研究是控制主体为了系统地了解某个方面的执行情况，专门组织一定的人力、物力而进行的活动。一般来说，调查研究之前都要根据控制目的事先设计调查提纲或调查表。

【知识链接】

调差研究的 3 种类型

根据调查的范围，调查研究可分为全面普查、抽样调查和典型调查 3 种类型。

全面普查是一种全面性的市场调查，要求对调查对象的全体进行详细的、普遍的调查。

抽样调查是指从全部调查研究对象中抽选一部分单位进行调查，并据此对全部调查研究对象作出估计和推断的一种调查方法。

典型调查是指根据调查目的和要求，在对调查对象进行初步分析的基础上，有意识地选取少数具有代表性的典型单位进行深入细致的调查研究，借以认识同类事物的发展变化规律及本质的一种非全面调查。

（3）统计报表。即对原始信息进行加工整理，形成统计报表，逐级上报。这种方法节省时间，效率较高，但资料的真实性、全面性对所获信息的影响很大。

（4）听取汇报。听取下级汇报也是管理者掌握信息的常用方法。汇报包括口头汇报和书面汇报两种，其中，口头汇报可以通过会议形式集体进行，也可以通过电话或面对面的交谈个别听取。这种方法比较快捷，便于上下级的相互交流，反馈性较好，但所获信息的真实性还需进一步考证。

2. 衡量工作成效的要求

组织在衡量工作成效时应注意以下要求：

（1）以系统化检查为主，综合运用各种衡量方法，全面、准确地了解和反映实际的工作业绩。

（2）定期衡量工作成效，使之成为经常性的工作。

（3）要有制度保证，建立统计制度、报告制度、报表制度、总结制度等必要的规章制度，以保证衡量工作的顺利进行。

（4）抓住重点。重点检查需要加强控制的关键环节，使控制工作更有针对性。

（三）纠正偏差

组织通过衡量工作成效，可以发现计划执行过程中出现的偏差。纠正偏差就是在此基础上分析偏差产生的原因，制定并实施必要的纠正措施。为了保证纠偏措施的针对性和有效性，组织在这一过程中需要采取以下步骤。

1．寻找偏差产生的主要原因

并非所有的偏差都会影响企业的最终成果。有些偏差可能反映了计划制定和执行工作中的严重问题，而另一些偏差则可能是由一些偶然的、暂时的、局部性的因素引起的，不一定会对组织活动的最终结果产生重要影响，因此，组织在采取纠偏措施以前，必须要先对反映偏差的信息进行评估和分析，找出导致偏差的主要原因。

此外，组织在寻找产生偏差的原因时要考虑全面。同一偏差可能由不同的原因造成，如工作的偏差既可能是因为执行者没有按照计划要求办事，也可能由于管理者制定的目标和控制标准太高，也可能是组织成员的努力不够，还可能是由于外部环境条件变化所致；因此，组织要透过表面现象找出造成偏差的深层原因，在众多的深层原因中找出最重要者，从而为制定纠偏措施确定方向。

2．确定纠偏的方向和对象

在管理控制过程中，造成偏差的原因一般有以下3种：

（1）原有的计划或标准制定得不科学，本身就存在偏差。

（2）由于外在的环境发生了难以预料的变化，致使原有的计划不再适应新形势的需要。

（3）由于组织内部发生变化，如员工的懈怠等。因此，纠偏的实施对象可能是组织所进行的活动，也可能是衡量的标准，甚至是指导活动的计划或标准。组织针对纠偏的对象，就可制定出改进工作的方式或调整计划与标准的纠正方案。

3．选择恰当的纠偏措施

针对产生偏差的主要原因，就需要制定改进工作或调整计划与标准的纠正方案。一般来说，组织在选择和实施纠偏措施的过程中要注意以下几点。

（1）使纠偏方案双重优化。第一重优化是要考虑采取纠偏措施所带来的效果是否大于不纠偏的损失。如果纠偏行动的费用超过偏差带来的损失，最好的方案也许是不采取任何行动。第二重优化是在此基础上，通过对各种可行性方案的比较，找出其中追加投入最少、纠偏效果最好的方案来组织实施。

（2）充分考虑历史因素的影响。管理者在选择决策方案时，应充分考虑实施初始决策已经消耗的资源和这种消耗对客观环境造成的各种影响，以及人员思想观念的转变等问题，结合企业的现状来矫正企业的流程。

（3）治标与治本并重。组织在选择纠偏措施的过程中，必须考虑对于所出现的问题是准备采取应急性纠偏措施，还是永久性纠偏措施。应急性纠偏可以及时将出现问题的环节拉回到正常轨道上，但问题的根源可能得不到根除；永久性纠偏是找到彻底解决问题的突破口，然后针对此采取解决的行动，这种纠偏措施可以从根本上解决问题，但往往需要的资金、时间和其他条件都比较苛刻，有时难以满足。在实际工作中，治标与治本并重才是有效的方法。

（4）注意消除员工对纠偏措施的疑虑。管理者在选择纠偏措施的过程中，应考虑到员工对纠偏措施所持的不同态度，特别注意消除执行者的疑虑，争取更多人的理解、赞同和支持，以避免方案在付诸实施时可能出现的人为障碍。

综上所述，控制过程其实可以看作是整个管理过程的组成部分，并且是与其他管理职能紧密相连的。

二、控制的类型

计划工作付诸实施，就会产生许多信息。这些信息以不同的方式，通过不同的渠道反映到各级主管人员那里，经过分析、整理，主管人员对不同的控制对象确定了不同的控制工作重点，并采用不同的控制工作类型进行控制。控制工作的类型，按照不同的标志可分成许多种。

（一）按控制点的位置分

组织内的所有活动都可以被认为是将各种资源由投入到转换加工再到输出的过程。集中在这阶段的3种控制类型是：事前控制、事中控制、事后控制。

1. 事前控制

事前控制，又称预先控制、前馈控制，是面向未来的控制，是计划实施前采取预防措施防止问题的发生，而不是在实施中出现问题后的补救。管理人员常运用获取的最新信息结合上一个控制循环中的经验教训，反复对可能出现的结果进行认真预测，然后与计划要求进行比较，必要时进行调整计划或控制影响因素，以确保目标的实现。

【课堂讨论】戴尔公司的事前控制

戴尔公司创建于1984年，是美国一家以直销方式经销个人电脑的电子计算机制造商，其经营规模已迅速发展到当前120多亿美元销售额的水平。戴尔公司是以网络型组织形式来运作的企业，它联结有许多为其供应计算机硬件和软件的厂商。其中有一家供应厂商，电脑显示屏做得非常好。戴尔公司先是花很大的力气和投资使这家供应商做到每百万件产品中只能有1000件瑕疵品，并通过绩效评估确信这家供应商达到要求的水准后，戴尔公司就完全放心地让他们的产品直接打上"Dell"商标，并取消了对这种供应品的验收、库存。类似的做法也发生在戴尔其他外购零部件的供应中。

通常情况下，供应商将供应的零部件运送到买方那里，经过开箱、触摸、重新包装，经验收合格后，产品组装商便将其存放在仓库中备用。为确保供货不出现脱节，公司往往要贮备未来一段时间内可能需要的各种零部件。这是一般的商业惯例。因此，当戴尔公司对这家电脑显示屏供应商说道："这种显示屏我们今后会购买400万到500万台左右，贵公司为什么不干脆让我们的人随时需要、随时提货"的时候，商界人士无不感到惊讶，甚至以为戴尔公司疯了。戴尔公司的经理们则这样认为，开箱验货和库存零部件只是传统的做法，并不是现代企业运营所必要的步骤，遂将这些"多余的"环节给取消了。

戴尔公司的做法就是，当物流部门从电子数据库得知公司某日将从自己的组装厂提出某型号电脑××部时，便在早上向这家供应商发出配额多少数量显示屏的指令信息，这样等到当天傍晚时分，一组组电脑便可打包完毕分送到顾客手中。如此，不但可以节约了检验和库存成本，也加快了发货速度，提高了服务质量。

思考

（1）你认为，戴尔公司对电脑显示屏供应厂商是否完全放弃和取消了控制？如果是，戴尔公司的经营业绩来源于哪里？如果不是，那它所采取的控制方式与传统的方式有何切实的不同？

（2）戴尔公司的做法对于中国的企业有适用性吗？为什么？

分析

（1）戴尔对显示屏供应商的控制放在了事前的"绩效评估"，他的评估在每一合同期间应该有抽查和年终的考核，保证下一合同期间的"绩效评估"结果，同时承担次品责任。传统的方式是收货方过多的再次检验，产生了物流和库存成本以及使价值期间变得更长了。

（2）戴尔的做法需要一个信任和负责的商业环境，尤其是尊重法律的环境。而我国的企业适用的是在整个价值链上下工夫，除了制造环节，还需要降低成本、缩短价值期间。

2．事中控制

事中控制，又称为过程控制、同期控制、环节质量控制，事中控制主要有监督和指导两项职能，作用在正在进行的计划执行过程。它是一种主要为基层主管人员所采用的控制工作方法。主管人员通过深入现场亲自监督检查、指导和控制下属人员的活动。它包括的内容有：

（1）向下级指示恰当的工作方法和工作过程。

（2）监督下级的工作以保证计划目标的实现。

（3）发现不合标准的偏差时，立即采取纠正措施。

在计划的实施过程中，大量的管理控制工作，尤其是基层的管理控制工作都属于这种类型。因此，它是控制工作的基础。一个主管人员的管理水平和领导能力常常会通过这种工作表现出来。

在现场控制中，组织机构授予主管人员的权力使他们能够使用经济的和非经济的手段来影响其下属。控制活动的标准来自计划工作所确定的活动目标和政策、规范和制度。控制工作的重点是正在进行的计划实施过程。控制的有效性取决于主管人员的个人素质、个人作风、指导的表达方式以及下属对这些指导的理解程度。其中，主管人员的"言传身教"具有很大的作用。例如，工人的操作发生错误时，工段长有责任向其指出并作出正确的示范动作帮助其改正。

在进行现场控制时，要注意避免单凭主观意志进行工作。主管人员必须加强自身的学习和提高，亲临第一线进行认真仔细的观察和监督，以计划（或标准）为依据，服从组织原则，遵从正式指挥系统的统一指挥，逐级实施控制。

3. 事后控制

事后控制，又称反馈控制、后馈控制、结果质量控制，这类控制作用发生在行动之后。主要将工作结果与控制标准相比较，对出现的偏差进行纠正，防止偏差的继续发展或再度发生。其目的不是对既成事实的纠正而是为即将开始的下一过程提供控制的依据。其控制的中心问题是防止下一个过程在资源配置等问题上出现偏差。其控制的基本形式是通过对最终结果的分析，汲取经验教训，调整与改进下一阶段的资源配置与过程指导、监督。主要包括：财务报告分析、成本费用分析、质量分析、绩效考评等。

3 种控制之间存在着明显的区别：事前控制是建立在能测量资源的属性与特征的信息基础上的，其纠正行动的核心是调整与配置即将投入的资源，以求影响未来的行动；事中控制的信息来源于执行计划的过程，其纠正的对象也正是这一活动过程；事后控制是建立在表明计划执行最终结果的信息的基础上的，其所要纠正的不是测定出的各种结果，而是执行计划的下一个过程的资源配置与活动过程，如图 6-2 所示。

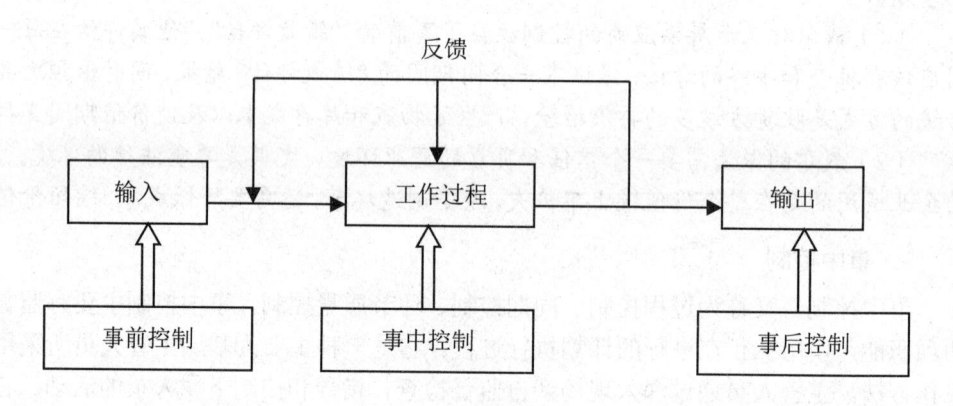

图 6-2　3 种控制的区别

3 种控制的优缺点如表 6-1 所示。

表 6-1　3 种控制的优缺点

控制类型	优点	缺点
事前控制	防患于未然，对事不对人，易被人接受	前提条件多，所需信息难获得
事中控制	具有指导职能，有助于提高工人能力	应用范围窄，易形成心理对立，受管理时间、精力、水平制约
事后控制	真实了解执行效果，获取员工绩效评价信息	损失已经形成

【知识链接】

扁鹊的医术

魏文王问名医扁鹊说："你们家兄弟三人，都精于医术，到底哪一位最好呢？"

扁鹊答："长兄最好，中兄次之，我最差。"

文王再问："那么为什么你最出名呢？"

> 扁鹊答:"长兄治病,是治病于病情发作之前。由于一般人不知道他事先能铲除病因,所以他的名气无法传出去;中兄治病,是治病于病情初起时。一般人以为他只能治轻微的小病,所以他的名气只及本乡里。而我是治病于病情严重之时。一般人都看到我在经脉上穿针管放血、在皮肤上敷药等大手术,所以以为我的医术高明,名气因此响遍全国。"
>
> 管理心得:事后控制不如事中控制,事中控制不如事前控制,可惜大多数的事业经营者均未能体会到这一点,等到错误的决策造成了重大的损失才寻求弥补。而往往是即使请来了名气很大的"空降兵",结果于事无补。

(二)按控制活动的来源分

按控制活动的来源分,控制分为集中控制、分散控制与分级控制。

1.集中控制

集中控制即全系统的控制活动由一个集中的控制机构来完成,这种形式的特点是所有的信息(包括内部、外部)流入控制中心。由控制中心集中加工处理,且所有的控制指令也全部由控制中心统一下达。集中控制的优点是:① 信息完整、集中;② 控制目标易协调、易统一。其缺点是:① 信息传输效率低;② 控制滞后性强;③ 系统适应性差。集中控制是一种较低级的控制,只适合于结构简单的系统,例如,小型企业、家庭作坊等。

2.分散控制

分散控制即系统中的控制部分表现为若干个分散的、有一定相对独立性的子控制机构,这些机构在各自的范围内各司其职,各行其是,互不干涉。各自完成自己的目标;当然这些目标是整个系统目标中的分目标。分散控制的特点与集中控制相反,不同的信息流入不同的控制中心,不同的控制指令由不同的控制中心发出。分散控制的优点是:① 针对性强,信息传递效率高,控制效率高;② 操作简单,系统适应性强。缺点是信息不完整,整体协调困难。分散控制适应于系统组织较松散的部门,如城市各交叉路口的交通管理。

3.分级控制

分级控制又称等级控制或分层控制,是指将系统的控制中心分解成多层次、分等级的制体系,一般呈宝塔型,同系统的管理层次相呼应。

分级控制的特点是综合了集中控制和分散控制的优点,其控制指令由上往下越来越详细,反馈信息由下往上传越来越精练,各层次的监控机构有隶属关系,它们职责分明,分工明确。

(二)按控制的手段分

按控制的手段分,控制分为直接控制、间接控制。直接控制与间接控制的对比如表6-2所示。

表 6-2　直接控制与间接控制的对比

控制类型	假设条件	优点	缺点
直接控制	（1）合格的主管人员所犯的错误最少 （2）管理工作的成效是可以计量的 （3）在计量管理工作成效时，管理的概念、原理和方法是一些有用的判断标准 （4）管理基本原理的应用情况是可以评价的	（1）直接控制有利于推动管理人员主动采取措施纠正偏差 （2）直接控制有利于增强组织的向心力 （3）直接控制有利于选择合适的管理者 （4）直接控制可以节约经费	直接控制忽略了企业中人的因素，不利于下级积极性、创造性的发挥，人的潜力和能动性无法发挥出来
间接控制	（1）工作成效是可以计量的 （2）人们对工作成效具有个人责任感 （3）追查偏差原因所需要的时间是有保证的 （4）出现的偏差可以预料并能及时发现 （5）有关部门或人员将会采取纠正措施	帮助主管人员总结吸取经验教训，增加他们的经验、知识和判断力，提高他们的管理水平	（1）间接控制不能有效解决非人员因素造成的偏差 （2）间接控制是一种典型事后纠偏控制方式。因此，它的费用支出是比较大的 （3）间接控制暗含的基本假设不能成立

1．直接控制

直接控制是指着眼于提高管理者的能力和素质，使他们能够熟练地运用管理理论与技术，不断完善和改进管理工作，防止因管理不善出现不良后果的控制活动。直接控制主要通过提高管理人员的素质进行控制。直接控制的理论依据是：高素质的管理人员在管理实践中出现的差错相对较少，他们能够及时发现正在出现的和潜在的问题，并果断采取有效措施予以纠正。

2．间接控制

间接控制是指着眼于发现工作中出现的偏差，根据偏差探究原因，并追究当事人责任使之改进工作的控制活动。间接控制强调通过结果和计划标准的事后对比进行控制。间接控制的理论依据是：人们常常会犯错误，或者经常会出现不能觉察到那些将要出现的问题，由此常常出现无法及时采取有效措施及时纠正偏差或者预防错误的出现。因此，有效的方式是，根据计划标准，对比实际结果，发现偏差，追查造成偏差的原因和有关人员的责任，之后予以纠正。

第三节 控制的方法

控制的方法和技术有许多，根据管理对象的不同，在本节中简要介绍几种相应的控制方法和技术。

一、预算控制

预算就是用数字编制未来某一个时期的计划，也就是用财务数字（如在财务预算和投资预算中）或非财务数字（如在生产预算中）来表明预期的结果。

预算控制是指以预算规定的收入和支出标准为基础，来检查、监督和控制组织各个部门的活动，在活动过程中分析预算和实际的差距及产生差距的原因，保证组织以最少的资源达到其既定目标。

（一）预算控制的内容

企业经营活动的复杂性和层次性，决定了预算控制内容的复杂性。一般来说，企业组织的预算内容主要包括以下几个方面。

1. 经营预算

经营预算是指企业日常发生的各项基本活动的预算，主要包括销售预算、生产预算、直接材料采购预算、直接人工预算、制造费用预算、单位生产成本预算、推销及管理费用预算等。

销售预算是最基本和最关键的预算，它是对销售预测正式的、详细的说明。由于销售预测是计划的基础，加之企业主要是靠销售产品和劳务所提供的收入来维持经营费用的，因而销售预算也就成为预算控制的基础。

生产预算是根据销售预算中的预计销售量，按产品品种和数量分别编制的。生产预算编好后，还应根据生产能力的平衡排出分季度的生产进度日程表，并在此基础上编制直接材料采购预算、直接人工预算和制造费用预算。这三项预算构成对企业生产成本的统计。

此外，实行标准成本控制的企业还需要编制单位生产成本预算和推销及管理费用预算。其中，后者包括制造业务范围以外预计发生的各种费用明细项目，如销售费用、广告费、运输费等。

2. 投资预算

投资预算是指在对企业固定资产的购置、扩建、改造、更新等进行可行性研究的基础上编制的预算。它具体反映在何时进行投资、投资多少、资金从何处取得、何时可获得收益、每年的现金流量为多少、需要多少时间回收全部投资等。

3. 财务预算

财务预算是指企业在计划期内反映的有关预计现金收支、经营成果和财务状况的预算。它主要包括现金预算、预计收益表和预计资产负债表。

（1）现金预算：主要反映计划期内预计的现金收支的详细情况。为了有计划地安排和筹措资金，现金预算的编制期越短越好。

（2）预计收益表：综合反映企业在计划期内生产经营的财务状况，并作为预计企业经营活动最终成果的重要依据，是企业财务预算中最主要的预算表之一。

（3）预计资产负债表：主要用来反映企业在计划期末的财务状况。其编制要以计划期间开始日的资产负债表为基础，然后根据计划期各项预算的有关资料进行必要的调整。

（三）预算控制的方法

预算控制的方法主要有弹性预算和零基预算两种。

1. 弹性预算

弹性预算是指以预算期内可能发生的多种业务量水平为基础，分别锁定与之相应的费用数额而编制的、能适应多种业务量水平的费用预算。这种预算可以随着业务量的变化而反映各业务量水平下的支出控制数，具有一定的伸缩性。弹性预算的具体编制步骤如下：

（1）选择和确定与预算内容相关的业务量计量标准和范围，如产销量、材料消耗量、直接人工小时、机器工时和价格等。

（2）计算、确定各经济变量之间的数量关系，预测计划期或预算期内可能达到的各种活动业务量。

（3）计算各种业务量的财务预算数额，并以列表、图示或公式等方式来表示。

2. 零基预算

零基预算是指在制定某项职能预算时从零起点开始起的预算过程，即每次都是重新由零开始编制预算。零基预算的具体编制步骤如下：

（1）划分和确定基层预算单位。企业里各基层业务单位通常被视为能独立编制预算的基层单位。

（2）编制本单位的费用预算方案。由企业提出总体目标，然后由各基层预算单位根据企业的总目标和自身的责任目标，编制本单位为实现上述目标的费用预算方案，在方案中必须详细说明提出项目的目的、性质、作用，以及需要开支的费用数额。

（3）进行成本-效益分析。基层预算单位确认预算期内需要进行的业务项目及其费用开支后，管理层对每一个项目的所需费用和所得收益进行比较分析，区分层次，挑出先后。进行成本-效益分析的目的在于判断基层预算单位各个项目费用开支的合理程度、先后顺序以及对本单位业务活动的影响。

（4）审核分配资金。根据预算项目的层次、等级和次序，按照预算期可动用的资金及其来源，依据项目的轻重缓急次序，分配资金，落实预算。

（5）编制并执行预算。资金分配方案确定后，应制定零基预算正式稿，经批准后下达执行。执行中遇有偏离预算的地方要及时纠正，遇有特殊情况要及时修正，遇有预算本身问题要找出原因，总结经验加以提高。

（四）预算控制的局限性

尽管预算控制的运用非常普遍，但其在实际运用中仍存在以下局限性：

（1）只能帮助企业控制那些可以用货币计量的活动，而不能控制那些不能计量的活动（如企业文化、企业形象等）。

（2）编制预算通常参照上期的预算项目和标准，从而会忽视本期活动的实际需要。

（3）在企业的外部环境发生变化时，编制收入和支出的预算有时会不合时宜。

（4）限制了项目预算和部门预算中的费用支出，使得主管在活动中精打细算，不可超支，因此不能做任何其他想做的事情。

二、非预算控制

除了预算控制方法以外，管理控制工作中还采用了许多不同种类的控制手段和方法，统称为非预算控制。非预算控制主要有以下几种。

（一）视察

视察是一种传统的、直接的控制方法，其基本作用就在于获得第一手的信息。基层管理者通过视察，可以判断产量、质量的完成情况以及设备运转情况和劳动纪律的执行情况等；中层管理者通过视察，可以了解到生产计划是否按预定进度执行，劳动保护等规章制度是否被严格遵守，以及生产程中存在哪些偏差和隐患等；高层管理者通过视察，可以了解到组织方针、目标和政策是否深入人心，可以发现职能部门的情况报告是否属实及员工的合理化建议是否得到认真对待，还可以从与员工的交谈中了解他们的情绪和士气等。所有这些，都是管理者最需要了解的第一手信息。

（二）报告

报告是控制对象向控制主体全面、系统地阐述计划的进展情况、存在的问题及其原因、已经采取的措施、收到的效果、预计会出现的问题等情况的一种重要方式。

控制报告必须做到适时、突出重点、简明扼要，并需指出例外情况。通常情况下，负责实施计划的上层领导者对掌握情况的需要，可归纳为以下4个方面。

（1）投入程度。控制主体需要确定本人的参与程度，以此来确定他应在每项计划上花费多少时间，应介入多深。

（2）进展情况。控制主体需要获得那些应由他向上级或向其他关单位（部门）汇报的有关计划进展的情况。

（3）重点情况。控制主体需要在他获得的材料中挑选那些应由本人注意和决策的问题。

（4）全面情况。控制主体需要掌握全盘情况，而不能只是了解一些特殊情况。

（三）比率分析法

对于组织经营活动中的各种不同度量之间的比率分析，是一项非常有效的控制技术和方法。企业经营活动分析中常用的比率可以分为两大类，即财务比率和经营比率。前者主要用于说明企业的财务状况；后者主要用于说明企业的经营活动状况。

1. 财务比率

企业的财务状况能综合反映其生产经营情况。管理者通过对财务状况的分析可以迅速、全面地了解企业的资金来源和资金运用情况，并了解企业资金利用的效果以及企业的支付能力和清偿债务的能力。常用的财务比率有资本金利润率、销售利润率、营业收入利税率、成本费用利润率、流动比率、速动比率、应收账款周转率、存货周转率等。

营业收入利税率＝（利润总额＋销售税金）/营业收入总额×100%

流动比率＝流动资产合计数/流动负债合计数×100%

速动比率＝速动资产/流动负债×100%

其中，速动资产是指可以迅速转换成为现金或已属于现金形式的资产，其计算方法为流动资产减去变现能力较差且不稳定的存货、预付账款、一年内到期的非流动资产和其他流动资产等之后的余额。

2. 经营比率

经营比率又称活力比率，是与资源利用有关的几种比例关系。他们反映了企业经营效率的高低和各种资源是否得到充分的利用。常用的经营比率有市场占有率、相对市场占有率、投入-产出比率等。

（四）盈亏分析法

所谓盈亏分析，就是根据销售量、成本和利润三者之间的相互依赖关系，对企业的盈亏平衡点和盈利情况的变化进行分析的一种方法，又称"量、本、利"分析。它是一种很有用的控制方法和计划方法。在盈亏分析中，将企业的总成本按照性质分为固定成本和变动成本（或可变成本）。所谓固定成本是指不随销售量变化的那部分成本，例如折旧费、设备大修理费、办公费、新产品研制费等。变动成本则是指随销售量变化而变化的那部分成本，例如原材料、工时费、燃料和动力费等。固定成本、变动成本、销售量和利润之间的关系可用一种称之为"盈亏平衡图"的坐标图来描述，如图6-3所示。

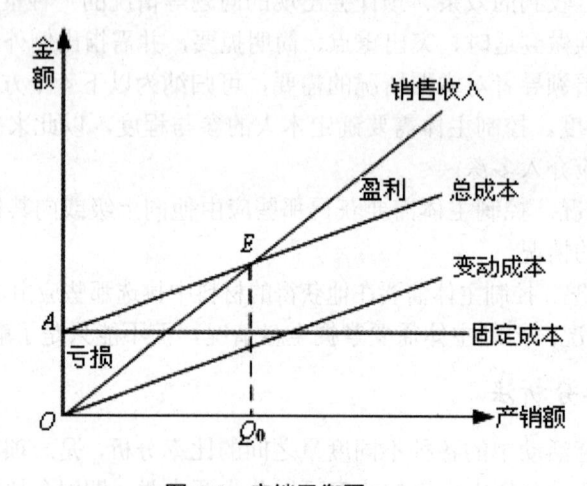

图6-3 产销平衡图

盈亏分析在控制工作中的应用主要有以下几方面：

（1）预测实现目标利润的销售量。只要将计划达到的目标利润代入公式，就可得出实现目标利润的销售量。

（2）分析各种因素变动对利润的影响。

（3）进行成本控制。在盈亏分析中，盈亏平衡点是一个最主要的分析的指标和控制指标。所以，分析构成固定成本和变动成本的那些成本因素的变动对盈亏平衡点的影响，可以用来进行成本控制。通过求全微分，可以建立用于成本控制的增量公式，表明固定成本和变动成本的变化对盈亏平衡点销售量的影响是同方向的，而销售价格的变化对盈亏平衡点销售量的影响是反方向的，这与理论分析的结论是一致的。

（4）判断企业经营的安全率。企业的经营状况可以用企业的经营安全率指标进行粗略的判断。经营安全率是指企业的经营规模（一般是以销售量来表示）超过盈亏平衡点的程度。

（五）审计控制法

审计控制是指对反映组织资金运动过程及其结果的会计记录和财务报表进行审核与鉴定，以判断其真实性和可靠性，从而为控制和决策提供依据。审计是一种常用的控制方法，主要包括财务审计、业务审计和管理审计3种形式。

1. 财务审计

财务审计是指以财务活动为中心内容，以检查并核实账目、凭证、财务、债务和结算关系等客观事物为手段，以判断财务报表中所列出的综合的会计事项是否准确无误，报表本身是否可以依赖为目的的控制方法。此外，管理者通过财务审计还可以判断财务活动是否符合财经政策和法令。财务审计一般包括外部财务审计和内部财务审计。

（1）外部财务审计：是指由非本组织成员的外部专门审计机构（如国家审计部门、公共审计师事务所等）和审计人员对本组织的财务程序和财务经济往来进行有目的的综合检查和审核。

（2）内部财务审计：是指由本组织系统内部的财务人员负责开展的财务审计活动。

2. 业务审计

业务审计是对财务审计的进一步发展，其审计的范围包括财务、生产、市场、人事等方面。业务审计可以由本组织聘请外部独立的咨询机构和专家来进行。

3. 管理审计

管理审计是业务审计的进一步发展，是对组织的各项职能和战略目标所进行的全面审计，其审计范围包括审计结构、计划方法、预算和资源分配、管理决策、科研与开发、市场、内部控制、管理信息系统等。管理审计的目的是要明确组织的优势和劣势，全面改善组织的管理工作。

【课堂讨论】决堤一定修堤吗？

春秋时期，楚国令尹孙叔敖在芍陂县一带修建了一条南北水渠。这条水渠又宽又长，足以灌溉沿渠的万顷农田，可是一到天旱的时候，沿堤的农民就在渠水退去的堤岸边种植庄稼，有的甚至还把农作物种到了堤中央。等到雨水一多，渠水上进，这些农民为了保住庄稼和渠田，便偷偷地在堤坝上挖开口子放水。这样的情况越来越严重，一条辛苦挖成的水渠，被弄得遍体鳞伤，面目全非，因决口而经常发生水灾，变水利为水害了。

面对这种情形,历代苟陂县的行政官员都无可奈何。每当渠水暴涨成灾时,便调动军队去修筑堤坝,堵塞滑洞。后来宋代李若谷出任知县时,也碰到了决堤修堤这个头疼的问题,他便贴出告示说,"今后凡是水渠决口,不再调动军队修堤,只抽调沿渠的百姓,让他们自己把决口的堤坝修好。"这布告贴出以后,再也没有人偷偷地去决堤放水了。

这是一个有趣的故事,但是故事背后的寓意却值得我们做管理者的深思。如果在执行一项政策之前就把这当中的利害关系对执行者讲清楚,他们也许就不会了为自己的私利而做出损害团队利益的事情了,当然这只是对素质高的团队来说。

(六)生产控制法

生产控制的目标是以最低成本按时生产出数量、质量都符合要求的产品;最基本的活动就是在生产过程中指导和监督工人。其内容主要是生产定单的实际安排,又称生产调度;安排产品的生产顺序;进行生产进度监控;生产过程的质量控制;采取纠偏措施,直到产品按要求生产出来为止的全过程监控控制贯穿于生产系统运动的始终。

生产系统凭借控制的动能,监督、制约和调整系统各环节的活动,使生产系统按计划运行,并能不断适应环境的变化,从而达到系统预定的目标。生产系统运行控制的活动内容十分广泛,涉及生产过程中各种生产要素、各个生产环节及各项专业管理。其内容主要有:对制造系统硬件的控制(设备维修)、生产进度控制、库存控制、质量控制、成本控制、数量控制等等。一个生产控制系统最重要的任务首先是控制基本库存和流量库存,即平衡输入和输出;然后再使用精确控制的方法减小控制库存。同时还可以考虑采取一些能力计划和批量计划的措施。

【课堂讨论】麦当劳的控制系统

麦当劳公司以经营快餐闻名遐尔。1955年,克洛克在美国创办了第一家麦当劳餐厅,其菜单上的品种不多,但食品质量高、价格廉,供应迅速,环境优美。连锁店迅速发展到每个州,至1983年,国内分店已超过6000家。

1967年,麦当劳在加拿大开办了首家国外分店,以后国外业务发展很快。到1985年,国外销售额约占它的销售总额的1/5。在40多个国家里,每天都有1800多万人光顾麦当劳。

麦当劳金色的拱门允诺:每个餐厅的菜单基本相同,而且质量超群,服务优良,清洁卫生,货真价实。它的产品、加工和烹制程序乃至厨房布置,都是标准化的,严格控制。它撤消了在法国的第一批特许经营权,因为他们尽管盈利可观,但未能达到快速服务和清洁方面的标准。

麦当劳的各分店都由当地人所有和经营管理。鉴于在快餐饮食业中维持产品质量和服务水平是其经营成功的关键,因此,麦当劳公司在采取特许连锁店经营这种战略开辟分店和实现地域扩张的同时,就特别注意对各连锁店的管理控制。如果管理控制不当,使顾客吃不到不对味的汉堡或受到不友善的接待,其后果就不仅是这家分店将失去这批顾客及其周围人光顾的问题,还会波及影响到其他分店的生意,乃至损害整个公司的信誉。为此,麦当劳公司制定一套全面、周密的控制办法。

麦当劳公司主要通过授予特许权的方式来开辟连锁分店。其考虑之一，就是使购买特许经营权的人在成为店经理人员的同时也成为该分店的所有者，从而在直接分享利润的激励机制中把分店经营得更出色。特许经营使麦当劳公司在独特的激励机制中形成了对其扩展中的业务的强有力控制。麦当劳公司在出售其特许经营权时非常慎重，总是通过各方面调查了解后挑选那些具有卓越经营管理才能的人作为店主，而且事后如发现其能力不符合要求则撤回这一授权。

麦当劳公司还通过详细的程序、规则和条例规定，使分布在世界各地的所有麦当劳分店的经营者和员工们都遵循一种标准化、规范化的作业。麦当劳公司对制作汉堡、炸土豆条、招待顾客和清理餐桌等工作都事先进行详实的动作研究，确定各项工作开展的最好方式，然后再编成书面的规定，用以指导各分店管理人员和一般员工的行为。公司在芝加哥开办了专门的培训中心——汉堡包大学，要求所有的特许经营者在开业之前都接受为期一个月的强化培训。回去之后，他们还被要求对所有工作人员进行培训，确保公司的规章条例得到准确的理解和贯彻执行。

为了确保所有特许经营分店都能按统一的要求开展活动，麦当劳公司总部的管理人员还经常走访、巡视世界各地的经营店，进行直接的监督的控制。例如，有一次巡视中发现某家分店自行主张，在店厅里摆放电视机和其他物品以吸引顾客，这种做法与麦当劳的风格不一致，立即得到纠正。除了直接控制外，麦当劳还定期对各分店的经营业绩进行考评。为此，各分店要及时提供有关营业额、经营成本和利润等方面的信息，这样总部管理人员就能把握各分店经营的动态和出现的问题，以便商讨和采取改进的对策。

麦当劳公司的再一个控制手段，是在所有经营分店中塑造公司独特的组织文化，这就是大家熟知的"质量超群，服务优良，清洁卫生，货真价实"口号所体现的文化价值观。麦当劳公司的共享价值观建设，不仅在世界各地的分店，在上上下下的员工中进行；而且还将公司的一个主要利益团体——顾客也包括进这支建设队伍中。麦当劳的顾客虽然要求自我服务，但公司特别重视满足顾客的要求，如为他们的孩子开设游戏场所、提供快乐餐厅和组织生日聚会等，以形成家庭式的氛围，这样既吸引了孩子们，也增强了成年人对公司的认同感。

问题

（1）麦当劳提出的"质量超群，服务优良，清洁卫生，货真价实"口号如何反映它的公司文化？以这种方式来概括一个组织或公司的文化，具有哪些特色或不足？

（2）麦当劳公司所创设的管理控制系统，具有哪些基本构成要素？

（3）该控制系统是如何促进了麦当劳公司全球扩张战略的实现？

【实训】四人双脚挺立

形式：组织组派1人主持，参与组每组出4名队员。

时间：45分钟。

地点：活动桌椅教室。

目的：增强队员的控制能力和坚持能力。

道具：4把椅子。

程序：

（1）主持人上场宣布游戏名称——4人双脚挺立。

（2）4把椅子相对而放，椅背靠外。

（3）4名队员每个人侧坐在1张椅子上，方向一致（顺时针或逆时针）。

（4）4名队员双腿并拢，并向后仰躺在另一名队员的腿上。

（5）躺好之后，移走4把椅子，这时4名队员身体都成倒L形，靠腿支撑。

规则：

（1）手放在身上，不准扶他人或地面。

（2）从移走全部椅子开始计时，坚持时间最长组获胜。

小组互动环节：

（1）主持人在游戏结束后宣布比赛结果，一组坚持4分05秒；二组坚持4分28秒；三组坚持3分44秒。二组获胜，三组要接受二组的奖惩。

（2）二组已课前准备好互动项目——小天鹅舞。

（3）即三组队员全体出场，每个人双手身体前交叉与身边的队友手拉手，随音乐一起跳小天鹅舞。

本章小结

本章主要介绍了控制职能的基本知识、控制的基本程序及类型、控制的方法等方面的内容。

1．控制的基本知识

控制是指按照计划标准来衡量所取得的成果并纠正所发生的偏差，以确保计划目标实现的活动或过程。控制的前提条件主要有计划前提、组织结构前提和信息沟通网络的前提。

组织在控制过程中，必须遵循以下基本原则：① 标准性原则；② 适时性原则；③ 关键性原则；④ 灵活性原则；⑤ 全局性原则；⑥ 客观性原则；⑦经济性原则等。

2．控制的基本程序和类型

控制的基本程序包括确定控制标准、衡量工作成效、纠正偏差3个步骤。

管理控制中所用的标准主要有5种，即时间标准、成本标准、质量标准、数量标准和无形标准。

组织在制定控制标准时，必须使标准达到以下要求：① 目标性；② 科学性；③ 稳定性；④ 普遍适用性；⑤ 公平性；⑥ 准确性。

一般来说，企业可以使用的建立标准的方法有以下3种：① 利用统计的方法制定标准；② 根据评估建立标准；③ 制定工程标准。

衡量工作成效的方法主要有以下几种：① 亲自观察；② 调查研究；③ 统计报表；④ 听取汇报。

组织在纠正偏差时一般采取以下步骤：① 寻找偏差产生的主要原因；② 确定纠偏的方向和对象；③ 选择恰当的纠偏措施。

按控制点的位置分，控制可以分为事前控制、事中控制、事后控制；按控制活动的来源分，控制分为集中控制、分散控制与分级控制；按控制的手段分，控制分为直接控制、间接控制。

3．控制的方法

控制的方法主要包括预算控制和非预算控制两种。

预算控制是指以预算规定的收入和支出标准为基础，来检查、监督和控制组织各个部门的活动，在活动过程中分析预算和实际的差距及产生差距的原因，保证组织以最少的资源达到其既定目标。一般来说，企业组织的预算内容主要包括经营预算、投资预算和财务预算。预算控制的方法主要有弹性预算和零基预算两种。

非预算控制主要有视察、报告、比率分析法、盈亏分析法、审计控制法、生产控制法等。

本章习题

一、名词解释

控制　　事前控制　　集中控制　　预算控制

二、单项选择

1．"治病不如防病，防病不如讲卫生。"根据这一说法，以下几种控制方案中，哪一种方式最重要（　　）。
　A．预先控制　　　B．适时控制　　C．反馈控制　　D．前馈控制

2．"容易在控制者与被控制者之间形成对立情绪，伤害被控制者的工作积极性"是哪一种控制的缺点（　　）。
　A．前馈控制　　　B．现场控制　　C．反馈控制　　D．以上均不对

3．控制的对象不同，标准也不一样，以下哪一项是最常用的控制标准（　　）。
　A．成本标准　　　　　　　B．数量标准和质量标准
　C．时间标准　　　　　　　D．A＋B＋C

4．管理控制工作的一般程序是（　　）。
　A．建立控制标准—分析差异产生原因—采取矫正措施
　B．采取矫正措施—分析差异产生原因—建立控制标准
　C．建立控制标准—采取矫正措施—分析差异产生原因

D．分析差异产生原因—采取矫正措施—建立控制标准

5．现场控制方法主要适用于（　　）。

A．高层主管人员　　　　B．中层主管人员

C．基层主管人员　　　　D．非主管人员

6．控制工作的第一步是（　　）。

A．衡量成效　　　　　　B．拟定标准

C．纠正偏差　　　　　　D．查明原因

7．为了预防腐败，廉洁为政，某部门实行岗位轮换制度，规定处级以上干部在同一岗位工作时间不超过4年。这种作法可以认为是一种（　　）。

A．事后控制　　　　　　B．事前控制

C．事中控制　　　　　　D．间接控制

三、简答题

1．控制过程一般有哪些步骤？

2．控制有哪些种类？

3．预先控制、过程控制和事后控制各有何特点？

4．如何控制考试作弊现象？谈谈你的想法。

第七章 企业管理

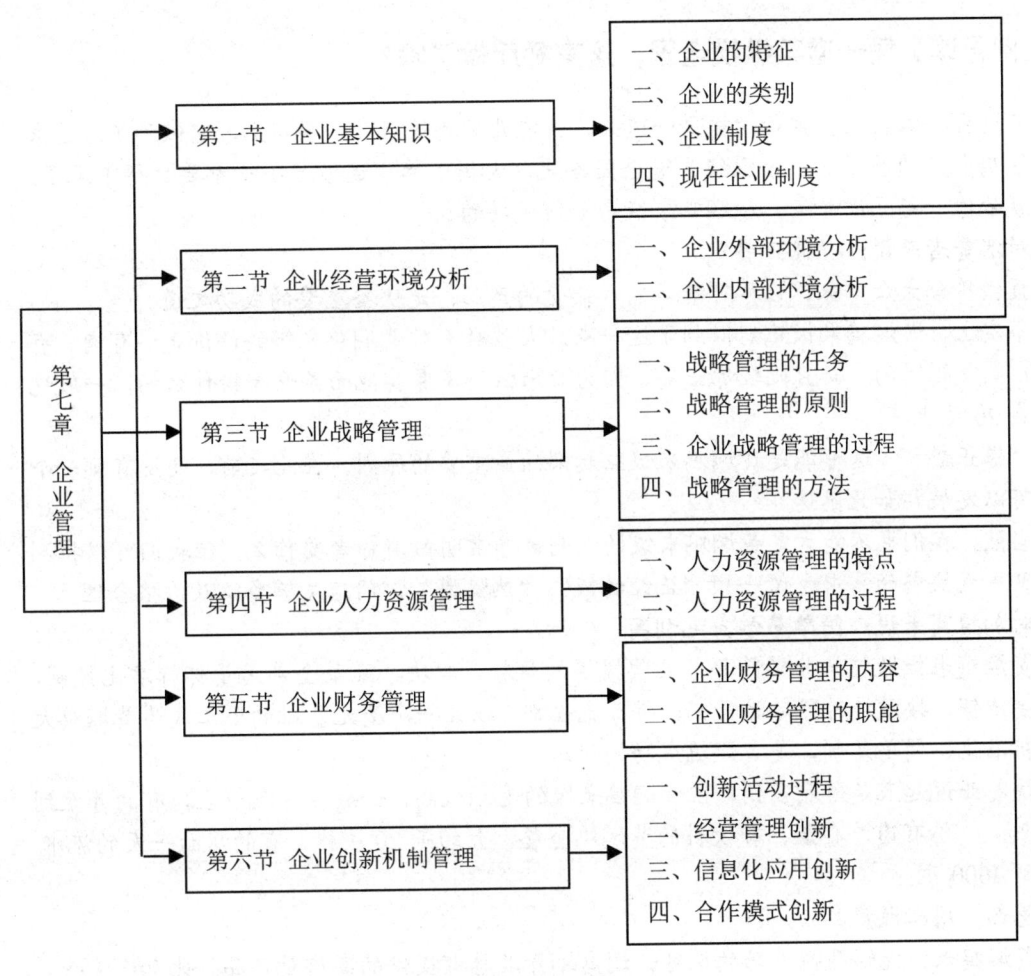

```
                    ┌─ 第一节 企业基本知识 ──→ 一、企业的特征
                    │                        二、企业的类别
                    │                        三、企业制度
                    │                        四、现在企业制度
                    │
                    ├─ 第二节 企业经营环境分析 ──→ 一、企业外部环境分析
                    │                          二、企业内部环境分析
                    │
                    │                        一、战略管理的任务
 第                 ├─ 第三节 企业战略管理 ──→ 二、战略管理的原则
 七                 │                        三、企业战略管理的过程
 章                 │                        四、战略管理的方法
 企 ─────┤
 业                 ├─ 第四节 企业人力资源管理 ──→ 一、人力资源管理的特点
 管                 │                            二、人力资源管理的过程
 理                 │
                    ├─ 第五节 企业财务管理 ──→ 一、企业财务管理的内容
                    │                        二、企业财务管理的职能
                    │
                    │                           一、创新活动过程
                    └─ 第六节 企业创新机制管理 ──→ 二、经营管理创新
                                                三、信息化应用创新
                                                四、合作模式创新
```

本章结构图

【学习目标】

- ➢ 了解现代企业制度的内容;
- ➢ 掌握企业经营环境所包含的内容;
- ➢ 了解企业全方位管理;
- ➢ 理解企业创新机制。

-193-

【能力目标】

> 能利用分析工具分析企业经营环境；
> 能进行企业战略分层；
> 能把握企业创新技能。

【案例导读】凭一道菜纵横全国，这家餐厅做了啥？

有这么一家企业，宣称"凭借一道菜，就能开家餐饮店"。事实上，它做到了。这家叫黄焖鸡米饭的餐厅，至今已经开遍全国各地、大街小巷，连沙县小吃都要甘拜下风了。本文就带你一起见证一下，黄焖鸡米饭是如何成功的。

对消费者来说："像正餐"

提供符合大众口味、让尽可能多的人接受的产品，是快餐重要的成功之道。

事实上，黄焖鸡米饭正好做到了这一点。大多数人对黄焖鸡米饭的评价是：有肉、有土豆，热气腾腾的；而且比较像正餐，因为有米饭，不像其他面条啊米粉什么的，一般吃一顿在20元上下。

"像正餐"，这可能是黄焖鸡米饭红起来的最重要的原因。在此之前，还没有哪一个单品可以发展得如此迅速。

当然，我们也不能肯定黄焖鸡米饭的发明者非常明白消费者要什么，但我们可以推测出一些中式快餐的需求：像一顿"正经的饭""热腾腾"、门店足够多以及价格合理。

对加盟商来说：简单易学，毛利高

黄焖鸡米饭做起来非常简单，品牌提供的酱料、鸡块、配菜全部用量杯标准化控制，放进高压锅，按照计时器定时开锅，所有流程都可以让一个毫无基础的小工成为黄焖鸡大厨。标准化、简单复制，是黄焖鸡成功的秘籍。

快餐业说起来是薄利多销，但黄焖鸡米饭的毛利极高，一般在50%以上，有的甚至到了65%。一份有肉、有饭、有饮料的黄焖鸡套餐，大约是20块钱，有的店面一天的流水能做到4000元。

总部：用心做产品

黄焖鸡米饭能够赢得市场的认可，还离不开其总部提供的高质量产品。比如：

第一，黄焖鸡米饭的主要食材鸡肉，选用的是鲜嫩的三黄鸡鸡腿肉，加入20多种草药以及调味料精心研制而成，口感好，味道佳；

第二，就连大米，都是经过先筛后簸，确保其粒粒如玉，再加入多种绿色食材，制成了紫薯、南瓜、玉米、板栗等多种口味；

第三，在制作过程中，黄焖鸡米饭的锅体，选用的是江苏宜兴产的砂锅，而不是普通金属器皿。在火功上，也严格遵循6分钟烹制出锅的标准。

黄焖鸡米饭总部除了考虑到怎样让人们吃得惯、吃得好外，为了让更多的消费者都能吃得起，在价位的制定上，他们将其定位在中低档价位。

在外人看来，黄焖鸡米饭凭借一道菜就能火爆起来，显得成功很是容易与轻松。但对于其背后成功之道，能摸透的人并不多。

第一节　企业基本知识

　　企业一般是指以盈利为目的，运用各种生产要素（土地、劳动力、资本、技术和企业家才能等），向市场提供商品或服务，实行自主经营、自负盈亏、独立核算的法人或其他社会经济组织。

　　在商品经济范畴内，作为组织单元的多种模式之一，企业是按照一定的组织规律，有机构成的经济实体，一般以营利为目的，以实现投资人、客户、员工、社会大众的利益最大化为使命，通过提供产品或服务换取收入。它是社会发展的产物，因社会分工的发展而成长壮大。企业是市场经济活动的主要参与者；在社会主义经济体制下，各种企业并存共同构成社会主义市场经济的微观基础。企业存在三类基本组织形式：独资企业、合伙企业和公司。公司制企业是现代企业中最主要的最典型的组织形式。

一、企业的特征

　　现代经济学理论认为，企业本质上是"一种资源配置的机制"，其能够实现整个社会经济资源的优化配置，降低整个社会的"交易成本"。企业的特征主要包括以下几个：

　　（1）企业是社会组织，具有社会性和组织性。
　　（2）企业是从事商品经营活动的社会组织，具有商品性和经济管理性。
　　（3）企业是实行自主经营和自负盈亏的社会组织，具有自主性和自律性。
　　（4）企业是依法设立的社会组织，具有法定性。

【知识链接】

辨析企业与事业

1. 企业

　　依照中国法律规定，公司是指有限责任公司和股份有限责任公司，具有企业的所有属性。因此，凡公司均为企业，但企业未必都是公司。公司只是企业的一种组织形态。企业，在《现代汉语词典》中的解释为：从事生产、运输、贸易等经济活动的部门，如工厂、矿山、铁路、公司等。

　　在2007年3月17日通过的《中华人民共和国企业所得税法》中第一条则有这样的描述："在中华人民共和国境内，企业和其他取得收入的组织（以下统称企业）为企业所得税的纳税人，依照本法的规定缴纳企业所得税。个人独资企业、合伙企业不适用本法。"

　　从上面的解释和法条可以看出：首先企业是一种社会组织（也即部门，但是"部门"这个单词有着浓重的计划经济色彩，显得有些过时）；其次企业从事经济活动，也就是能够给社会提供服务或产品；最后企业是以取得收入为目的，即以营利为目的。

　　公司，在《现代汉语词典》中的解释为：一种工商业组织，经营产品的生产、商品的流转或某些建设事业等。

> 在2005年10月27日修订的《中华人民共和国公司法》中第二条则有这样的描述:"本法所称公司是指依照本法在中国境内设立的有限责任公司和股份有限公司。"
>
> 可见,通常使用"公司"这个单词时,其含义是较为广泛,很多时候个人独资企业、合伙企业也被称为公司,但是在法律条文中,公司仅仅指有限责任公司和股份有限公司。若按照公司的法律意义,如下定义可能更合适一些:独立承担民事责任的从事生产或服务性业务的社会组织。
>
> 2. 事业与企业
>
> 企业单位一般是自负盈亏的生产性单位。所谓"自负盈亏"意即:自己承担亏损与盈利的后果,有一定的自主权。企业单位分为国企和私企。国企就是属国家所有的企业单位。私企就是属个人所有的企业单位。
>
> 事业单位一般是国家设置的带有一定的公益性质的机构,但不属于政府机构,与公务员是不同的。一般情况下国家会对这些事业单位予以财政补助。分为:全额拨款事业单位,如学校等;差额拨款事业单位,如医院等,还有一种是自主事业单位,是国家不拨款的事业单位。

【课堂讨论】让所有知识触手可及,让所有员工有效学习

总部设在美国弗吉尼亚州北部的 CSC 的是一家重要的技术咨询公司。在一套企业知识/学习系统的帮助下,公司去年的销售额高达 50 亿美元。CSC 的知识系统主要由 3 个部分构成,分别为:知识团队,在客户服务中发展与分享知识;知识库,存储有 CSC 全部核心技术,作为了解公司专业知识的指南;富于协作精神的企业环境,对知识库的应用与知识团队起到了鼓励与促进作用。

CSC 的这一知识系统鼓励企业员工充分使用知识库,并利用其中的技术工具与产品为客户服务。员工可以从知识库中下载 1500 多个电脑培训课程,丰富自身的理论知识与实际业务水平。另外,他们还能够自由进入同事的学习程序,以提高自己的学习效率。

正如 CSC 所证明的,当今电子商务环境的成功变革取决于若干关键因素,"学习"与"知识"就是其中的两个重要因素;第三个因素是"协作",实施有效的变革离不开不同部门、职能与级别人员之间的协作。你不可能只在企业中的一个部门实行改革而不触及其他相关部门。

汇总全部信息 要实现有计划的革新,首先必须把企业过去与现在情况的全部信息进行汇总;同时必须以企业的未来发展为目标,避免对过去的问题斤斤计较,纠缠不清,接着,要把这些信息转化为指导变革创新的知识,为个人及企业的学习和技能进步提供资源;最为重要的是,用企业的协作文化促进知识交流与学习。

问题

怎样整合企业知识与员工发展?

二、企业的类别

关于企业的种类,我国《公司法》《合资企业法》《中外合作经营企业法》《中外合资企业法》《外资企业法》《个人独资企业法》等法律及有关法规中有相关规定。

(一)企业种类的确定标准

企业种类的确定一般有两个标准,即学理标准和法定标准。学理标准是研究企业和企业法的学者们根据企业的客观情况以及企业的法定标准对企业类型所作的理论上的解释与分类。这种分类没有法律上的约束力和强制性,但学理上的解释对企业法的制定与实施有着指导和参考作用。法定标准是根据企业法规定所确认和划分的企业类型。法定的企业种类具有法律的约束力和强制性。但因企业的类型不同,法律对不同种类企业规定的具体内容与程序上的要求也有很大区别。

(二)企业法定分类的基本形态

企业法定分类的基本形态主要是独资企业、合伙企业和公司。法律对这3种企业划分的内涵基本做了概括,即企业的资本构成、企业的责任形式和企业在法律上的地位。从我国的立法实践来看,我们基本上按所有制形式安排企业立法,划分企业类型。随着社会主义市场经济体制的逐步建立,企业改革的进一步深化,我国也将把独资企业、合伙企业和公司作为我国企业的基本法定分类。我国已颁布《公司法》《中华人民共和国合伙企业法》和《中华人民共和国独资企业法》。我国法定分类主要有:独资企业、合伙企业、公司。

此外,在我国还可以按照经济类型对企业进行分类。这是我国对企业进行法定分类的基本作法。根据宪法和有关法律规定,我国目前有国有经济、集体所有制经济、私营经济、联营经济、股份制经济、涉外经济(包括外商投资,中外合资及港、澳、台投资经济)等经济类型,相应我国企业立法的模式也是按经济类型来安排,从而形成了按经济类型来确定企业法定种类的特殊情况。

1. 国有企业

这是指企业的全部财产属于国家,由国家出资兴办的企业。国有企业的范围包括中央和地方各级国家机关、事业单位和社会团体使用国有资产投资所举办的企业,也包括实行企业化经营、国家不再核拨经费或核发部分经费的事业单位及从事生产经营性活动的社会团体,还包括上述企业、事业单位、社会团体使用国有资产投资所举办的企业。

2. 集体所有制

这是指一定范围内的劳动群众出资举办的企业。它包括城乡劳动者使用集体资本投资兴办的企业,以及部分个人通过集资自愿放弃所有权并依法经工商行政管理机关认定为集体所有制的企业。

3. 私营企业

这是指企业的资产属于私人所有,有法定数额以上的雇工的营利性经济组织,在我国这类企业由公民个人出资兴办并由其所有和支配,而且其生产经营方式是以雇佣劳动为基础，雇工数额应在 8 人以上。这类企业原以经营第三产业为主，现已涉足第一、第二产业，向科技型、生产型、外向型方向发展。

4. 股份制企业

企业的财产由两个或两个以上的出资者共同出资，并以股份形式而构成的企业。我国的股份制企业主要是指股份有限公司和有限责任公司（包括国有独资公司）两种组织形式。某些国有、集体、私营等经济组织虽以股份制形式经营，但未按公司法有关既定改制规范的，未以股份有限责任公司或有限责任公司登记注册的，仍按原所有制经济性质划归其经济类型。

5. 联营企业

这是指企业之间或者企业、事业单位之间联营，组成新的经济实体；具备法人条件的联营企业，独立承担民事责任；不具备法人条件的，由联营各方按照出资比例或者协议的约定，以各自所有的或者经营管理的财产承担民事责任的企业。如果按照法律规定或者协议的约定负连带责任的，则要承担连带责任。

6. 外商投资企业

这类企业包括中外合营者在中国境内经过中国政府批准成立的，中外合营者共同投资、共同经营、共享利润、共担风险的中外合资经营企业；也包括由外国企业、其他经济组织按照平等互利的原则，按我国法律以合作协议约定双方权利和义务，经中国有关机关批准而设立的中外合作经营企业；还包括依照中国法律在中国境内设立的，全部资本由外国企业、其他经济组织或个人单独投资、独立经营、自负盈亏的外资企业。

7. 港、澳、台

这是指港、澳、台投资者依照中华人民共和国有关涉外经济法律、法规的规定，以合资、合作或独资形式在大陆举办的企业。在法律适用上，均以中华人民共和国涉外经济法律、法规为依据，在经济类型上它是不同于涉外投资的经济类型。

8. 股份合作企业

这是指一种以资本联合和劳动联合相结合作为其成立、运作基础的经济组织，它把资本与劳动力这两个生产力的基本要素有效地结合起来，具有股份制企业与合作制企业优点的新兴的企业组织形式。

此外，按企业规模分，企业也可以分为：大型企业，中型企业，小型企业，微型企业；按组织机构分，企业可分为：工厂，公司，初创；按照企业在社会再生产过程中的职能划分，有工业企业、商业企业、建筑企业、金融企业等。

三、企业制度

企业制度是企业产权制度、企业组织形式和经营管理制度的总和。企业制度的核心是产权制度，企业组织形式和经营管理制度是以产权制度为基础的，三者分别构成企业制度的不同层次。企业制度是一个动态的范畴，它是随着商品经济的发展而不断创新和演进的。

从企业发展的历史来看，具有代表性的企业制度有以下 3 种。

（一）业主制

这一企业制度的物质载体是小规模的企业组织，即通常所说的独资企业。在业主制企业中，出资人既是财产的唯一所有者，又是经营者。企业主可以按照自己的意志经营，并独自获得全部经营收益。这种企业形式一般规模小，经营灵活。正是这些优点，使得业主制这一古老的企业制度一直延续至今。但业主制也有其缺陷，如：资本来源有限，企业发展受限制；企业主要对企业的全部债务承担无限责任，经营风险大；企业的存在与解散完全取决于企业主，企业存续期限短等。因此业主制难以适应社会化商品经济发展和企业规模不断扩大的要求。

（二）合伙制

这是一种由两个或两个以上的人共同投资，并分享剩余、共同监督和管理的企业制度。合伙企业的资本由合伙人共同筹集，扩大了资金来源；合伙人共同对企业承担无限责任，可以分散投资风险；合伙人共同管理企业，有助于提高决策能力。但是合伙人在经营决策上也容易产生意见分歧，合伙人之间可能出现偷懒的道德风险。所以合伙制企业一般都局限于较小的合伙范围，以小规模企业居多。

（三）公司制

现代公司制企业的主要形式是有限责任公司和股份有限公司。公司制的特点是公司的资本来源广泛，使大规模生产成为可能；出资人对公司只负有限责任，投资风险相对降低；公司拥有独立的法人财产权，保证了企业决策的独立性、连续性和完整性；所有权与经营权相分离，为科学管理奠定了基础。

四、现代企业制度

现代企业制度定义为以市场经济为基础，以企业法人制度为主体，以公司制度为核心，以产权清晰、权责明确、政企分开、管理科学为条件的新型企业制度。

（一）现代企业制度的基本特征

现代企业制度是指适应现代社会化大生产和市场经济体制要求的一种企业制度，也是具有中国特色的一种企业制度。

1．产权清晰

（1）有具体的部门和机构代表国家对某些国有资产行使占有、使用、处置和收益等权利。

（2）国有资产的边界要"清晰"，也就是通常所说的"摸清家底"。首先要搞清实物形态国有资产的边界，如机器设备、厂房等；其次要搞清国有资产的价值和权利边界，包括实物资产和金融资产的价值量，国有资产的权利形态（股权或债权，占有、使用、处置和收益权的分布等），总资产减去债务后净资产数量等。

2. 权责明确

"权责明确"是指合理区分和确定企业所有者、经营者和劳动者各自的权利和责任。所有者、经营者、劳动者在企业中的地位和作用是不同的，因此他们的权利和责任也是不同的。

（1）权利。所有者按其出资额，享有资产受益、重大决策和选择管理者的权利，企业破产时则对企业债务承担相应的有限责任。企业在其存续期间，对由各个投资者投资形成的企业法人财产拥有占有、使用、处置和收益的权利，并以企业全部法人财产对其债务承担责任。经营者受所有者的委托在一定时期和范围内拥有经营企业资产及其他生产要素并获取相应收益的权利。劳动者按照与企业的合约拥有就业和获取相应收益的权利。

（2）责任。与上述权利相对应的是责任。严格意义上说，责任也包含了通常所说的承担风险的内容。要做到"权责明确"，除了明确界定所有者、经营者、劳动者及其他企业利益相关者各自的权利和责任外，还必须使权利和责任相对应或相平衡。此外，在所有者、经营者、劳动者及其他利益相关者之间，应当建立起相互依赖又相互制衡的机制，这是因为他们之间是不同的利益主体，既有共同利益的一面，也有不同乃至冲突的一面。相互制衡就要求明确彼此的权利、责任和义务，要求相互监督。

3. 政企分开

政府行政管理职能、宏观和行业管理职能与企业经营职能分开。

（1）政企分开要求政府将原来与政府职能合一的企业经营职能分开后还给企业，改革以来进行的"放权让利""扩大企业自主权"等就是为了解决这个问题。

（2）政企分开还要求企业将原来承担的社会职能分离后交还给政府和社会，如住房、医疗、养老、社区服务等。应注意的是，政府作为国有资本所有者对其拥有股份的企业行使所有者职能是理所当然的，不能因为强调"政企分开"而改变这一点。当然，问题的关键还在于政府如何才能正确地行使而不是滥用其拥有的所有权。

4. 管理科学

"管理科学"是一个含义宽泛的概念。从较宽的意义上说，它包括了企业组织合理化的含义；从较窄的意义上说，"管理科学"要求企业管理的各个方面，如质量管理、生产管理、供应管理、销售管理、研究开发管理、人事管理等方面的科学化。管理致力于调动人的积极性、创造性，其核心是激励、约束机制。要使"管理科学"，当然要学习、创造，引入先进的管理方式，包括国际上先进的管理方式。对于管理是否科学，虽然可以从企业所采取的具体管理方式的"先进性"上来判断，但最终还要从管理的经济效率上，即管理成本和管理收益的比较上做出评判。

（二）现代企业制度的实施要点

第一，要坚持以公有制为主体。深化国有企业改革，建立现代企业制度，是为了寻求公有制与市场经济相结合的有效途径，使国有企业有更强的活力，更高的效益，绝不是搞私有化。建立现代企业制度，必须保持公有制在国民经济中的主体地位，也就是说，要保持公有制的资产在社会总资产中占据优势；有关国计民生的产业为国家所控制；国有大中

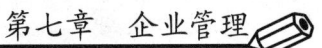

型企业在经济发展中发挥主导作用。我们提出的产权明晰，主要是处理好市场经济条件下出资者所有权与企业法人财产权的正确关系，两者既有联系，又相互独立。这种关系的确立，绝不意味着削弱和动摇国家作为出资者的地位和作用，法人财产权也绝不是把国家财产划给个人。我国所要建立的现代企业制度中的企业法人，是具有民事权利义务主体资格的经济组织。企业法人财产权，是指企业法人代表在向出资者负责、保证资产保值增值的前提下，对资产的占有、使用、收益和处分的权利。这些并不改变企业的所有制性质。

第二，现代企业制度是适应社会主义市场经济发展要求、依法规范的企业制度。我国企业按财产构成可以有多种组织形式。国有企业实行公司制，是建立现代企业制度的有益探索。规范的公司，能够有效地实现出资者所有权与企业法人财产权的分开，有利于政企职责分开、转换经营机制，企业摆脱对行政机关的依赖，国家解除对企业承担的无限责任。除公司制企业外，还有非公司制企业，如个体业主企业、合伙企业、股份合作制企业和国家独资的国有企业等，形成我国的企业制度体系。其中，就企业总的户数而言，大多数可能为非公司制企业；就大型骨干企业而言，公司制可能是主要的企业组织形式。每个企业采取哪种组织形式好，不强求一律，要因企业实际情况而异，以有利于发展生产力、提高企业经济效益为标准。现代企业制度讲的是企业制度，是指"现代的企业制度"，所有企业都应朝这个方向努力，逐步改变原有的不适应市场经济体制的企业制度。21世纪初有一种误解，以为建立现代企业制度就是将所有企业都"公司化"，"公司化"就是股票上市。这是一种错误的理解。我国国有企业要依据行业和企业的特点选择不同的企业组织形式，可以是公司制，也可以是非公司制。就改制为公司的企业而言，可以是股份公司，也可以是国有独资公司，也就是说，除了搞多个股东的公司外，根据《中华人民共和国公司法》规定的条件，国有企业还可以改制为国有独资公司。建成股份有限公司也不等于都能股票上市。需要指出的是，企业不是改称为公司就实现了现代企业制度，而是要以《公司法》为规范的依据，在产权明晰的基础上，建立一套完善的公司治理结构，转变经营机制。

第三，建立现代企业制度，要全面实行"产权清晰、权责明确、政企分开、管理科学"四句话，当前要特别注意实现政企职责分开，转变政府职能。建立现代企业制度，必须改变国有企业是政府机构的附属物，国家实际上对企业债务承担无限连带责任的状况。国家作为出资者，享有资产受益、重大决策和选择管理者等权利，要搞好监督，不干预企业的具体经营活动。企业独立经营，享有民事权利，承担民事责任，成为拥有法人财产权的独立法人实体，企业法人要依法正确运用企业法人财产权，对所有者承担资产保值增值的责任。政企分开，主要是政府与企业职能的分开，各司其职。通过试点，也要把政府和企业的不同职能具体化。

第四，现代企业制度是一个完整的制度体系。它的建立涉及到企业与企业、企业与政府、企业与市场、企业与社会之间多方面生产关系的调整。因此，建立现代企业制度，实行同步配套改革尤为重要。当前迫切需要做好两件事，一是转变政府职能，进而实行机构改革，完善国有资产管理体系，二是建立健全社会保障制度。

第五，要提高企业的管理水平。不论是公司制企业还是非公司制企业，都要按照现代企业制度的精神实质，建立健全科学的组织管理体系、领导体制和经营管理制度，要根据各自行业特点，千方百计地提高经营管理水平。

第六，现代企业制度是依法规范的制度。

第二节　企业经营环境分析

企业经营环境是指企业的经营活动所处的内外部条件与环境因素的总和。企业外部环境是指处于企业实体之外但对企业产生影响的诸多因素的总和；企业内部环境是指影响企业生存和发展的内部条件与因素之和。

一、企业外部环境分析

企业外部环境因素一般可分为三大类：一般环境因素、行业环境因素和具体环境因素。

（一）一般环境因素分析

一般环境因素是指对某一特定社会企业或其他经济组织都产生影响的环境因素，主要包括：

（1）经济因素。主要指国民经济的发展情况，包括国民生产总值、利率、通胀率、可支配收入、证券市场指数、外贸收支情况以及一般的经济周期等。

（2）政治法律因素。指总的政治形势及立法和司法现状，包括国家政局的稳定性、社会制度、党派关系、相关法律法规以及产业政策等。

（3）社会文化因素。包括教育水平、宗教信仰、风俗习惯等。

（4）技术因素。主要指目前社会技术总水平及其变化趋势。

（5）自然因素。包括地理位置、气候、资源、自然灾害等因素。

（二）行业环境分析

行业环境是一般环境与具体环境的结合，它是对本行业内的所有企业都产生影响的环境因素。行业环境的分析主要有以下两方面的内容：

1. 行业发展阶段、规模和趋势分析

确定行业的各种阶段是行业分析的第一步。识别一个行业处于哪个发展阶段，可以用行业生命周期的理论和方法来进行。行业的发展也是有周期的，它同样会经历幼稚期、成长期、成熟期和衰退期四个阶段。在不同的阶段，有不同的市场和竞争特点，企业可根据这些特点来判断自己所处行业的发展阶段。

2. 行业竞争环境分析——波特的"五力模型"

美国哈佛大学商学院教授波特将企业的竞争因素概括为5种基本力量，提出了一个产业竞争结构的基本模式，即"波特模型"（如图7-1所示）。

波特五力模型用于竞争战略的分析，可以有效地分析客户的竞争环境。波特的"五力分析法"是对一个产业盈利能力和吸引力的静态断面扫描，说明的是该产业中的企业平均具有的盈利空间，所以这是一个产业形势的衡量指标，而非企业能力的衡量指标。通常，这种分析法也可用于创业能力分析，以揭示本企业在本产业或行业中具有何种盈利空间。

图 7-1　波特的五力模型

（1）供应商的议价能力。供方主要通过其提高投入要素价格与降低单位价值质量的能力，来影响行业中现有企业的盈利能力与产品竞争力。供方力量的强弱主要取决于他们所提供给买主的是什么投入要素，当供方所提供的投入要素其价值构成了买主产品总成本的较大比例、对买主产品生产过程非常重要，或者严重影响买主产品的质量时，供方对于买主的潜在讨价还价力量就大大增强。一般来说，满足如下条件的供方集团会具有比较强大的讨价还价力量：

供方行业为一些具有比较稳固市场地位而不受市场剧烈竞争困扰的企业所控制，其产品的买主很多，以致于每一单个买主都不可能成为供方的重要客户。

供方各企业的产品各具有一定特色，以致于买主难以转换或转换成本太高，或者很难找到可与供方企业产品相竞争的替代品。

供方能够方便地实行前向联合或一体化，而买主难以进行后向联合或一体化。

（2）购买者的议价能力。购买者主要通过其压价与要求提供较高的产品或服务质量的能力，来影响行业中现有企业的盈利能力。其购买者议价能力影响主要有以下原因：

① 购买者的总数较少，而每个购买者的购买量较大，占了卖方销售量的很大比例。

② 卖方行业由大量相对来说规模较小的企业所组成。

③ 购买者所购买的基本上是一种标准化产品，同时向多个卖主购买产品在经济上也完全可行。

④ 购买者有能力实现后向一体化，而卖主不可能前向一体化。

（3）新进入者的威胁。新进入者在给行业带来新生产能力、新资源的同时，将希望在已被现有企业瓜分完毕的市场中赢得一席之地，这就有可能会与现有企业发生原材料与市场份额的竞争，最终导致行业中现有企业盈利水平降低，严重的话还有可能危及这些企业的生存。竞争性进入威胁的严重程度取决于两方面的因素，这就是进入新领域的障碍大小与预期现有企业对于进入者的反应情况。

进入障碍主要包括规模经济、产品差异、资本需要、转换成本、销售渠道开拓、政府行为与政策、不受规模支配的成本劣势、自然资源、地理环境等方面，这其中有些障碍是很难借助复制或仿造的方式来突破的。预期现有企业对进入者的反应情况，主要是采取报复行动的可能性大小，则取决于有关厂商的财力情况、报复记录、固定资产规模、行业增长速度等。总之，新企业进入一个行业的可能性大小，取决于进入者主观估计进入所能带来的潜在利益、所需花费的代价与所要承担的风险这三者的相对大小情况。

（4）替代品的威胁。两个处于同行业或不同行业中的企业，可能会由于所生产的产品是互为替代品，从而在它们之间产生相互竞争行为，这种源自于替代品的竞争会以各种形式影响行业中现有企业的竞争战略。

现有企业产品售价以及获利潜力的提高，将由于存在着能被用户方便接受的替代品而受到限制。

由于替代品生产者的侵入，使得现有企业必须提高产品质量，或者通过降低成本来降低售价，或者使其产品具有特色，否则其销量与利润增长的目标就有可能受挫。

源自替代品生产者的竞争强度，受产品买主转换成本高低的影响。

总之，替代品价格越低、质量越好、用户转换成本越低，其所能产生的竞争压力就越强；而这种来自替代品生产者的竞争压力的强度，可以具体通过考察替代品销售增长率、替代品厂家生产能力与盈利扩张情况来加以描述。

（5）同业竞争者的竞争程度。大部分行业中的企业，相互之间的利益都是紧密联系在一起的，作为企业整体战略一部分的各企业竞争战略，其目标都在于使得自己的企业获得相对于竞争对手的优势；所以，在实施中就必然会产生冲突与对抗现象，这些冲突与对抗就构成了现有企业之间的竞争。现有企业之间的竞争常常表现在价格、广告、产品介绍、售后服务等方面，其竞争强度与许多因素有关。

一般来说，出现下述情况将意味着行业中现有企业之间竞争的加剧，这就是：行业进入障碍较低，势均力敌竞争对手较多，竞争参与者范围广泛；市场趋于成熟，产品需求增长缓慢；竞争者企图采用降价等手段促销；竞争者提供几乎相同的产品或服务，用户转换成本很低；一个战略行动如果取得成功，其收入相当可观；行业外部实力强大的公司在接收了行业中实力薄弱企业后，发起进攻性行动，结果使得刚被接收的企业成为市场的主要竞争者；退出障碍较高，即退出竞争要比继续参与竞争代价更高。在这里，退出障碍主要受经济、战略、感情以及社会政治关系等方面考虑的影响，具体包括：资产的专用性、退出的固定费用、战略上的相互牵制、情绪上的难以接受、政府和社会的各种限制等。

这五种基本力量都可能在企业竞争中产生影响。当然，在不同的行业中，这些因素对企业的竞争压力是不同的。分析竞争压力的来源，了解企业所处行业的竞争特点，使企业做到知己知彼，百战不殆。

（三）具体环境分析

企业的具体环境，是指对某一特定企业构成影响的环境因素。具体环境分析一般要考虑以下主要因素：

（1）销售市场。顾客的需求或市场需求以及竞争者的情况是销售市场最重要的因素，了解销售市场，必须对顾客和竞争者进行研究分析。

（2）供应市场。企业生产所需要的各种物资要从供应市场上取得，供应市场的变化会影响生产。企业应特别关注原材料、能源和协作件的供应情况，使企业生产能得到可靠的物质保证。

（3）资本市场和资金市场。资本市场的发展为企业的发展提供了资本来源。企业可以通过发行股票筹措资本，并通过资本的有效运营获得较高的经济效益，以增强企业的竞争能力。

（4）人力资源。人力资源在质与量方面的供应情况将影响经营战略的选择与实施，企业应看到人才的重要性。

（5）有关政府部门和社会组织。政府部门是指为国家和社会利益而监督企业经营的各有关部、局，如物价局、税务局、劳动局、质检局、工商局等。在社会上，为了公众利益，也有许多组织，如消费者协会、绿色和平组织等，会对企业进行监督。因此，企业的管理者也必须理顺同这些部门组织之间的关系，在它们的监督约束下进行生产经营活动。

二、企业内部环境分析

企业内部环境分析的主要内容有：绩效分析、对企业战略选择的决策性因素分析。

（一）绩效分析

绩效分析的意义在于通过对量化指标进行分析比较，了解和把握企业的现状和资源状况，找出企业的优势所在。企业经营绩效的指标可分为五大类：

（1）成长性指标，主要是反映企业的经营能力和扩张能力。

（2）效益性指标，主要反映企业的获利能力。

（3）安全性指标，主要反映企业的短期偿债能力和长期偿债能力。

（4）流动性指标，从资本各种形态的流动性角度反映了企业资本的利用水平和经营效率状况。

（5）生产性指标，从企业员工生产率的角度反映企业人均经营能力、经营成果以及经营成果的分配状况。

绩效分析的重点在于与历史时期、行业水平、主要竞争对手的比较，否则将失去意义。

（二）对企业战略选择的决策性因素分析

企业内部战略要素包括企业组织结构、企业文化和资源条件等。其中，企业组织结构、企业文化已在其他章节中加以论述，这里重点对影响企业战略选择的资源进行分析。

企业经营战略的制定必须建立在对企业资源条件全面认识的基础上，即通过对企业资源能力结构分析，识别资源条件的关键战略要素，找出其存在的战略优势与劣势。

1. 企业资源能力结构

企业资源能力结构是由企业经营要素决定的。管理专家用"6M+T+I"八大经营要素来体现企业资源能力结构。

（1）人力（manpowel）。人力资源通常是指企业内具有劳动能力的人的体力和脑力的总和，它是劳动力的数量、质量和专长的统一，是企业的第一资源。

（2）资金（money）。资金是企业财产和物质的货币表现，企业的生产经营活动过程，也是资金运动过程。

（3）物料（materials）。物料是指企业生产经营活动所需的各种原材料和辅助材料等的总称。企业生产过程，也是物料的消耗过程。

（4）机器设备（Machine）。机器设备是企业现代化生产物质技术的基础。

（5）营销方法（methods）。营销方法或技术是指企业在市场上所从事的旨在取得利润的各种活动。企业竞争优势在较大程度上取决于市场营销方法的优劣，特别是营销组合策略的优劣。因此，营销方法是企业资源的一种特别能力，关系到企业战略目标的实现。

（6）管理（management）。管理是指利用各种企业管理职能，有效地运用人力、资金、物料、机器设备、营销方法等 5M 因素，使企业取得最大的经济效益。

（7）时间（time）。时间是企业生产经营活动诸因素中最宝贵的资源。对企业战略管理来说，对时间的重视主要表现在：把握时机，抓住机会，才能出奇制胜；市场竞争要求快速响应；注重货币的时间价值。

（8）信息（information）。信息是指为做出一项决策而必须具备的新知识。当今决定企业经营水平和企业能力的已不仅仅是装备、技术等，还取决于企业占有信息的程度。

2. 战略因素的分析与评价

在对企业资源能力的结构系统认识的基础上，就可以对资源条件的战略因素进行分析与评价，从而弄清企业在资源条件方面的关键战略以及优势和劣势之所在。

（1）历史比较法。历史比较法要求企业战略层将本企业的历史状况作为对企业内部战略因素进行比较的基础。

（2）竞争对手比较法。同一行业内的不同企业在营销技术、资金来源、生产设施、专门技术、管理能力、人员素质等方面都存在着差别，这些差别形成了企业间的相对优（劣）势。因此，在制定企业战略时，有必要将本企业主要内部能力与竞争对手相比较，从而找出企业的主要优劣势。

第三节 企业战略管理

战略是指企业以未来为基点，在分析外部环境和内部条件的现状及其变化趋势的基础上，为了寻求企业的长期生存与发展所作的整体性、全局性、长远性的谋划。

战略管理是指企业确定其使命，根据外部环境和内部条件设定企业的战略目标，为保证目标的正确落实和实现进行谋划，并依靠自身能力将这种谋划付诸实施，以及在实施过程中进行控制的动态管理过程。由上述概念可知，战略管理包括以下两层含义：

（1）战略管理不仅包括战略的制定和规划，也包括将制定出的战略付诸实施的过程，因此是一个全过程的管理。

（2）战略管理不是静态的、一次性的管理，而是一种循环的、往复性的动态管理过程。它需要根据企业外部环境、企业内部条件的变化，以及战略执行结果的反馈信息等，重复进行新一轮的战略管理，是不间断的管理。

一、战略管理的任务

企业战略管理主要包括以下 5 项相互关联的管理任务：
（1）提出企业的战略展望，指明企业的未来业务，明确企业未来的发展方向。
（2）建立战略目标，将企业的战略展望转换成企业要达到的具体业绩标准。
（3）制定具体战略，明确企业期望达到的效果。
（4）高效地实施和执行企业战略。
（5）进行战略控制。评价企业的经营业绩，并参照实际的经营过程、变化的经营环境、新的思维和新的机会，适时调整企业的战略展望和战略目标。

二、战略管理的原则

战略管理有助于企业走向成功之路，但是不正确的战略管理有时会适得其反。因此，企业进行战略管理时要遵循以下原则。

（一）适应环境原则

外部环境在很大程度上会影响企业的战略目标和发展方向，因此，企业制定战略时一定要保证企业与其所处的外部环境相适应。

（二）全程管理原则

战略管理是一个过程，包括战略的制定、实施与控制。在这个过程中，各个阶段是互相支持、互相补充的，忽略其中任何一个阶段，战略管理都不可能成功。

（三）整体最优原则

企业进行战略管理时要将企业视为一个整体，要强调整体最优，而不是局部最优。战略管理主要通过企业制定的战略目标来协调各部门的活动，使之朝着同一个方向努力。

（四）全员参与原则

战略是对企业未来发展作出的整体性、全局性的谋划，所以战略管理绝不仅仅是企业领导和战略管理部门的事，在战略管理的全过程中，企业全体员工都要参与。

（五）反馈修正原则

战略管理涉及的时间跨度较大，一般在 5 年以上。因此，战略管理的过程通常分为多个阶段，而在此过程中，外部环境可能会发生变化。此时，企业只有不断地跟踪反馈，方能保证战略的适应性。

三、企业战略管理的过程

一个规范、全面的战略管理过程可大体分解为 3 个阶段，即战略分析阶段、战略制定与选择阶段、战略实施与控制阶段。

（一）战略分析阶段

战略分析是指对企业的战略环境进行分析、评价，并预测这些环境未来的发展趋势，以及这些趋势可能对企业造成的影响。企业战略分析可分为外部环境分析和内部环境分析两个部分。

（二）战略制定与选择阶段

战略制定与选择阶段主要是确定企业应采取的战略类型，即选择合适的总体战略、业务单位战略和职能战略。

1. 总体战略

总体战略也称企业战略，是指针对企业长远发展，由企业最高管理层制定的、用于指导企业一切行为的总纲领。总体战略包括成长型战略、稳定型战略和紧缩型战略3种。

（1）成长型战略。成长型战略是指以发展壮大企业为基本导向，致力于使企业在产销规模、资产、利润或新产品开发等方面获得增长的战略。成长型战略主要包括一体化战略、集中型战略、多元化战略等。

一体化战略：是指企业对具有优势和增长潜力的产品，沿其经营链条的纵向或横向扩大业务的深度和广度，以扩大经营规模，实现企业成长。

集中型战略：也称聚焦战略，是指把经营战略的重点放在一个特定的目标市场上，为特定地区或特定购买者提供特殊的产品或服务。

多元化战略：又称多角化战略，是指企业同时经营两种以上基本经济用途不同的产品或服务。

（2）稳定型战略。稳定型战略是指企业在战略方向上没有重大改变，在业务领域、市场地位和产销规模等方面基本保持现有状况，以安全经营为宗旨的战略。在具体实施时，企业可采取无增战略、维持利润战略、暂停战略、谨慎实施战略等。

无增战略：是指企业在保持现有战略的基础上，不仅按照原有方针在原有经营领域内进行战略经营活动，而且其在同行业竞争中所处的市场地位、产销规模、效益水平等都维持现已达到的状况。

维持利润战略：是指为了维持目前的利润水平而牺牲企业未来成长的战略。

暂停战略：是指企业在一段时期内降低成长速度、巩固现有资源的临时战略。

谨慎实施战略：是指企业在外部环境中某一重要因素难以预测或变化趋势不明显时，有意识地降低实施进度，步步为营。

（3）紧缩型战略。紧缩型战略是指企业从目前的战略经营领域中收缩和撤退的战略。与增长型战略和稳定型战略相比，紧缩型战略是一种消极的发展战略。紧缩型战略包括适应性紧缩战略、失败性紧缩战略和调整性紧缩战略3种。

适应性紧缩战略：是指企业为了适应经济衰退、消费者对企业产品的需求减少等外部环境变化而采取的一种战略。其适用条件是：企业已预测或感知到外部环境对企业经营的威胁，并且采用稳定型战略尚不足以使企业顺利适应不利的外部环境。

失败性紧缩战略：是指企业由于经营失误造成竞争地位削弱、经营状况恶化时，为最大限度地减少损失而采取的战略。其适用条件是：企业出现重大的内部问题，如产品滞销、财务状况恶化等。

调整性紧缩战略：是指企业为了谋求更好的发展机会，使有限的资源分配到更有效的使用场合而采取的战略。其适用条件是：企业存在一个投资回报率更高的资源配置点。

2. 业务单位战略

业务单位战略也称竞争战略，是指在总体战略的指导下，一个业务单位进行竞争的战略。这里的"业务单位"是企业的一部分，是指拥有单独的任务、目标和特定的市场重点，并且可以单独制定计划而不与其他业务发生牵连的单位。业务单位战略主要包括成本领先战略、差异化战略、集中化战略等。

（1）成本领先战略。成本领先战略是指企业使其总成本低于绝大多数甚至所有竞争对手的竞争战略。总体来讲，成本领先战略就是以大规模生产和经营来降低成本，再以低成本所支持的低价格来赢得市场，增加收入，最终实现赢利。"薄利多销"是对成本领先战略最好的概括。

（2）差异化战略。差异化战略是指企业通过提供与众不同的产品或服务，满足消费者的特殊需求，以获取竞争优势的战略。

（3）集中化战略。集中化战略是指企业将经营战略放在一个特定的目标市场上，为特定地区或特定消费者提供特定产品或服务的战略。企业一旦选择了目标市场，便可以通过产品差别化或成本领先的方法，形成集中化战略。也就是说，采用集中化型战略的企业，基本上就是特殊的差别化或成本领先企业。

3. 职能战略

职能战略是指企业按照总体战略或业务单位战略对企业内各方面职能活动进行的谋划。职能战略一般可分为生产运营型职能战略、资源保障型职能战略和战略支持型职能战略。生产运营型职能战略：是指从企业或业务运营的基本职能上为总体战略或业务单位战略提供支持的基础性职能战略，包括研发战略、生产战略、质量战略、营销战略、物流战略等。资源保障型职能战略：是指为总体战略或业务单位战略提供资源保障和支持的职能战略，包括财务战略、人力资源战略、信息化战略、知识管理战略等。战略支持型职能战略：是指从全局上为总体战略和业务单位战略提供支持的职能战略，包括组织结构战略、企业文化战略、公共关系战略等。

（三）战略实施阶段

战略实施是指企业为了达到预定的战略目标，将战略方案或战略计划付诸实际行动的过程。战略实施是战略管理的关键环节，是动员企业全体员工沿着企业战略的方向，自觉而努力地贯彻战略，以期更好地达成企业战略目标的过程。

1. 战略实施的原则

企业在实施战略时应遵循以下原则：

（1）合理性原则。由于企业外部环境及内部条件的变化较大，战略实施的过程比较复杂，因此企业只要在主要的战略目标上达到了预定的战略目标，就应当认为这一战略的制定及实施是成功的。此外，在战略实施过程中，战略的某些内容可能有所改变，但只要不妨碍总体目标及战略的实现，就是合理的。

（2）统一指挥原则。一般来说，企业的高层管理者要比中下层管理者及一般员工掌握的信息更多，对企业战略的各个方面的要求以及相互之间的关系了解得更为全面，对战略意图体会更深；因此，战略实施应当在高层管理者的统一指挥下进行，这样才能使企业为实现战略目标而卓有成效的运行。

（3）权变原则。企业在实施战略的过程中，有时会遇到实施过程与战略计划有所偏离、甚至原定的战略计划无法完成的情况，此时，就要求企业根据环境的变化对原定的战略进行重大调整。

2．战略实施的模式

战略实施的模式一般有以下 5 种。

（1）指挥型。在这种模式下，企业高层管理者主要运用严密的逻辑分析方法，重点考虑战略的制定问题。高层管理者拥有较高的权威，靠此发布命令推动战略的实施，因此会造成下层管理者缺乏实施战略的动力和创造精神，甚至拒绝实施战略。

（2）变革型。在这种模式下，企业高层领导者主要考虑如何推动战略的实施。其任务是有效地实施战略，设计适当的信息管理系统。为此，高层管理者会进行一系列的变革，如建立新的组织结构和信息系统等，以增加战略成功的机会。

（3）合作型。在这种模式下，高层管理者鼓励中下层管理者运用头脑风暴法去考虑战略制定与实施的问题。各层管理者可以充分发表自己的意见，提出各种不同的方案。此时，高层管理者主要扮演协调员的角色，确保其他管理者提出的所有好的想法都能够得到充分的论证。

（4）文化型。文化型模式扩大了合作型模式的范围，将企业基层的员工也包括进来。在这种模式下，高层管理者主要指引总的方向，鼓励企业员工根据战略目标去设计自己的工作活动，而在战略执行上则放手让每个人作出自己的决策。

（5）增长型。在这种模式下，企业高层管理者鼓励中下层管理者制定与实施自己的战略。这种模式与其他模式的区别在于，它不是自上而下地灌输企业战略，而是自下而上地提出战略。这种战略集中了来自实践第一线的基层管理者的经验与智慧，而高层管理者只是在这些战略中作出判断与选择，并不将自己的意见强加在下级身上。

（四）战略控制阶段

战略控制是指企业在实施战略的过程中，检查各部门为达到目标所进行的各项活动的进展情况，评价战略实施后的绩效并与预定的战略目标及控制标准相比较，找出二者之间的偏差，分析产生偏差的原因并纠正偏差，以确保企业战略的顺利实施。

企业的战略控制可为战略决策提供重要的反馈信息，帮助决策者分析战略决策中哪些内容是符合实际的，哪些是不符合实际的，这对提高战略决策的适应性具有重要意义。

1．战略控制的时机

企业对战略目标可以滚动地实行"一年微调、两年中调、五年大调"。

（1）一年微调。一年微调是指根据企业在战略实施方面取得的进展、企业整体实力提高的程度和外部环境发生的变化，结合年度经营计划，对战略目标进行一定程度的调整，使之更加符合企业内外部的实际情况。

（2）两年中调。两年中调是指企业在发展到一定阶段的时候，对企业战略、经营、管理和外部环境进行全面的分析研究，根据新情况调整企业的发展战略，修正经营方针，为下一阶段的发展制定更为切合实际的战略目标和战略措施。

（3）五年大调。五年大调是指根据过去 5 年所取得的战略成果和总结的经验教训，以及企业内外部环境的新特点和新变化，重新审视企业的战略目标和战略措施，重新确认企业的战略规划，保证战略规划的稳定性、连续性和可变性。

2．战略控制的流程

战略控制的一个重要目标就是使实际实施效果尽量符合企业的预期目标。为了达到这一目标，战略控制流程可分为 4 个步骤，即确定控制标准、评价实际绩效、审查结果和采取纠正措施，如图 7-2 所示。

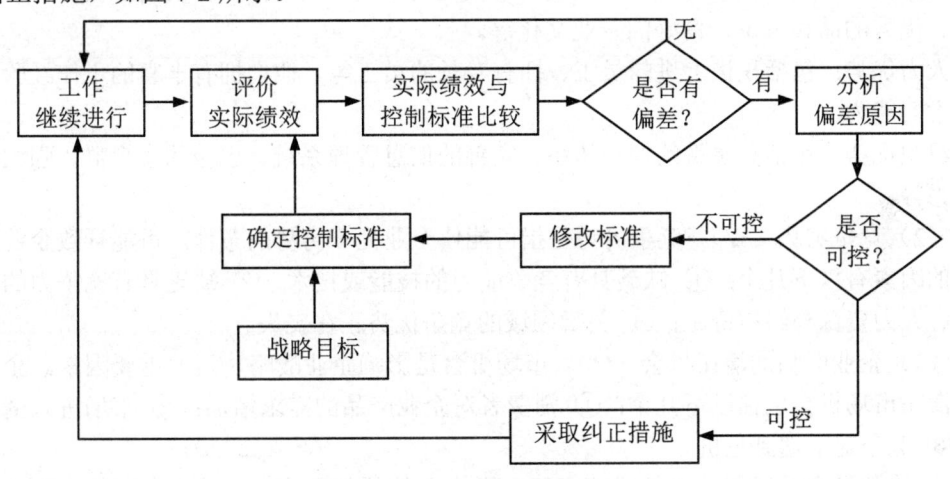

图 7-2　战略控制的流程

（1）确定控制标准。即根据企业的战略目标和内部条件确定企业的控制标准，以此作为战略控制的依据。

（2）评价实际绩效。即全面评价企业的实际绩效，并将其与控制标准进行比较。

（3）审查结果。即分析实际绩效与控制标准之间是否存在偏差，如果偏差较大，则应分析出现偏差的原因。

（4）采取纠正措施。如果实际绩效与控制标准之间的差异可控，则采取相应的纠正或补救措施；如果差异不可控，则应修改控制标准，重复以上步骤。

四、战略管理的方法

战略管理是企业管理的核心之一，企业必须要运用科学的方法对其加以分析。常用的战略管理方法有 SWOT 分析法、波士顿矩阵、麦肯锡矩阵等。

（一）SWOT 分析法

SWOT 分析法是一种综合考虑企业外部环境和内部条件的各种因素，进而选择生存和发展战略的方法。其中,"S"是指企业内部的竞争优势(strength);"W"是指企业内部的竞争劣势(weakness);"O"是指企业外部环境的机会(opportunity);"T"是指企业外部环境的威胁(threat)。

1. SWOT 分析法的内容

根据 SWOT 分析法的概念可知,SWOT 分析法的主要内容即为"S""W""O""T"。

(1)竞争优势(S)。竞争优势是指企业超越其竞争对手的能力。例如,当两个企业处于同一市场,如果一个企业有更高的赢利率或赢利潜力,那么,我们就认为该企业比另一个企业更具有竞争优势。竞争优势主要包括技术优势、资产优势、人力优势、组织优势等。

技术优势:包括独特而先进的生产技术、低成本的生产方法、丰富的营销经验等。

资产优势:包括先进的生产流水线、现代化的车间和设备、丰富的自然资源、充足的资金、优秀的品牌形象、良好的企业文化等。

人力优势:包括积极上进的员工、拥有专长的员工等,他们拥有丰富的工作经验与很强的学习能力。

组织优势:包括高质量的控制体系、完善的信息管理系统、忠诚的客户群、强大的融资能力等。

(2)竞争劣势(W)。竞争劣势是指可能使企业处于劣势的条件。可能导致企业竞争劣势的因素有以下几个:① 缺乏具有竞争能力的技能或技术;② 缺乏具有竞争力的资产资源、人力资源与组织资源;③ 关键领域的竞争优势正在丧失。

(3)企业面临的潜在机会(O)。市场机会是影响企业战略决策的重要因素。企业面临的潜在市场机会包括以下几个:① 消费者对企业产品的需求增加;② 市场进入壁垒降低;③ 竞争对手遇到危机。

(4)危及企业发展的外部威胁(T)。在企业的外部环境中,总是存在某些对企业的赢利能力和市场地位构成威胁的因素。这些外部威胁可能包括以下几个:① 出现强大的竞争对手;② 目标市场内出现替代品,抢占了企业产品的市场份额;③ 汇率和外贸政策不断变化;④ 客户或供应商的谈判能力提高;⑤ 市场需求减少;⑥ 经济萧条。

2. SWOT 分析的步骤

SWOT 分析的步骤如下:

(1)列出企业的优势和劣势,以及可能面临的机会与威胁。

(2)将优势、劣势与机会、威胁相结合,形成 SO、WO、WT、ST 战略,如图 7-3 所示。

SO 战略:是指发展企业内部优势并利用外部机会的战略。当企业具有特定方面的优势,而外部环境又为发挥这种优势提供有利机会时,可以采用该战略。例如,良好的产品市场前景、供应商规模扩大和竞争对手有财务危机等外部条件,以及企业市场份额提高等内在优势可成为企业收购竞争对手、扩大生产规模的有利条件。

WO 战略:是指利用外部机会弥补内部劣势,从而获取竞争优势的战略。当企业存在外部机会,但由于一些内部劣势而妨碍其有效利用机会时,可采取措施先克服这些劣势。例如,如果企业原材料供应不足,在产品市场前景看好的前提下,企业可利用供应商规模扩大等外部机会实现纵向整合战略，以保证原材料供应。

WT 战略：是一种旨在减少内部劣势，回避外部环境威胁的防御性战略。当企业存在内忧外患时，往往面临生存危机，降低成本也许成为改变劣势的主要措施。例如，当企业原材料供应不足且设备老化，生产成本居高不下时，企业可采取差异化战略，以回避成本方面的劣势和成本原因带来的威胁。

ST 战略：是指企业利用自身优势，回避或减轻外部威胁所造成的影响的战略。例如，竞争对手利用新技术大幅度降低成本、原材料供应紧张、消费者要求大幅度提高产品质量等都会导致企业在竞争中处于非常不利的地位，但若企业拥有充足的资金、熟练的技术工人和较强的产品开发能力，便可利用这些优势开发新工艺，简化生产流程，从而提高原材料利用率，降低生产成本。

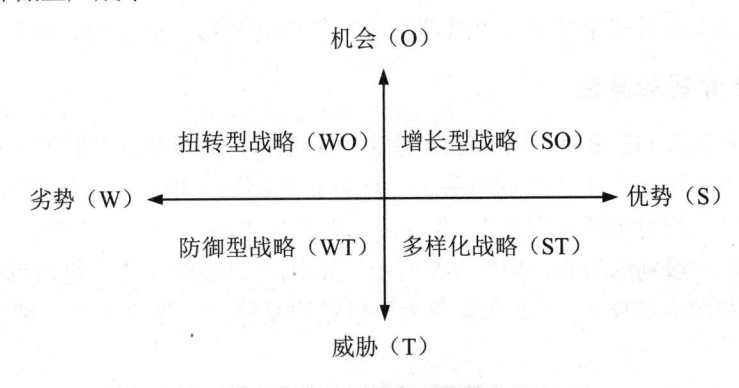

图 7-3　SWOT 分析法

（3）对 SO、WO、WT、ST 战略进行甄别与选择，确定企业目前应采取的具体战略。

（二）波士顿矩阵法

波士顿矩阵又称 BCG 矩阵，由美国波士顿咨询公司（简称 BCG）提出，主要用于企业进行战略方案的分析与选择。BCG 认为，企业的相对市场占有率和市场增长率是决定其采用何种战略的两个基本参数。以企业的相对市场占有率为横轴，市场增长率为纵轴，可设计出一个四象限的矩阵，如图 7-4 所示。

图 7-4　波士顿矩阵

由图 7-4 所示可知，波士顿矩阵划分出 4 种业务组合，即问题业务、明星业务、金牛业务和瘦狗业务。

问题业务：是指市场增长率较高而相对市场占有率较低的业务，一般是企业的新业务。

该类业务需要大量的资金投入，所以企业必须慎重选择。如果企业决定继续投资该业务，则应采用成长型战略；反之，则采用紧缩型战略。

明星业务：是指市场增长率和相对市场占有率都比较高的业务，通常代表最佳的投资机会。明星业务有较好的发展机遇和较强的实力，因此企业应采取成长型战略，对其进行必要的投资，以提高企业的竞争地位。

金牛业务：是指市场增长率较低而相对市场占有率较高的业务，一般是企业较成熟的业务。该类业务可以为企业带来较高的利润，但其市场已经成熟，未来的发展前景是有限的，因此企业对该类业务应采取稳定型战略，以巩固其市场地位为主。

瘦狗业务：是指市场增长率和相对市场占有率都比较低的业务，一般是微利甚至亏损的业务。该类业务通常会占用大量的资源（如时间、资金等），多数时候是得不偿失的。因此，企业对该类业务应采取紧缩型战略，以便把资源转移到更有利的业务领域。

（三）麦肯锡矩阵法

麦肯锡矩阵又称 GE 矩阵，由美国通用电气公司（GE）开发，主要用于对企业进行业务组合分析。麦肯锡矩阵用"产业吸引力"代替波士顿矩阵中的"市场增长率"，用"企业竞争力"代替"相对市场占有率"，并将每个维度分成高、中、低 3 级，用 9 个象限表示两个维度上不同级别的组合，如图 7-5 所示。其中，"产业吸引力"包括市场规模、市场增长率、边际利润率等要素；"企业竞争力"包括研发能力、生产能力、销售能力、管理能力等要素。

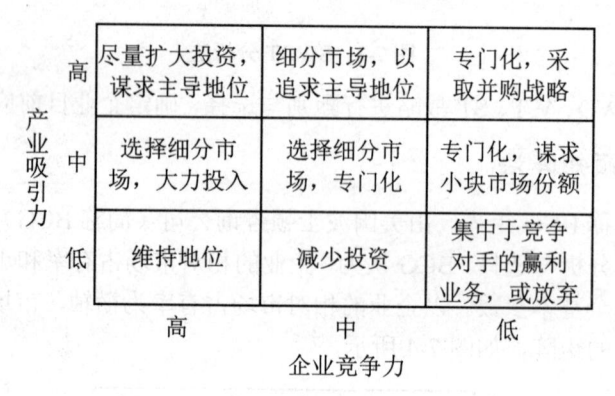

产业吸引力	高	尽量扩大投资，谋求主导地位	细分市场，以追求主导地位	专门化，采取并购战略
	中	选择细分市场，大力投入	选择细分市场，专门化	专门化，谋求小块市场份额
	低	维持地位	减少投资	集中于竞争对手的赢利业务，或放弃
		高	中	低
			企业竞争力	

图 7-5 麦肯锡矩阵

麦肯锡矩阵是在波士顿矩阵的基础上发展而来的，但麦肯锡矩阵中的"产业吸引力"和"企业竞争力"包含了更多的要素，因此可以保证企业在分析其总体战略时更切合实际、更具操作性。

第四节 企业人力资源管理

人力资源是指在一定时间和空间条件下，现实和潜在的劳动力的数量和质量的总和。从时间上看，人力资源包括现有劳动力和未来的潜在劳动力；从空间上看，人力资源又可区分为某个国家（或地区）、某区域、某产业或某企业乃至家庭和个人的劳动力，它既包括劳动力的数量，也包括劳动力的质量和结构。

人力资源管理是指组织为了实现既定的目标，运用现代管理措施和手段，对人力资源的获取、开发、保持和运用等方面进行管理的一系列活动的总和。从上述概念可以看出，人力资源管理的内涵如下：

（1）任何形式的人力资源开发与管理都是为了实现一定的目标。

（2）人力资源管理不是单一的管理行为，必须使相关管理手段相互配合，才能取得理想的效果。

（3）必须充分、有效地运用计划、组织、领导和控制等管理职能，才能达到人力资源管理的目标。

一、人力资源管理的特点

人力资源管理主要有以下几个特点。

（一）战略性

在现代企业管理中，每一种人力资源管理实践（如招聘、培训等）都要适应特定的公司战略和竞争战略。在这种情况下，企业的高层管理者先制定公司的战略，然后由人力资源部门来制定有助于公司战略的人力资源方案。由此可见，人力资源管理已经从一种单纯的业务管理、技术性管理活动的框架中脱离出来，成为决定企业战略成败的关键因素。

（二）主体的多元性

现代人力资源管理活动的主体由多方面的人员组成，各个管理主体的角色和职能又各不相同。例如：高层管理者主要从战略层面上把握人力资源开发与管理活动；人力资源部门的人员主要对整个企业的人力资源开发与管理活动进行协调与整合；各个部门的管理者则从事大量日常性的人力资源开发与管理工作；一般员工则以主人翁的角色积极参与管理。

（三）人本性

在人力资源的概念提出后，人们对"人力"这一要素增加了"人"的属性的看法。人力资源管理部门在对员工进行管理时，更多地实行人性化管理，即注重员工的工作满意度和生活质量的提高，尽可能减少对员工的控制与约束；更多地为员工提供帮助与咨询，帮助员工在企业中成长与发展。

（四）难以模仿性

人力资源管理之所以难模仿，是因为竞争对手很少能接触到企业内部的人力资源管理实践。也就是说，这些实践对外人来说不是清楚可见的，因此不可能轻易被模仿；即使这些实践清楚可见时，如果竞争者们盲目模仿，也未必可以收到同样的效果。此外，人力资源管理的各项活动组成一个相互关联的系统，一种特殊的人力资源管理实践仅仅在配合相关活动时才能取得成功，这也增加了人力资源管理的难以模仿性。

二、人力资源管理的过程

（一）人力资源规划

人力资源规划是指企业从战略规划与发展的目标出发，根据其内外部环境的变化，预测企业未来发展对人力资源的需求，以及为满足这种需求而提供人力资源的活动过程。人力资源规划的一般步骤如下。

1．评估现有人力资源

企业在进行人力资源规划时，首先要对现有的人力资源状况进行通盘考虑。所需的资料一般可以通过调查方式获得，调查内容包括员工姓名、性别、最高学历、专业、所受培训、能力、业绩等。如果企业有专门的人力资源管理系统，则可以直接从系统中提取这些信息。此外，企业还要进行职务分析，了解组织中的职务及履行职务所需的能力，以确定各项职务的合适人选。

2．确定人员需要量

人员需要量是由组织的目标和战略决定的。要确定人员需要量，就必须设计出职务类型和数量。其中，职务类型指出了需要什么样的人，而职务数量则明确地说明每种类型的职务需要多少人。

3．制定行动方案

在对现有资源和未来需要做出全面评估之后，管理者可以测算出人力资源的短缺程度，并指出组织中将会出现超员配置的领域，然后将这些因素综合起来，就可以拟定出具体的行动方案。

（二）招聘

招聘是指在企业总体发展战略规划的指导下，制定相应的职位空缺计划，并寻找合适的人员来填补这些职位空缺的过程。一般来说，企业招聘的程序包括以下几个步骤。

1．提出招聘需求

当用人部门提出招聘需求时，人力资源部门的招聘负责人和用人部门的主管一同对招聘进行分析和判断，然后在各部门内部对人力资源的需求状况进行调查，掌握各个岗位所需要的人员数量，以及获得这些人员所需要的资源等，以确定合理的招聘范围与规模，保证招聘工作有的放矢、有条不紊地按计划实施。

2．制定招聘计划

招聘需求确定后，还需要结合具体岗位的工作分析和总体人力资源规划来制定详细的招聘计划。企业招聘计划的主要内容包括拟聘用的岗位、应聘人员的条件、招聘组织、招聘预算、招聘时间安排、招聘的程序等。

3．选择招聘方式和招聘渠道

招聘方式主要有两种，即内部招聘与外部招聘。招聘人员要根据本企业的人员状况，结合空缺岗位的任职条件，选择合适的招聘方式。如果选择内部招聘，则需考虑是采取职位公告、雇员推荐的方式还是利用人才储备库招聘；如果选择外部招聘，则需要明确发布招聘信息的具体渠道，如现场招聘会、招聘广告、职业介绍机构、校园招聘、网络招聘等。

4．选拔人员

选拔人员是招聘过程中最重要的环节，其操作步骤如下。

（1）简历筛选。简历是求职者用来提供其背景材料的书面介绍，可以显示应聘者的学历、成就、特长、性格等。由于某些职位对专业技术等方面有特殊要求，因此需要招聘者通过简历对应聘者进行初步的筛选，以评估应聘者的专业技术经验和技能，判断其是否能进入下一环节。

（2）笔试。笔试的目的是要考察应聘者的业务知识、文字能力和综合分析能力，因此题目内容不一定仅仅局限于职位所涉及的具体工作内容，其重点应放在考核应聘者是否具备职位所要求的各种能力上。

（3）面试。面试是指招聘者与应聘者之间正式的、面对面的信息交流过程。面试的主要目的是考核求职者的动机与工作期望，以及求职者的仪表、性格、知识、能力、经验等，以获取笔试中难以得到的信息。

（4）绩效模拟测试。绩效模拟测试是指让应聘者做一些实际工作，以判断他是否具备相应的能力。

（5）背景调查及体检。背景调查是指对应聘者的与工作有关的一些背景信息进行查证，以确定其任职资格。背景调查的主要内容有学历学位、过去的工作经历、过去的不良记录等。

5．评估招聘效果

评估是人员招聘过程中不可缺少的重要阶段，一般包括以下4个方面。

（1）招聘成效评估。主要对招聘结果等进行分析，以此来评估招聘的成效。

（2）录用人员评估。是指根据组织招聘计划和招聘岗位的工作分析，对所录用人员的质量、数量和结构进行评估的过程。只有在招聘成本较低，录用人员数量充足且质量较好时，才能说明招聘工作的效率高。

（3）招聘人员的工作评估，即通过对新员工的合格率、职位平均空缺时间、新员工满意度等指标的计算与分析。反映招聘人员的工作效率与效果。

（4）招聘活动总结。招聘活动结束后，应及时进行总结。主要通过撰写总结报告来对招聘工作全过程进行记录和经验总结，并对招聘活动的结果、经费支出等情况进行评定。

（三）员工培训

员工培训是指组织根据开展业务及培育人才的需要，采用各种方式对员工进行有目的、有计划的培养和训练的管理活动。一个完整的培训过程通常包括分析培训需求、确立培训目标、制定培训计划、实施培训计划和评估培训效果5个步骤。

1．分析培训需求

分析培训需求是指在规划与制定培训计划前，由有关人员采用各种方法和技术对组织及其成员的目标、知识和技能等方面进行系统的分析,以确定组织内需要接受培训的人员和培训内容。培训需求分析是培训活动的首要环节,它既是制定培训计划的前提,也是进行培训效果评估的基础。

2. 确立培训目标

培训目标是指培训效果的目的和预期效果。有了培训目标,才能确定培训对象、内容和方法等具体工作,并可在培训工作结束后对照此目标进行培训效果评估。一般来说,培训目标越具体,就越可能取得培训的成功。

3. 制定培训计划

培训计划是培训目标的具体化,包括长期计划、中期计划和短期计划。组织在制定培训计划的同时必须考虑到许多具体因素,如行业规模、企业规模、用户要求、技术水平发展趋势和员工现有水平等。

4. 实施培训计划

培训计划制定好后,要按照既定目标开展培训工作,通过各种培训方法使员工有所收获。在培训过程中,要注意具体落实计划中的各项内容,同时也要加强管理和监督,以确保培训工作的有序进行,在动态管理中使培训达到最佳效果。

5. 评估培训效果

一般来说,培训效果可以通过以下几个指标来进行评估:① 反应,即测定受训者对培训项目的反应,主要了解受训者对整个培训项目或项目某个方面的意见和看法;② 学习,即测试受训者对所学的原理、技能、态度等的理解和掌握程度;③ 行为,即测定受训者经过培训后在实际岗位工作中的改变;④ 成果,即测定培训为企业经营成果带来了哪些具体而直接的贡献。

(四)绩效评估

绩效评估是指按照一定的标准,采用科学的方法,衡量与评定员工完成岗位任务的能力与效果的管理活动。绩效评估的程序有以下 5 个步骤。

1. 制定绩效目标

绩效目标作为员工的工作目标,既是企业对员工的工作要求,也是员工对自己的业绩要求。因此,确定合理的绩效目标,不仅有助于明确员工的工作重点和工作方式,而且能够提高员工的工作积极性。

2. 收集绩效信息

绩效信息是与绩效目标实现情况相关的信息,是企业进行绩效考核的依据。企业需要从工作过程和工作结果两个方面收集绩效信息,信息收集的范围一般包括员工工作目标的达到情况、证明工作绩效突出或低下所需要的具体证据、与员工就绩效问题的谈话记录、员工受到的表扬或批评的情况等。

3. 评定绩效成绩

绩效成绩评定是对工作表现所作的测量与评估。一般来说，绩效评定有客观评分和比较评分两种方式。其中，客观评分是指考评者通过比较员工实际工作表现与绩效标准之间的差异，判断该员工的绩效完成情况；比较评分是指在绩效标准不便量化时，考评者对员工绩效进行的主观评定。

4. 绩效评估的反馈

绩效评估的结果既要上报给上层管理者，又要反馈给员工个人。评估结果只有被员工理解和认同，才能促进员工改进工作业绩，为此，管理者必须要与被考核的员工进行面谈，沟通评估结果。

5. 评估结果的应用

绩效评估的结果主要有以下两个方面的应用：① 确定员工的报酬，包括工资、奖金和工作晋升等，这是对员工贡献的经济回报的依据；② 改进员工的工作，这是为了提高员工价值所进行的人力资源开发。

第五节 企业财务管理

企业财务管理是指是在一定的整体目标下，关于资产的购置（投资）、资本的融通（筹资）和经营中现金流量（营运资金），以及利润分配管理。西方财务学主要由三大领域构成，即公司财务（corporation Finance）、投资学（investments）和宏观财务（macro finance）。其中，公司财务在我国常被译为"公司理财学"或"企业财务管理"。

企业财务管理是通过价值形态对企业资金运动进行决策、计划和控制的综合性管理。财务不同于其他部门，本身并不能创造什么价值，但由于企业财务管理是直接向管理层提供第一手的信息，因此，企业财务管理实际上是一个隐性的管理部门。

【课堂讨论】

在工作中，您是否遇到过以下情形：

当财务部用年度预算来考核各级部门费用时，面对超支部门的反诘：我们销售规模已大幅改变，你们财务还用大半年前确定的数据来考核，太不合理了。财务是否很无奈？

在月度业务汇报会上，面对一个个部门走马灯似的展示汇报，一大堆原始数据让总经理摸不着头脑：这么多的问题，我该从哪里抓起？要是有人能帮我理出头绪就好了！

在财务部对审阅的合同或流程提出异议时，常有业务部门如此抱怨：你们财务部就知道控制这控制那，再控制下去业务都被你们控制死了，有本事你们财务能提些建设性的建议！或者，因为财务部门一贯的无所作为，业务部门在架构交易的过程中从未让财务参与，财务只是在汇总结果时才发现公司蒙受了损失（比如多付了不必要的关税等等），财务部也连带受批。

类似的困惑和问题一定还有不少，它们都和财务部的定位与价值贡献有直接关系。

一、企业财务管理的主要内容

企业财务管理的主要内容包括：

（1）科学的现代化财务管理方法。根据企业的实际情况和市场需要，采取财务管理、信息管理等多种方法，注重企业经济的预测、测算、平衡等，求得管理方法与企业需求的结合。

（2）明晰市场发展。一切目标、方法要通过市场运作来实现，市场是竞争地，是优胜劣汰的地方。企业财务管理体系的运作要有的放矢，适应和驾驭千变万化的市场需求，以求得企业长足发展。

（3）会计核算资料。企业的会计数据及资料是企业历史的再现，这些数据和资料经过整理、计算、分析，具有相当的借鉴价值，因此，要务求会计资料所反映的内容真实、完整、准确。

（4）社会诚信机制。要求具体的操作和执行者在社会经济运作中遵纪守法，严守惯例和规则，不断树立企业诚实、可靠的信誉，绝不允许有半点含糊，因为企业诚信度的高低预示着企业的发展与衰败。

二、企业财务管理的职能

每一家企业对财务管理都很重视，企业规模不同，企业性质各有差异，财务机构的设置、人员配备、机构内部岗位设置也不尽相同，但从企业财务应具备的职能上看，无论企业财务机构、岗位如何设置，人员如何配备，作为企业管理过程中不可或缺的财务，应具备以下七个方面的职能，做好七件事，尽管这些职能在不同的企业强弱显现不同。

（一）企业财务算好账

会计核算是企业财务管理的技撑，是企业财务最基础最重要职能之一。会计的基本职能无论是二职能论（反映与监督）、三职能论（反映、监督及参与决策）还是五职能论（反映、监督、预算、控制与决策），其第一项职能都是反映，反映职能通过什么来实现，那就是会计核算。

会计核算作为一门管理科学，而且是一门硬科学，它有一套严格的确认、记量、记录与报告程序与方法，会计是用价值的方式来记录企业经营过程、反映经营得失、报告经营成果，会计的审核和计算只有在业务发生后才能进行，因此会计核算都是事后反映，其依据国家的统一会计制度、会计政策、会计估计也即大家所熟知的"会计法""会计准则""财务通则"等进行分类整理。作为管理科学一个分支，他有一整套的国际通行的方法和制度，包括记账方法、会计科目、会计假设及国家制定的会计准则、制度、法规、条例等，这些东西为整个会计核算提供了较多的规范，目的是要得出一本"真账"，结论具有合法性、公允性、一贯性，相对来讲结论是"死的"，不同的人对相同的会计业务进行核算，在所有重大方面不应存在大的出入。在财务的七件事中，此职能最能得到大家的认可，也是如今企业财务中运用较好的职能之一，当然除有意做假账外。

（二）企业财务管好钱

除会计核算外，会计最重要的职能就是监督了，会计监督是全方位的，包含企业各个方面，其中对企业资金的监督是每家企业都非常重视的事。对任何企业来说，资金的运用与管理都是一个非常重要的事，资金于企业而言犹如人们身上血液，没有、多了、少了、流动快了、流动慢了、不动了、带病了，都有可能使企业完蛋，作为企业的价值管理的财务部门，其重要职能包含资金的筹集、调度与监管，简单地说就是把企业的"钱"管好。

资金的运用与管理有别于会计核算，没有一套严格的管理方法。企业间差别较大，资金计划、筹融资、各项结算与控制，都属于资金运用与管理范围，企业性质、资金量、会计政策、信用政策、行业特点、主要决策者偏好、甚至资金调度人员的经验都可能给企业资金运用与管理带来偏差。通过建立企业资金管理制度可在一定程度上防止资金的使用不当；但要提高企业资金效用，单靠制度很难实现，除应建立一套适合企业的资金审批、监控系统外，更需要选择有一定经验的人员进行此项工作。

（三）企业财务理好关系

企业经营过程中所涉及到的财务关系很多，既有内部各部门之间的，也有企业与外部各供应商、客户、银行、税务、工商、政府部门等，财务部门应系调好这些关系。企业都说重视财务管理，但真正能理解什么是财务管理的企业其实不多，更多的将会计理解为财务。财务离不开会计，很多财务决策都得依赖会计核算，会计核算的许多方法也直接被财务利用；然而这毕竟是两门学科，不能混为一谈，财务管理属软科学，更多地需要有经验的人员进行管理，财务管理管理效用也往往高于会计核算。

（四）企业财务监控资产

财务部的第一职能是会计核算。会计核算是用价值手段全面反映企业实物运动的过程，实物从这个车间到那个车间，从这道工序到那道工序，无不在会计核算的反映之内；因此除了要求账账相符、账证相符外，账实是否相符，也是财务部的职能之一，也是财务履行其监督职能的一个重要方面。财务部门可通过定期与不定期进行资产的抽查与盘点，将企业资产实物与财务记录数据是否相符进行对比，从资产监管的角度来参与企业资产管理，以保证财务记录的真实性及企业资产的安全与完整性。

（五）企业财务管好信用

信用管理作为企业财务管理的内容之一，本不应单独列为财务职能，但由于其重要程度，及信用管理的复杂性，促使企业将其从财务管理职能中分离出来单独形成职能。过剩经济时代，企业经营少不了与客户之间发生一些往来款项，其中不乏赊销。但随着赊销业务的增加，企业呆坏可能性也加大，在毛利率不高的情况下，一笔呆坏账往往超过企业全年利润。为控制呆坏账的发生，企业间的信用管理与控制也越来越被企业重视。

企业的信用政策往往与销售业绩直接联系在一起，采用什么样的信用政策，客户的信用记录又如何？直接关系到企业销售量和呆坏账数量，因此企业进行信用管理不但是需要，也是十分必须的。各客户的购货量、货款支付的及时性、业务务程中是否容易合作等等，市场部门和财务部门掌握都较全面，根据企业管理中的相互制约原则，企业信用管理工作一般落实在财务部门进行管理，信用管理成为财务工作的重要职责之一，管好客户信用也就控制了企业呆坏账的发生率。

（六）企业财务做好参谋

管理会计主要从管理的角度，根据决策者的需要重新将企业以往发生的财务事项进行重新组合，分解，利用趋势预测等方法，为决策者提供一些决策数据。虽然管理会计的重要来源是财务会计，但不像财务会计那样有严格的方法、政策限制，不受财务会计"公认会计原则"的限制和约束，得出的结论往往带有一些假设成份。由于其与企业会计核算不可分割，成为财务管理重要内容之一。

企业财务应在会计核算与分析的基础上，结合管理会计，对企业生产经营、融资、投资方案等提供好决策数据，做好参谋。

（七）企业财务计好绩效

谈到绩效考核，少不了各项完成指标的计量与比较，这些计量与比较当然少不了会计方面价值计量，而且大多是价值计量。生产过程中的增值、费用控制、产值等，这些都是财务会计的计量范围，在价值计量上企业还没有那一个部门能比财务部门更专业和全面；因此企业绩效考核工作少不了财务部门的参与，绩效考核中的大部分计算工作成为财务职责工作之一，分解、计算各部门绩效是财务部须做的七件事之一。

总之，作为企业管理中心的财务，无论企业规模大小，企业财务都少不了以上七个方面的职能；尽管仅少数大型企业对这几个方面的职能有明确分工，绝大多数企业，由于财务机构、人员的限制没有对这些职能进行明确分工，而把其中的较多职能赋予在财务经理等少数人身上，但无论如何分工，七件事一件也少不了。

第六节　企业创新机制管理

一、创新活动过程

就"一般创新"来说，它们必然依循一定的步骤、程序和规律。总结众多成功企业的经验，成功的变革与创新要经历以下几个阶段的努力。

（一）寻找机会

创新是对原有秩序的破坏。原有秩序之所以要打破，是因为其内部存在着或出现了某种不协调的现象，不协调为创新提供了契机。企业的创新，往往是从密切地注视、系统地分析社会经济组织在运行过程中出现的不协调现象开始的。

（二）提出构想

敏锐地观察到了不协调现象的产生以后，还要透过现象究其缘由，并据此分析和预测不协调的未来变化趋势，估计它们可能给组织带来的积极或消极后果；并在此基础上，努力利用机会或将威胁转换成为机会，采用头脑风暴、特尔菲、畅谈会等方法提出多种解决问题、消除不协调的方案，使系统在更高层次实现平衡的创新构想。

（三）迅速行动

创新成功的秘密主要在于迅速行动。提出的构想可能还不完善，甚至可能很不完善，但这种并非十全十美的构想必须立即付诸行动才有意义。一味追求完美，以减少受讥讽、被攻击的机会，就可能错失良机，把创新的机会白白地送给自己的竞争对手。

（四）坚持不懈

创新者在开始行动以后，为取得最终的成功，必须坚定不移地继续下去，绝不能半途而废，否则便会前功尽弃。要在创新中坚持下去，创新者必须有足够的自信心，有较强的忍耐力，能正确对待尝试过程中出现的失败。创新的成功在很大程度上要归因于"最后五分钟"的坚持。

二、经营管理创新

（一）以供应链理为核心整合管理活动

以供应链管理为核心的延伸与整合发展所呈现的趋势是：朝着集中计划与分散执行相结合的模式发展，即基于事件反应时间、集成高新信息技术的管理模式；减少供应商的数量，精简供应链组织，使得供应链更为紧凑和简约；重视客户服务与客户满意度，注重客户对服务水平的感受；终端消费品市场以零售商为主导的供应链管理模式等。

（二）以业务流程管理为核心，让管理简单化、柔性化

以业务流程为核心的管理强调企业组织为流程而定，突破部门职能分工界限，按照企业特定的目标和任务，把全部业务流程当作整体，将有关部门管理职能进行集成和组合，强调全流程绩效表现取代个别部门或个别活动的绩效，实现全过程、连续性的管理和服务。

这种管理方式弱化中间主管层次的领导作用，缩短过长的管理路线，建立管理中心下移的体制；实行业务流程的"顺序服从"关系，讲求的是流程上下环节的服从，流程内的成员互相合作和配合，流程各环节从对上级负责转换为追求下一流程环节的满意，组织单元之间的绝大多数工作衔接将按照确定的顺序及规则进行。

企业文化管理走向量化。企业竞争的硬性成本基本趋同，关键的影响因素变成了软成本，即企业文化成本——员工的情绪、投入、敬业精神、忠诚度等。

（三）以业务营运为核心的战略化管理。

这种管理方式要求企业具备更前瞻的眼光，勇于和善于预测，并积极构造战略架构；要求企业更关注核心能力发展和资源沉淀，必须从全国甚至全球、从产业的角度来考虑资源配置，以核心能力为龙头，在资金、人力资源、产品研发、生产制造、市场营销等方面进行有机整合；要求企业成为产业新标准或规则的制订者，在产业的核心竞争力方面领先，由市场份额、产品或服务的竞争转向对商业机会的竞合；要求企业不必过多考虑战略目标

是否与企业资源相匹配,而是根据业务的战略规划创造性地通过各种途径来整合资源,从而为顾客创造价值。

(四)企业文化管理走向量化

企业竞争的硬性成本基本趋同,关键的影响因素变成了软成本,即企业文化成本——员工的情绪、投入、敬业精神、忠诚度等。但企业文化对企业究竟能影响到什么程度?企业文化怎样才能帮助企业把资源激活?

企业文化管理开始从定性走向定量,但不是片面数据化,而是具体化和精细化。一方面,对企业的文化管理所表现出来的现状进行分析、评价量化,包括定序、定比、定量、定距等。另一方面,对照差距找到文化管理的短板,具体化和精细化管理策略。

(五)以信息化应用创新为核心的管理创新趋势

要通过信息化集成更好地将市场、经营、生产的各种信息打通,积极协调企业现有和将来的应用程序、数据及员工与合作伙伴之间的互动,以便实现对关键业务流程实时的有效管理。集成应用是信息管理的主流方向,且侧重于以下几方面:在理念方面,面向企业管理需求,解决集成与随需应变、领域专业应用与全面集成的矛盾,在分步应用与全面集成之间找到平衡;在应用实施方面,主要是实现数据层面的集成,实现信息共享、消灭信息孤岛。部分信息管理先进的企业可能实现系统应用集成,使不同应用系统之间能够相互调用信息;但最理想层次的业务流程集成,即通过流程把所有应用、数据管理起来,使之贯穿于众多应用系统、数据、用户和合作伙伴,则由于大多数企业缺乏相当的管理基础,这一层次的集成很难实现。

(六)以竞争战略及合作模式创新为核心的管理创新趋势

以竞争战略及合作模式创新为核心的管理创新趋势主要表现在以下几个方面:
(1)由人才竞争转向知识管理、创新人才两极竞争。
(2)由部门战术层次竞争转向企业整体策略层次竞争。
(3)由持续经营合作转向项目型经营合作。
(4)由资源互补合作转向资源交易合作。

三、信息化应用创新

(一)由单一功能应用转向集成应用

要通过信息化集成更好地将市场、经营、生产的各种信息打通,积极协调企业现有和将来的应用程序、数据及员工与合作伙伴之间的互动,以便实现对关键业务流程实时的有效管理。

(二)由单一的管理功能转向管控与服务一体化

集成应用也带来信息管理模式的转变。过程数据的管理、调度指令的实时传送、计算机在线管理、资源优化管理等可以在业务节点(业务组织单元)和管控节点(职能管理组织单元)进行信息交换与共享,实现在线实时管控与服务。当然,这种管控与服务一体化更多地体现在业务性管理，如"三流一活动"（信息流、资金流、物流和具体的作业活动）的管控与服务，而对战略性决策管理和策略性举措管理还缺乏有效的应用。

四、合作模式创新

  竞争战略及合作模式创新由人才竞争转向知识管理、创新人才两极竞争。人才竞争更多的是理念性的诉求，但现在开始转向务实的知识管理和创新人才竞争。知识管理是对现有和潜在知识的获取、存储、学习、共享使用和创新的管理过程。通过知识管理，可以降低成本、提高效率，提高组织成员的素质和能力，从而提高组织的持续发展能力和企业核心竞争力，让企业拥有更高层次上的竞争力。

  创新人才的竞争实质上是知识管理的延续，是超越现有和潜在的知识竞争。通过创新人才的开拓精神、永不满足的求知欲和强烈的竞争意识，能够提供解决问题的新知识和新技术，创造和设计新的知识管理，形成新的竞争力。

  由部门战术层次竞争转向企业整体策略层次竞争。随着市场不断成熟，由市场、销售部门主导的价格、品质等战术层次的竞争因素已经不是主导的决定性因素。这些因素很容易被模仿，因此吸引力正渐渐变小。为了与众多对手相区别，企业在整体策略层面开始设计竞争手段，竞争的内容出现了许多新的变化，像品牌、客户满意度服务、公益广告、企业文化等因素组合并左右顾客的选择。同时，在每一个竞争领域，由于企业的模仿能力强、竞争压力大，在同一内容的竞争中也出现了多种变化，所以在任何一个竞争领域，企业都必须跟上环境变化，不断地弥补、修改、提升、创新整体策略层面的竞争力。

  由持续经营合作转向项目型经营合作。多数企业基于战略的长远框架已经搭建，即基于长远的企业利润模式已经明晰，所以持续经营型合作（法人之间合作成立新设法人组织）形式越来越减少。虽然有些跨行业或跨产业领域持续经营合作形式依然存在，但数量在急剧下降。独特性和一次性业务活动在企业实践中所占价值比重越来越大。这种环境因素和趋利性的本性使得企业趋向于选择短期合作形式即项目型经营合作，无论是同业间还是跨行业或产业，为某一营运事项成立法人组织，等事项一完成，法人组织也就依法解散。

  由资源互补合作转向资源交易合作。基于持续经营合作模式的营运基础是资源和能力的优势互补，转向项目型经营合作后，顺其自然资源就成为一种交易性合作，而且往往成为项目型经营合作的制约要素，一方往往为寻求有效资源交易而与拥有资源的另一方主动合作，以交易的方式形成合作模式。

【课堂讨论】小米管理极简化

  在短短的几年之内，小米能够进入全球手机产量前三名，主要得益于他们对于互联网时代特征的把握，以及在此之下的一系列创新实践。在管理方面，雷军和他的团队也有很多颠覆性的理念和实践。

  比如，过去一直讲，企业不一定要找最聪明的人，而是找最合适的人，但小米就颠覆了这一招人理念。小米强调，要把产品做到极致、要超越客户需求，必须要找来超一流的人才。雷军认为，人力资源管理不在于管理，而是应该把80%的时间和精力用在找人上。雷军自己有一半的时间都用在招人上了。小米团队的核心人才几乎都来自于谷歌、微软、金山、摩托罗拉等行业内的优秀企业。要找到超一流的人才，就不能靠企业自己培养，而

-225-

是要不惜代价去市场上挖。这与传统的强调企业要自己培养人才又有所不同。小米的这种理念不一定适用于任何企业，但不管怎样它满足了一个公司在高速成长期最需要的优秀人才，而且，不惜代价找来行业内最聪明的人才，也把别的公司的先进经验都带了过来。

另外，就是组织扁平化和管理简化。小米认为，互联网时代要贴近客户、走进客户的心里，企业就必须缩短跟消费者之间的距离，跟消费者融合到一起。如此才能把消费者变为小米的"员工"，让消费者参与小米的产品设计研发，传播和推动小米产品。而要实现这些，组织就要尽量扁平、简约。

小米的组织完全是扁平化的。七个合伙人各管一摊，组织架构基本上就是三级：核心创始人—部门领导—员工，任何决策都是"一竿子插到底"式的执行，能有效保障效率。为了避免团队臃肿，团队一旦达到一定的规模就必须拆分开，变成项目制的独立团队。

小米的做法反映出互联网时代组织架构设计的一个很重要的理念：简约、速度、极致。

管理要简单，要少制造管理行为，才能把事情做到极致才能快。在小米，除了七个创始人有职位，其他人全部没有职位，都是工程师。因为没有层级、没有职位外，大家也都不用去考虑怎么样才能得到晋升这样的"杂事"，可以专注于为客户提供产品和服务。雷军说，小米从来没有打卡制度，没有考核制度，就是强调员工自我驱动，强调要把别人的事当自己的事，强调责任感。大家是在产品信仰下、在责任感驱使下去做事，而不是靠管理产生效率。

讨论：小米公司采用了哪些有效的企业管理措施？

【实训】情感病毒

时间：20分钟

人数：不限

游戏方法：

（1）游戏开始前，所有人围成一圈，并且闭上眼睛，主持人在由学员组成的圈外走几圈，然后拍一下某个学员的后背，确定"情绪源"，注意尽量不要让第三者知道这个"情绪源"是谁。

（2）由学员们睁开眼睛，散开，并告诉他们现在是一个鸡尾酒会，他们可以在屋里任意交谈，和尽可能多的人交流。

（3）"情绪源"的任务就是通过眨眼睛的动作将不安的情绪传递给屋内的其他3个人，而任何一个获得眨眼睛信息的人都要将自己当作已经受到不安情绪感染的人，一旦被感染，他的任务就是向另外3个人眨眼睛，将不安的情绪再次传染给他们。

（4）5分钟以后，让学员们都坐下来，让"情绪源"站起来，接着是那3个被他传染的，再然后是被那3个人传染的。直到所有被传染的人都站了起来，你会惊奇于情绪传染的可怕性。

（5）告诉学员们，你已经找到了治理不安情绪传染的有效措施，那就是制造"快乐源"，即用真挚柔和的微笑来冲淡大家因为不安而带来的阴影。

（6）让大家重新坐下围成一圈，并闭上眼睛，告诉大家你将会从他们当中选择一个同学作为"快乐源".并通过微笑将快乐传递给大家，任何一个得到微笑的人也要将微笑传递给其他3个人。

（7）在学员的身后转圈，假装指定了"快乐源"，实际上你没有指任何人的后背，然后让他们松开眼睛，并声称游戏开始。

（8）自由活动3分钟，3分钟以后，让他们重新坐下来，并让收到快乐讯息的同学举起手来，然后让大家指出他们认为的"快乐源"，你会发现大家的手指会指向很多不同的人。

（9）微笑地告诉大家实际上根本就没有指定的"快乐源"，是他们的快乐感染了他们自己。

本章小结

本章主要介绍了企业基本知识、企业经营环境分析、企业战略管理、企业人力资源管理、企业财务管理和企业创新机制管理。

1．企业基本知识

企业的特征主要包括：① 企业是社会组织，具有社会性和组织性；② 企业是从事商品经营活动的社会组织，具有商品性和经济管理性；③ 企业是实行自主经营和自负盈亏的社会组织，具有自主性和自律性；④ 企业是依法设立的社会组织，具有法定性。

具有代表性的企业制度有以下3种：业主制、合伙制和公司制。

现代企业制度定义为以市场经济为基础，以企业法人制度为主体，以公司制度为核心，以产权清晰、权责明确、政企分开、管理科学为条件的新型企业制度。

2．企业经营环境分析

企业经营环境是指企业的经营活动所处的内外部条件与环境因素的总和。企业外部环境是指处于企业实体之外但对企业产生影响的诸多因素的总和；企业内部环境是指影响企业生存和发展的内部条件与因素之和。

3．战略管理

战略管理是指企业确定其使命，根据外部环境和内部条件设定企业的战略目标，为保证目标的正确落实和实现进行谋划，并依靠自身能力将这种谋划付诸实施，以及在实施过程中进行控制的动态管理过程。

战略管理的原则主要有：① 适应环境原则；② 全程管理原则；③ 整体最优原则；④ 全员参与原则；⑤反馈修正原则。

企业战略管理的过程主要包括：① 战略分析阶段；② 战略制定与选择阶段；③ 战略实施阶段；④ 战略控制阶段。

常用的战略管理的方法主要有：① SWOT 分析法；② 波士顿矩阵法；③ 麦肯锡矩阵法。

4．企业人力资源管理

人力资源管理的特点主要有：① 战略性；② 主体的多元性；③ 人本性；④ 难以模仿性。

人力资源管理的过程主要有：① 人力资源规划；② 招聘；③ 员工培训；④ 绩效考核。

5．企业财务管理

企业财务管理的主要内容包括：① 科学的现代化财务管理方法；② 明晰市场发展；③ 会计核算资料；④社会诚信机制。

企业财务管理的职能主要包括：① 算好账；② 管好钱；③ 理好关系；④ 监控资产；⑤ 管好信用；⑥ 做好参谋；⑦ 记好绩效。

6．企业创新机制管理

创新活动过程主要包括：① 寻找机会；② 提出构想；③ 迅速行动；④ 坚持不懈。

经营管理创新主要包括：① 以供应链理为核心整合管理活动；② 以业务流程管理为核心，让管理简单化、柔性化；③ 以业务营运为核心的战略化管理；④ 企业文化管理走向量化；⑤ 以信息化应用创新为核心的管理创新趋势；⑥以竞争战略及合作模式创新为核心的管理创新趋势。

信息化应用创新主要包括：① 由单一功能应用转向集成应用；② 由单一的管理功能转向管控与服务一体化。

合作模式创新主要有：① 竞争战略及合作模式创新由人才竞争转向知识管理、创新人才两极竞争；② 由部门战术层次竞争转向企业整体策略层次竞争；③ 由持续经营合作转向项目型经营合作；④ 由资源互补合作转向资源交易合作。

本章练习

一、名词解释

管理　　管理者　　技术技能　　人际技能　　概念技能

二、单项选择

1．管理的核心是（　　）。
A．决策　　　　B．处理好人际关系　　　　C．组织　　　　D．控制

2．管理人员与一般工作人员的根本区别在于（　　）。
A．需要与他人配合完成组织目标　　B．需要从事具体的文件签发审阅工作
C．需要对自己的工作成果负责　　　D．需要协调他人的努力以实现组织目标

3．王江以前只有宾馆管理而无航运业管理经验，但被聘为某航空公司总裁后，短短3

年,就使这家亏损企业成为高盈利企业。你认为下述 4 种说法哪一条有明显错误(　　)。

　　A．最高管理者不需要多少专业知识,只要善于学习,勤于思考就够了
　　B．成功的管理经验具有一定的普遍性,所以可以成功移植
　　C．成功管理的关键是人,只要搞好人的管理,就可以取得成功
　　D．这仅仅是一种巧合,只是说明王江有特别强的环境适应能力

　　4．管理活动既具有科学性又具有艺术性。随着时间的推移,管理研究的不断深化,管理理论的不断繁荣,以及环境变化速度的日趋加快,管理活动最有可能发生以下变化(　　)。

　　A．随着科学性的不断增强,其艺术性将呈下降趋势
　　B．其科学性和艺术性都将不断较强
　　C．随着艺术性的不断增强,其科学性将呈下降趋势
　　D．科学性不断增强,而其艺术性绝不会降低

　　5．从发生的时间顺序看,下列四种管理职能的排列方式,哪一种更符合逻辑(　　)。

　　A．计划,控制,组织,领导　　　B．计划,领导,组织,控制
　　C．计划,组织,控制,领导　　　D．计划,组织,领导,控制

　　6．美国管理大师彼得·德鲁克说过:如果你理解管理理论,但不具备管理技术和管理工具的运用能力,你还不是一个有效管理者;反过来,如果你具备管理技巧的能力,而不掌握管理理论,那么充其量你只是一个技术员。这句话说明(　　)。

　　A．有效管理者应该既掌握管理理论,又具备管理技巧与管理工具的运用能力
　　B．是否掌握管理理论对管理者工作的有效性无足轻重
　　C．如果理解管理理论,就能成为一名有效的管理者
　　D．有效的管理者应该注重管理技术与工具的运用能力,而不必注意管理理论

三、简答题

　　1．什么是管理?管理的基本职能有哪些?
　　2．如何理解高层、中层、基层管理者的角色?
　　3．管理学微观维度的管理方法有哪些?
　　4．请以社团管理为例来说明管理者角色?

参考文献

[1] 方振邦，鲍春雷．管理学原理[M]．第2版．北京：中国人民大学出版社，2014．

[2] 贾良定．管理学：原理与方法 [M]．第6版．上海：复旦大学出版社 2016．

[3] 斯蒂芬•P•罗宾斯（Stephen P.Robbins），玛丽•库尔特（Mary Coulter）．管理学[M]．第11版．北京：中国人民大学出版社，2012．

[4] 彼得•德鲁克．卓有成效的管理者[M]．北京：机械工业出版社，2009．

[5] 埃米尼亚•伊贝拉．逆向管理：先行动后思考[M]．北京联合出版公司，2016．

[6] 史蒂芬•柯维．高效能人士的七个习惯[M]．北京：中国青年出版社，2015．

[7] 刘治江．管理学原理与应用[M]．哈尔滨：哈尔滨工业大学出版社，2011．

[8] 秦勇，李东进，朴世桓．企业管理学[M]．北京：中国发展出版社，2016．

[9] 张卓，蔡启明，钱焱，张庆．企业管理学[M]．北京：科学出版社，2010．

[10] 郎宏文，舒喆醒，郝婷．企业管理学[M]．第2版．北京：科学出版社，2015．

[11] 杨善林，胡祥培，傅为忠．企业管理学[M]．第3版．北京：高等教育出版社，2015．

[12] 陈文汉，陈彦章，谭科．管理学基础[M]．杭州：浙江大学出版社，2013．